"十四五"职业教育国家规划教材

国家体育总局科教司推荐教材
高等职业院校通识教育系列教材

U0725103

高职体育与健康

（微课 +AR 演示）

尹军 武文强 ◉ 主编

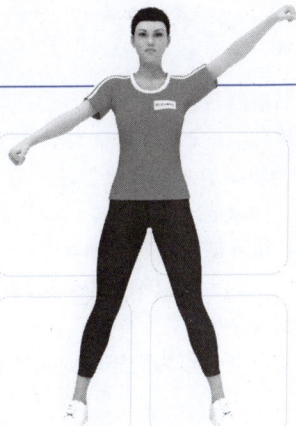

S P O R T S   A N D   H E A L T H

人民邮电出版社
北 京

图书在版编目（CIP）数据

高职体育与健康：微课+AR演示 / 尹军，武文强主编. -- 北京：人民邮电出版社，2021.11
高等职业院校通识教育系列教材
ISBN 978-7-115-57470-1

Ⅰ. ①高… Ⅱ. ①尹… ②武… Ⅲ. ①体育－高等职业教育－教材②健康教育－高等职业教育－教材 Ⅳ. ①G807.4②G717.9

中国版本图书馆CIP数据核字(2021)第258751号

内 容 提 要

本书根据教育部《全国普通高等职业（专科）院校公共体育课程教学指导纲要（试行）》的精神，由首都体育学院、北京体育大学等学校的教师联合编写。全书分为19章，第1章为体育运动促进健康，第2章为科学健身和体重管理，第3章为身体运动功能训练，第4~18章为田径运动、足球运动、篮球运动、排球运动、乒乓球运动、羽毛球运动、网球运动、游泳运动、武术、跆拳道运动、冰雪运动、健美操、体育舞蹈与其他操舞、户外运动、瑜伽，第19章为大学生体质健康。本书的各项运动均由奥运冠军、国际大赛冠军或专业运动员演示，并提供增强现实（AR）App，以AR的形式将运动演示过程呈现给大学生。

本书既适合作为高等职业院校的体育教材，也适合作为体育运动爱好者入门学习的参考书。

◆ 主　　编　尹　军　武文强
　　责任编辑　刘海溧
　　责任印制　王　郁　陈　犇
◆ 人民邮电出版社出版发行　　北京市丰台区成寿寺路 11 号
　　邮编　100164　电子邮件　315@ptpress.com.cn
　　网址　https://www.ptpress.com.cn
　　北京市鑫霸印务有限公司印刷
◆ 开本：787×1092　1/16
　　印张：16.25　　　　　　　　2021 年 11 月第 1 版
　　字数：367 千字　　　　　　2025 年 6 月北京第 10 次印刷

定价：49.80 元
读者服务热线：(010)81055256　印装质量热线：(010)81055316
反盗版热线：(010)81055315

推荐序

学校体育是实现立德树人根本任务、提升学生综合素质的基础性工程，是加快推进教育现代化、建设教育强国和体育强国的重要工作，对于弘扬社会主义核心价值观，培养学生爱国主义、集体主义、社会主义精神，以及奋发向上、顽强拼搏的意志品质，实现以体育智、以体育心，具有独特功能。

国家体育总局长期秉持"发展体育运动，增强人民体质"的宗旨，致力于贯彻落实习近平总书记关于教育、体育的重要论述精神。学校体育教材体系建设要扎根中国、融通中外，充分体现思想性、教育性、创新性、实践性，精选教学素材，丰富教学资源。基于这一要求，由国家体育总局发起，人民邮电出版社与北京体育大学等多所高等院校联合打造了本教材。本教材以立德树人根本任务为指导，认真落实了《关于全面加强和改进新时代学校体育工作的意见》《普通高等学校教材管理办法》《关于深化体教融合促进青少年健康发展的意见》的要求，是国家体育总局在体教融合上的一次积极探索。

教材切实做到了大教育、大体育、大健康、大科技的全面融合：**重视思想教育**，通过融入专业运动员的拼搏精神和传统体育项目，增强学生的民族荣誉感，坚定文化自信；**重视内容质量**，由北京体育大学、首都体育学院、北京大学、清华大学等高等院校的一线教师共同把关运动理论阐述，设计配图方案和动作演示方案；**重视动作规范**，邀请专业运动员演示动作，且拍摄手段先进，配图风格一致，符合精品教材建设的要求；**重视资源建设**，以二维码形式提供微课，用慕课平台满足系统教学需求，还支持AR教学，开发了AR演示App，极大地提高了学习的趣味性和有效性。

我国高校体育教育水平目前还存在较大的地域差异，各地区、各院校的师资力量、教育资源等相差较大，要深入贯彻落实体育教育政策，还面临很多具体问题。精品教材可以为各地高校落实相关政策提供抓手，有利于构建德智体美劳全面培养的教育体系。

体育承载着国家强盛、民族振兴的梦想。体育强则中国强，国运兴则体育兴。希望更多的体育工作者，能以高度的政治责任感和历史使命感将中国人的精气神写进大学教材，通过大学体育教育将中华体育精神传递到每一位青年大学生。

国家体育总局科教司

2020年12月

前 言

按照党的二十大部署，到2035年，我国将建成体育强国。大学生的健康事关国家和民族的未来，有效促进高等职业院校开展体育运动、增进大学生的身心健康，是贯彻落实"体育强则中国强"的时代战略、全面建设体育强国的必然要求。

我国的高职体育课程以教授学生进行身体锻炼为主要目标，指导学生科学地参与体育锻炼，以增强体质、增进健康、提高体育素养。目前，各高等职业院校体育教学多以田径的跑、跳、投和"三大球""三小球"等运动项目为主，而关于体育欣赏、运动促进健康的本质及培养终身运动习惯的教育引导内容则相对较少，对学生体育素养、身体健康有很大帮助的功能性训练、体能训练和康复再生等内容也尚未引进体育教学中。党的二十大报告要求："全面贯彻党的教育方针，落实立德树人根本任务，培养德智体美劳全面发展的社会主义建设者和接班人。"为改善体育教学现状，推动高等职业院校的体育教学改革，促进学生身心健康，弘扬积极的运动观、体育观、健康观，宣传"处处可运动，人人能健康"的新常态健康生活方式，我们编写了本书，并组织一批包括世界冠军在内的优秀运动员录制了指导视频。

本书的特点体现在5个方面。

第一，**理念新**。本书内容体系的设计和创编坚持以人为本的原则，尽量体现国际标准、中国特色，着重介绍运动原理、方法和健康指导，将健康第一的思想贯穿始终，以体育运动促进健康为主题，将体育理论知识、科学健身、运动技术、体质健康等内容合理分配，帮助学生掌握科学的健身方法，培养专项运动技能和体质健康管理能力。

第二，**团队专业**。本书由北京体育大学、首都体育学院、北京大学、清华大学等院校的专业教师参与编写并审核内容，确保知识的准确性和专业性。各运动项目由世界冠军、国内大赛冠军或专业运动员进行演示，并由专业拍摄团队监制，以保障图片和视频的品质。

第三，**呈现形式丰富**。本书所有章节的配图、视频均采用统一标准制作，并针对不同运动项目的特色采用了连拍、水下拍摄等技术手段，在确保品质的前提下，尽可能将运动特色、技术要领形象直观地展示给广大师生，做到准确、实用、易学。视频演示还兼顾了文字、声音的有机结合，让学生在学习知识的同时，深刻感受体育运动的艺术魅力。本书提供AR App，该应用支持交互操作，可以帮助学生在有趣的互动过程中提高对基础运动的感性认识，更好地掌握各项运动的基本特征。

读者可扫描前言中的二维码，下载、安装AR App，学校用户输入学校名称即可在图书列表中看到大学体育AR图书，个人用户注册、登录后，点击"添加AR图书"输入图书代码"gzty2021"，即可使用（扫描下方二维码观看操作演示视频）。

第四，**育人元素丰富**。本书根据体育课程的特点，因势利导地融入拼搏精神、传统体育文化、爱国情怀等元素，充分发挥体育育人作用。一是通过冠军寄语，激发学生的拼搏精神，增强学生的爱国情怀；二是引入八段锦、五禽戏等传统体育项目，催发学生的民族自豪感，坚定学生的文化自信；三是介绍田径、排球等项目的国家荣誉和体育精神，增强学生国家荣誉感，帮助学生塑造品格、养成精神。丰富多样的体育育人元素，强化了教材"培根铸魂，启智增慧"的作用，落实了高职体育立德树人根本任务。

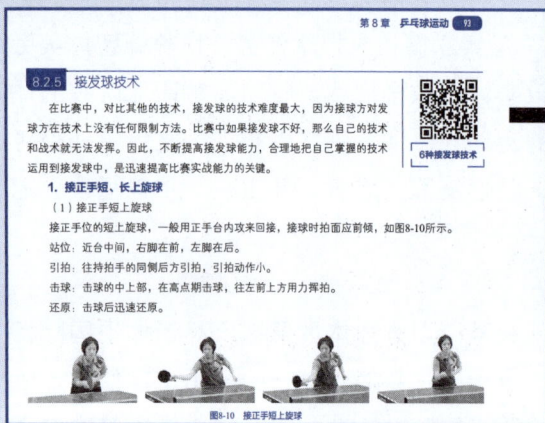

下载、安装 AR App

AR App下载和操作演示

第五，**学习方式多样**。本书紧密结合高等职业院校课程改革和发展的趋势，将优质的视频演示内容以二维码的形式呈现，读者也可登录人邮慕课平台（www.rymooc.com）查看完整的慕课。这些新形态资源拓宽了传统教学方式，提升了学生参与体育运动的自主性和兴趣，也便于老师授课。

编　者
2023年2月

目 录

资 源 导 航

体育精神小课堂

冠军寄语

动作演示微课

AR资源清单

第4章　田径运动
短跑-起跑
跨栏跑
跳高
跳远
铅球
标枪

第5章　足球运动
脚内侧踢定位球
脚背内侧踢球
脚背正面踢定位球
脚背外侧踢定位球
脚内侧运球
脚背正面运球
脚背外侧运球
守门员接高空球
守门员鱼跃扑球

第6章　篮球运动
原地双手胸前投篮
原地单手肩上投篮
行进间单手低手投篮
行进间单手肩上投篮
运球急停跳投
运球急停急起
体前变向换手运球
双手胸前传球
双手击地传球
单手肩上传球

第7章　排球运动
步法
正面下手发球
正面上手发球
跳发飘球
正面传球
背传
侧传
跳传

第8章　乒乓球运动
单步
并步
交叉步
跨步
跳步
正手平击发球
反手平击发球
正手攻球技术
正手拉球技术
反手攻球技术
反手拉球技术

第9章　羽毛球运动
正手发球
反手发球
接发球技术
交叉步上网
并步上网

第10章　网球运动
正手平击球
反手平击球（单手握拍）
双手反手击球（双手握拍）
平击发球
高压球

第11章　游泳运动
蛙泳
自由泳
仰泳
蝶泳

第12章　武术
初级长拳三路-第一节
初级长拳三路-第二节
初级长拳三路-第三节
二十四式太极
女子防身术

第15章　健美操
躯干动作
基本步法-交替类
基本步法-点地类

第16章　体育舞蹈与其他操舞
标准舞
啦啦操

第 **1** 章

体育运动
促进健康

人民健康是民族昌盛和国家强盛的重要标志，党的二十大报告要求推进健康中国建设，到2035年建成健康中国。生命在于科学运动，科学运动促进身体健康。体育运动对大学生的身体健康与机能有着直接影响，对其身心健康发展起着积极作用。

1.1 大学体育概述

大学体育是以大学生为对象，以促进大学生身心健康为目的的教育活动，是大学教育中不可或缺的一个组成部分，是对大学生进行生活教育、人生教育的重要课程。

大学生的体能与健康是其生活、学习、工作的前提和基础。科学设计与实施具有一定运动强度的大学体育课程，以及丰富多彩、具有吸引力的课外体育活动和健康教育活动，对于塑造大学生强健的体魄、提高大学生体能与健康水平具有积极意义。

1.2 健康的定义

"健康"是医学中的重要概念，是人类追求的理想目标。那么，健康究竟是什么？人们常常会不假思索地说："健康就是没有疾病。"然而，没有疾病就是真的健康吗？世界卫生组织认为健康应包括身体健康、心理健康、社会适应能力良好和道德健康。新的健康概念更深一层的意义，在于它指出不能单单把追求身体的健康看作生活的最终目的，而应将其看作争取更丰富的生活体验所应具备的必要物质条件。

要想成为一个健康的人，仅有身体的强壮是远远不够的。一个人只有身体健康、心理健康、社会适应能力良好并且道德健康，才是真正的健康。

1.3 运动与健康的关系

人体是一个复杂的有机体，无时无刻不在发生化学反应，它处于不断变化中。运动可有效刺激肌纤维，使其变粗，使肌肉变得发达而有力；运动可有效促进成骨细胞的合成，让全身骨量的生成大于流失，使骨骼变得结实而坚韧；运动还可使人心情愉悦，释放压力。

1.3.1 运动提高身体机能和素质

身体机能指人的整体以及各器官、系统所表现的生命活力，包括机体的新陈代谢状况和各器官、系统的效能等。身体素质是人体在运动、劳动和日常活动中，在中枢神经的调节下，各器官、系统功能的综合表现，如力量、耐力、速度、灵敏、柔韧等机体能力。人体的机能是在运动中发展的，经常进行体育锻炼可以促进身体各器官和系统的新陈代谢，使身体的结构和功能发生相应的变化，提高身体素质，从而达到增强体质、提高健康水平的目的。

大学生长期进行科学的体育锻炼，可以有效提高心肺功能和免疫系统功能，促进骨骼生长，提高神经反应能力。

1.3.2　运动促进心理健康

随着社会经济的不断发展和人类生活方式的变化，人们对健康的理解不断深化，人们逐渐意识到心理健康在人的整体健康中的重要性。作为促进心理健康重要手段之一的运动，也越来越受到人们的重视。体育活动能够使个体产生良好的情绪状态，能够改善个体的自我认知、提高自信心、增加社会活动的参与度。

运动可以使中枢神经系统及其主导的部分大脑皮层兴奋性增强，改善神经系统的均衡性和灵活性，提高大脑的思维能力。运动还可以调节人的身心，使人心情愉悦。人在运动时，尤其是主动地从事一项自己喜欢的运动时，不但可以使自己心情舒畅，还可以在运动中增强自信心和自豪感，消除不良情绪。

1.4　运动是良医

运动可以促进少年儿童健康水平的提高，可以降低成年人患慢性疾病的风险，可以使老年人维持较高的独立生活能力，降低跌倒和骨折的风险，预防老龄化相关疾病的发生。任何时候开始运动都不晚。

1.4.1　运动预防过度肥胖

过度肥胖症是由于体内脂肪过度堆积并引发以脂类代谢紊乱为主的代谢性疾病。预防肥胖的一个重要途径就是参与运动，通过运动消耗适当的热能，使能量的摄入与消耗处于平衡状态。

预防肥胖的运动处方

运动强度：心率130～145次/分钟。

运动时间：60分钟。

准备活动：5分钟，肩、肘、腕、髋、膝、踝的柔韧灵活练习。

主体活动：快走＋慢跑交替20分钟（5分钟一换）；仰卧起坐30个＋俯卧撑30个＋提踵40次，10分钟；开合跳两组，10分钟；全身韧带拉伸，10分钟。

整理活动：5分钟，慢跑、快走、拉伸练习等。

1.4.2　运动改善不良体姿

体姿指站立、走、坐时身体各部位的姿势。良好的体姿不仅能给人美感，还是健康的象征。大部分不良体姿是由长期的不良生活习惯造成的。不良体姿的形成是慢性的病变过程，早期症状不明显，越到后期对身体产生的损伤越大。下面介绍生活中常见不良体姿的纠正方法。

1. 颈部过度前屈的自我康复锻炼

第一步：拉伸颈前屈肌。如图1-1所示，盘腿端坐，上身挺直，视线水平看向前方，头部慢慢后仰到不能后仰为止，保持3秒，然后缓慢向左侧转动头部，保持3秒，再缓慢转向右侧，保持3秒，转回初始后仰位，再缓慢回到初始位置；重复动作5～8次。注意在后仰过程中不要张嘴。

第二步：激活加强颈后肌群。如图1-2所示，上身挺直，视线水平看向前方，双手交叉置于脑后保持不动，头部抵抗双手后仰，保持3秒。在整个过程中尽量保持手和头的位置不变。

2. 骨盆前倾的自我康复锻炼

第一步：拉伸髂腰肌。如图1-3所示，单膝下跪，一条腿在前，前脚位于膝的前部，头部直立，目视前方，背部挺直，身体微微前倾，骨盆下移，保持动作15～30秒。换另一条腿做同样动作。

第二步：放松背部肌肉。运动者可以自主拉伸或借助泡沫轴滚动放松。自主拉伸时，臀部坐于脚跟，双手前伸，充分收腹，如图1-4所示。借助泡沫轴时，可用其滚揉背部肌肉。

图1-1　拉伸颈前屈肌　　图1-2　激活加强颈后肌群　　　图1-3　拉伸髂腰肌　　　　图1-4　放松背部肌肉

第三步：激活加强臀大肌。如图1-5所示，仰卧，挺髋屈膝，双手与地面平齐，掌心向下，用力将臀部挺起。

第四步：激活加强腹肌。激活加强腹肌可选择静态的平板支撑或动态的仰卧抬腿，如图1-6所示。静态的平板支撑：在地板上进入俯卧姿势，手臂成弯曲状，放在肩膀下。保持身体挺直，尽可能长时间保持这个姿势。动态的仰卧抬腿：身体仰卧于地面，双臂平放于身体两侧，双腿自然伸直，腰腹部收紧，背部紧贴地面，将双腿抬起，然后缓慢放下。运动者每次可做20～30个。

平板支撑　　　　　　　　　　仰卧抬腿

图1-5　激活加强臀大肌　　　　　　图1-6　激活加强腹肌

1.4.3　运动辅助治疗慢性病

慢性病指长期积累而成、不具有传染性的疾病，是对起病隐匿、病程漫长、病因复杂、病情迁延不愈疾病的总称。

维持健康的四大基石为科学合理的膳食结构、动静适度的合理运动、戒除损害健康的因素、始终保持积极乐观的心态。其中，运动是核心。运动不仅可以维持健康状态，还可以促进机体从疾病或亚健康状态向健康状态转变。近年来，越来越多的慢性疾病通过运动进行干预，取得了不错的效果。例如，通过运动来缓解高血压、干预糖尿病、治疗心脏病等。

思考与练习

1. 什么是真正的健康？
2. 如何通过运动改善不良体姿？

第 2 章

科学健身和体重管理

党的二十大报告要求广泛开展全民健身活动，并倡导文明健康生活方式。大学生进行体育锻炼，必须要有科学的健身理念，避免因观念、方法的错误导致事倍功半，达不到预期的锻炼目标，甚至带来运动损伤或体重失控。

2.1 健身运动指南

研究表明，人体健康与健身运动之间存在量效关系。健身运动的增加在一定程度上有助于人体健康，美国运动医学学会和美国心脏学会提出了表2-1所示的成年人健身运动指南。

表2-1 成年人健身运动指南

运动频率	运动项目和内容
至少5天／周	中等强度的有氧运动（心血管耐力运动）、负重练习、柔韧性练习
至少3天／周	较大强度的有氧运动、负重练习
3～5天／周	中等强度和较大强度相结合的有氧运动练习、负重练习、柔韧性练习
2～3天／周	肌肉力量和肌肉耐力练习、抗阻力量练习、柔软体操、平衡性和灵活性运动

2.2 科学健身的基础知识

2.2.1 科学健身的原则

科学健身需要遵循一些原则，这些原则既是科学健身的依据，又是评估练习效果的标准。

1. 全面发展的原则

大学生参加体育锻炼要注意活动内容的多样性和身体机能的全面提高，以促进身体的全面健康发展作为首要目的。

2. 适宜负荷的原则

体育运动并不是越多越好，安排合理适度的运动负荷，既能满足锻炼者增强体质的需求，又符合身体的实际承受能力。大学生要根据自身的条件，选择适宜的运动负荷。

3. 循序渐进的原则

体育锻炼要循序渐进，一步一步地来。例如，刚开始锻炼时，可以每天跑400米，原地跳绳2分钟；锻炼一段时间后，如果觉得不累了，还有余力，就可以加快跑步速度，增加2分钟内跳绳的次数，还可以延长跑步距离和跳绳的时间。

4. 持之以恒的原则

体育锻炼不是一次性的，更不可能一劳永逸，需要长期坚持。大学生要有意识地培养体育锻炼的习惯，使之成为日常生活中的重要组成部分。

2.2.2 科学健身的"三部曲"

人体从相对安静状态进入运动状态，再到结束阶段，无论是人体内脏器官的工作能力，还是人体的实际运动能力，都经历了一个由低到高并在一段时间内保持在一个较高水平，然后逐渐下降到运动前的水平的过程。因此，人们把健身的过程分为3个阶段，即开始阶段、基本阶段和结束阶段。这3个阶段即为科学健身的第一个"三部曲"。

根据身体的适应情况和运动能力提高的情况，可以将健身分为3个阶段，即适应阶段、身体适应能力改进提高阶段、稳定维持阶段。这3个阶段即为科学健身的第二个"三部曲"。

2.2.3　科学健身的注意事项

1. 运动前注意事项

运动前非常重要的一点就是了解自己的健康状况，根据健康状况选择合适的运动项目或锻炼内容。此外，要特别注意以下事项：（1）伤病状态下不宜运动；（2）雷雨天避免在户外运动；（3）运动前应摘掉坚硬的饰品；（4）检查运动环境和运动器械的安全情况。

2. 运动中注意事项

运动中要注意以下事项：（1）参加较长时间的运动要注意休息和补水；（2）时刻关注自己和同伴的身体状况，出现运动不适时，应及时停止运动；（3）如果受伤，一定要停下来，在原地不动，及时寻求医生和老师的帮助。

3. 运动后注意事项

运动后要注意以下事项：（1）做放松运动；（2）及时饮水，按少量多次的原则；（3）如果有任何不适症状，一定要及时寻求老师和医生的帮助。

2.3　科学健身计划的制订与运动习惯的养成

2.3.1　科学健身计划的制订

1. 年度健身计划

（1）健身目标

年度健身计划的健身目标属于远期目标。通常情况下，年度健身计划可以设定2～4个健身目标，但应注意不同健身目标间的相互关系和先后顺序。例如，一个有运动功能障碍的体重超重者，其年度健身计划中可以设定消除运动功能障碍和塑造优美身体形态两个健身目标，只有在消除运动功能障碍后才能较好地塑造优美身体形态。因此，消除运动功能障碍应为前期目标，塑造优美身体形态应为后期目标。

（2）健身形式

年度健身计划中的健身形式，根据健身目标确定大致的类别即可，但一定要以身体功能评定结果为依据。例如，想提高心肺功能和耐力素质的锻炼者，可选择以有氧运动为主的练习。

（3）运动量

运动量是健身计划的主要调整部分，因此，在年度健身计划中，运动量的设定不需要过于精确，初步确定运动频率（每周进行锻炼的次数）即可。运动频率要根据健身目标和身体健康状况而定。研究表明，每周锻炼1次，健身效果不蓄积，并且每次运动后会产生肌肉酸痛和疲劳，还容易发生运动损伤；每周锻炼2次，健身效果不显著蓄积，每次运动后的肌肉酸痛和疲劳有所减轻；每周锻炼3次，健身效果蓄积明显，每次运动后基本无肌肉酸痛和疲劳；每周锻炼4～5次，健身效果较理想。因此，每周锻炼3～5次是比较适宜的运动频率。从健身效果和超量恢复两方面考虑，两次运动的时间间隔不宜超过3天。

（4）注意事项

年度健身计划应遵循循序渐进原则、全面性原则、经常性原则、区别对待原则、准备活动和整理活动原则。

2. 月健身计划

（1）健身目标

月健身计划的健身目标属于近期目标。相对于年度健身计划的健身目标来说，月健身计划中应该明确规定出阶段性的目标，如提高某些关节的活动幅度、增强某组肌肉群的力量、降低多少体脂含量等。

（2）健身形式

确定月健身计划的健身形式时，要考虑3方面情况：一是当月的主要健身目标；二是自己的兴趣、爱好、特长及运动经历；三是运动条件和环境。锻炼一段时间后，如果发现不适合自身情况，应及时调整或更换健身形式，以保证健身目标的达成。

（3）运动量

在月健身计划中，除了应体现运动频率，还应体现运动强度，如每周3次中等强度的运动。运动强度是健身计划定量化和科学化的重要指标，也是制订健身计划过程中较困难的环节，它直接影响健身效果和运动的安全性，在健身过程中需要通过监测来确定运动强度是否适宜，较直接有效的监测方法是测量心率。

（4）注意事项

月健身计划中应指出禁忌的运动项目和容易发生危险的动作。

3. 周健身计划

（1）健身目标

由于健身效果的显现具有一定的生物节律性，因此周健身计划的健身目标应注意与当月月健身计划的健身目标保持一致，不应因为一时未见训练成效而随意更改健身目标，但可以针对一周内几次健身训练分设不同的具体目标，例如，月健身计划和周健身计划的健身目标均为增加肌肉力量，一周内第一次训练的目标肌肉群可以设定为胸大肌，第二次可以设定为腹直肌，第三次可以设定为股四头肌等。

（2）健身形式

周健身计划中健身形式的选择应避免过于单一，通过变换健身形式，不仅可以达到较好的健身效果，还可以提高健身兴趣。例如，一个以提高心肺功能为健身目标的锻炼者，其年度健身计划中选取的健身形式为有氧运动，那么，在周健身计划中，可设计一周内第一次训练为慢跑，第二次为游泳，第三次为健身操等。

（3）运动量

设定周健身计划的运动量时，除了应包括运动频率、运动强度，还应包括运动时间，可以是一周内总的运动时间，也可以是一周内每次的运动时间。研究表明，成年人每周进行150分钟或每天进行30分钟的中等强度的运动对健康有益，但如果运动时间达到每周600分钟或每天120分钟，则可能训练过度甚至造成损伤。

（4）注意事项

制订周健身计划时，应了解一些必要的体育卫生知识，如运动后不能立即坐下或躺下，以免引起"重力性休克"或其他不适感，也不能立即吃生冷食物，不能马上洗澡等。

2.3.2　运动习惯的养成

1. 开始规律运动

大多数人知道运动对健康有益，但总是挤不出运动时间，从而难以养成习惯。因此，对大多数人而言，规律运动最难的是养成习惯，而不是运动本身。

锻炼者在开始运动的前2～4周应该做的事情是"找到"或"挤出"运动时间。所选择的运动项目可以是走、慢跑、跳绳、低强度的球类运动等体育活动。

2. 逐渐改变

锻炼者在开始阶段可选择低强度的有氧运动，如走、慢跑等，每次10～30分钟，每周3次；两周后，可增加运动时间、距离和速度，以便能持之以恒。在循序渐进的锻炼过程中，人会精力更加充沛、体力更好、信心更足，进而可加快锻炼进程。不提倡突然加大运动负荷的激进做法，因为强度太大、进展过快容易导致肌肉疼痛甚至损伤。

3. 设定目标

激发并保持运动动机的关键在于设定目标。大学生应根据自己的情况，设定具体的、可测量的、可实现的运动目标，以及实现这些目标的途径。

2.4　体重的控制和管理

2.4.1　体重控制的原理

人体能量摄取与能量消耗之间的关系分为能量负平衡、能量正平衡和能量平衡3种。若能量摄入小于能量消耗，则为能量负平衡，此时摄取的能量不能满足机体的需要，身体组织会分解释放能量以供机体所需，从而体重下降；若能量摄入大于能量消耗，则为能量正平衡，此时摄取的能量超过机体的需要，多余的能量会储存于体内，特别是以脂肪的形式储存起来，使体重增加，体脂增多。健康成年人通常能保持能量平衡，体重稳定不变。

2.4.2　体重控制的方法及注意事项

保持体重恒定应遵循"能量平衡"原理，即以能量消耗与能量摄入保持动态平衡为前提来控制饮食量和运动量。

如果要减轻体重，减重计划应确保能量消耗大于能量摄入。可采用控制饮食+运动的方法，因为控制饮食可以减少能量的摄入，而运动可以促进能量的消耗。

饮食方面，要注意平衡膳食，减少热量摄入。选择低热量、营养素全面的食物，如瓜果、蔬菜、瘦肉等。严格限制高热量、高糖分食物的摄入，如油炸食物、巧克力、糖等。应控制零食的摄入，不要在睡觉前及非饥饿状态进食。

运动方面，应注意循序渐进，以消耗大量能量的运动为主，但要避免过度疲劳。通过运动实现的体重减轻，主要是身体脂肪减少的结果。有时体重变化不明显，但实际上身体成分已经发生了变化，例如，肌肉增加了，脂肪减少了，运动能力提高了。

单纯控制饮食也能达到减轻体重的目的，但这种方式会造成营养跟不上机体的实际需求，且由于不能及时补充足够的营养和能量，肌肉会变得无力，机体也会因能量供给不足而无法保持正常的运动能力。

2.4.3　体重管理和运动处方

体重的管理依赖于能量平衡，受能量摄入与能量消耗的影响。超重的人要减重，其能量消耗必须超过能量摄入。对于体重超重的人，适当减少体重对其健康会有显著的益处。运动能增加能量消耗，可以有效减轻体重，还能防止体重反弹。表2-2给出了超重人群的运动处方。

表2-2　超重人群的运动处方

运动频率	每周至少5次，使能量消耗最大化
运动强度	起始运动强度应保持在中等强度，逐渐延长运动时间并增加运动频率，直至增加到较大运动强度
运动时间	起始每天30～60分钟，每周共150分钟，逐渐增加至每周300分钟中等强度运动或150分钟较大强度运动，或两种强度的运动各半。间歇运动每次至少10分钟，逐渐累积也能获得持续运动的效果
运动类型	主要是有大肌肉群参与的有氧运动，辅以平衡训练和抗阻力量训练

思考与练习

1. 如何制订科学的健身计划？
2. 控制体重的注意事项有哪些？

第3章

身体运动功能训练

3.1 身体运动功能训练的理念和内容

传统体能训练是单方向、单关节、实效性较低、有序的训练；而身体运动功能训练是按照多维度、多关节、无轨迹、无序的原则，针对运动场上的动作需要来设计动作模式的，它强调的是动作质量而不是肌肉力量。

在训练内容设计方面，身体运动功能训练涵盖功能性动作筛查测试、软组织唤醒、肌肉—神经系统激活、脊柱力量准备、动作准备、快速伸缩复合练习、动作技能、速度与多方向加速、力量与旋转爆发力、能量系统发展、再生与恢复等。在训练要求方面，身体运动功能训练强调的是动作训练而不是肌肉训练，即通过训练提高完成专项技术所需要的专门动作质量和竞技表现能力，而不是提高肌肉的力量。在动作训练规格方面，身体运动功能训练不仅从生理学角度，强调神经对肌肉的支配作用，强调动作的稳定性和关节运动的灵活性。而且从解剖学角度，身体运动功能训练强调通过大肌肉群率先发力带动小肌肉群的用力，即发挥大肌肉群的发动机作用。更为重要的是，它从运动力学角度强调躯干支柱的作用，强调动力链的传递速度和功率。

身体运动功能训练的诞生，实质上代表了当今的身体训练已由重视低端要素（肌肉训练——不断提高肌肉力量）向高端要素（肌肉—神经系统协同训练——不断提高动作质量与控制）转变，这是一个训练理念的转变，也是体育发展的必然结果。

近些年来，国家体育总局一直在不断努力，不仅启动了体能训练培训，邀请美国体能协会专家到我国举办培训班，还组织专家和教练员到美国、德国等地学习。2012年至今，国家体育总局多次组织召开全国体能教练员培训及研讨会。

3.2 功能性动作筛查测试

功能性动作筛查测试是广泛应用于理疗康复和体能训练领域的一种测试方法。功能性动作筛查测试的内容主要有7类动作，即蹲、跨、弓箭步、伸、举以及躯干的前后倾和旋转，共包含7个动作模式：深蹲、过栏步、直线分腿蹲、肩部灵活性、主动抬腿、躯干稳定性俯卧撑和体旋稳定性，如图3-1所示。其中，深蹲和躯干稳定性俯卧撑是对称性动作模式，而过栏步、直线分腿蹲、肩部灵活性、主动抬腿和体旋稳定性是非对称性动作模式，需要左右测试。通过对这7个动作模式的筛查，可诊断人体主要运动环节中各个运动链功能性动作的质量，确定人体各运动环节中存在的运动性障碍或错误的动作模式，为制订身体功能性训练计划提供参考依据。

图3-1　功能性动作筛查的动作模式

3.3　动作准备的方法

3.3.1　肌肉激活的练习方法

肌肉激活主要包括臀肌激活和核心区肌群激活。常见的臀肌激活动作有下蹲、箭步蹲起、侧弓步蹲起、屈髋蹲起、迷你带蹲起、膝外展、单脚支撑后伸，如图3-2所示。常见的核心区肌群激活动作有平板支撑、海鸥式、船式、腿旋转，如图3-3所示。

图3-2　臀肌激活动作

图3-3　核心区肌群激活动作

3.3.2 动态拉伸的练习方法

动态拉伸是采用与专项技术动作相似的动作，它能够通过肢体快速或慢速的运动增加关节活动幅度。动态拉伸避免了牵张反射，易于控制，并且有助于提高做准备活动时的身体温度，可以将多个关节活动整合到单个动作中，以节省时间。动态拉伸整个过程中肌肉并不放松，而是积极进行拉伸活动。动态拉伸在训练中不仅能起到对韧带、肌肉的拉伸刺激作用，还能提高对身体的控制能力，而且能够有效加强运动员的本体感受，增加运动员的专项动作幅度，对身体易损伤部位进行有效拉伸。

动态拉伸通常分为上肢拉伸和下肢拉伸。常用的上肢拉伸方法有三角肌后束拉伸、肱三头肌拉伸、前后摆手，如图3-4所示。常用的下肢拉伸方法有抬腿提踵、屈膝提踵、燕式平衡、弓步转身、弓步体前屈、前/后弓步拉伸，如图3-5所示。

三角肌后束拉伸	肱三头肌拉伸	前后摆手

图3-4　常用的上肢拉伸方法

抬腿提踵	屈膝提踵	燕式平衡
弓步转身	弓步体前屈	前/后弓步拉伸

图3-5　常用的下肢拉伸方法

3.3.3 神经系统激活的练习方法

神经系统激活是现代身体功能损伤预防训练区别于传统运动损伤预防训练的一个重要标志，通过神经系统激活，可以使练习者在短时间内快速提高神经系统的兴奋性和兴奋在神经—肌肉之间的传导速度。传统的"热身活动"很重视肌肉的激活或练习，但较少涉及神经系统的激活。事实上，人们在进行热身活动时应该进行一些全面的、深层次的、全方位的"机体动员"，以有效预防运动损伤的发生。常用的神经系统激活方法有原地双脚快速踏跳、双脚快速前后踏跳、双脚踏步左右踏跳。

3.4 发展力量的方法

3.4.1 发展上肢力量的方法

发展上肢力量的方法主要有杠铃卧推、坐姿杠铃颈前推举、斜上举壶铃、俯卧上举壶铃、交替球上卧推、俯身臂屈伸、壶铃耸肩、平板哑铃卧推、体前哑铃推举（坐姿）、过头推举、屈臂向上过顶推举、屈臂前上推、直臂前上举等。

3.4.2 发展下肢力量的方法

发展下肢力量的方法主要有稳定性练习、非稳定性练习、弹力带前后分腿蹲/侧蹲、壶铃/哑铃半蹲/深蹲、壶铃/哑铃/杠铃前后分腿蹲/侧蹲等。

3.4.3 发展躯干支柱力量的方法

躯干支柱力量的锻炼主要包括稳定支撑的躯干支柱力量练习和非稳定支撑的躯干支柱力量练习。其中，稳定支撑的躯干支柱力量练习主要包括膝支撑俯桥、并腿俯桥、分腿俯桥、双臂交替支撑俯桥、双脚交替支撑俯桥等；非稳定支撑的躯干支柱力量练习主要包括上肢稳定的非稳定俯桥、下肢稳定的非稳定俯桥、重力球俯桥——单臂手撑、瑞士球俯桥——对侧收腿、瑞士球俯桥——旋转等。

3.5 发展能量代谢系统的方法

3.5.1 间歇训练法

间歇训练法是对动作结构、负荷强度、间歇时间提出严格的要求，以使机体处于不完全恢复状态下，反复进行练习的训练方法。该训练方法的优点在于练习期间及间歇期间均能使心率维持在较好范围内，改善心脏泵血功能。

在制订间歇训练计划时需要注意以下6方面，以适合自己的身体情况为宜：间歇运动的强度；间歇运动的间歇时间和持续时间；每一次间歇训练的重复次数与组数；间歇的时间；间歇期间的活动类型；每周的训练频率。

3.5.2 持续训练法

持续训练法指没有休息间歇，持续运动。训练范围包括从长距离慢速训练到中、短距离的高强度训练，训练的主要目的是提高机体的有氧供能能力和糖酵解供能能力。

3.5.3 循环训练法

循环训练法指在每次训练时，把多个训练身体不同部位的运动及训练器械按一定的顺序编排好，训练者按事先编排的内容和顺序，依次练习每个动作，直至完成所有动作，这样就完成了一个循环的训练。一个循环通常包括6～14个身体不同部位或不同训练器械的练习，每个动作练习间歇为20～60秒，每个循环间歇为2～3分钟。一次训练课可安排一个或几个循环训练。

思考与练习

1. 身体运动功能训练与传统体能训练有什么不同？
2. 功能性动作筛查测试包括哪几个动作模式？

第4章

田径运动

青春无极限，运动促成长！

武文强

2019.5.4

田径运动与
体育精神

寄语

田径运动是体育运动中最大的项目之一，看似简单易行，却包含许多技法。正确选择适合自身的田径运动可以改善人体形态，提高身体素质和心理机能。

4.1　田径运动概述

4.1.1　田径运动的起源与发展

田径运动是由走、跑、跳、投等运动技能组成的以个人为主的运动项目。早在远古时期，人们在劳动中不断重复走、跑、跳、投等动作，从而掌握了相应的技能。真正的田径运动是在公元前776年第1届古代奥运会上产生的，1896年第1届现代奥运会则是现代田径运动的起点。

现代田径运动起源于欧洲。1912年国际业余田径联合会成立。1896年在希腊举办的第1届现代奥运会上，田径运动的走、跑、跳、投等被列为主要比赛项目，此后，现代田径运动逐步发展壮大。

4.1.2　田径运动的特点与分类

1. 田径运动的特点

（1）健身性：田径运动易于在群众中广泛开展，并且是健身价值较高的运动项目，长时间系统地参加田径运动锻炼，能提高人的走、跑、跳、投等基本运动技能水平，能全面发展人的速度、力量、耐力、灵敏、柔韧等身体素质。

（2）竞技性：竞技体育是社会文化不可缺少的组成部分，每年在国际和国内举行的田径运动比赛很多，田径运动比赛是竞技运动中公平竞争的典范，运动员的精神和运动美是激励人们欣赏体育的源泉。

（3）基础性：田径运动的运动基础价值表现在3个方面，第一，人类永远不会摆脱依靠走、跑、跳、投等基本运动技能来提高生活、生存和生命质量；第二，很多体育运动项目都离不开走、跑、跳、投等动作；第三，田径运动能有效和全面地提高人的各种身体素质。

（4）教育性：在田径运动项目教学、训练和比赛中，参加者可以在运动技术学习中提高心智，同时要承受一定的生理、心理负荷，还必须遵守一定的要求和规则，这有利于参与者养成良好的思维习惯和心理素质。

（5）娱乐性：参加田径运动可以愉悦身心，在各种以田径运动为主的游戏和比赛中，参加者自身技术的改进、运动水平的提高都会给参加者本人以很大的心理满足，使其身心得到健康发展。

（6）自然性：在现代社会中，人们渴望回归自然，而走、跑、跳、投是人类在与自然环境斗争中产生的技能，也是人类与自然环境进行斗争的重要手段，田径运动能力的提高可以提高人们在自然环境中的生存能力。

2. 田径运动的分类

《田径竞赛规则（2018—2019）》中将田径运动分为径赛、田赛、公路赛跑、竞走、越野赛跑、山地赛跑、野外赛跑。国际正式比赛中对田径运动的分类及具体比赛项目如表4-1所示。

表4-1 国际正式比赛中田径运动的比赛项目

类别		组别	项目
竞走		男子组	场地赛5 000米、10 000米，
		女子组	公路赛20千米、50千米
跑	短距离跑	男子组	100米、200米、400米
		女子组	100米、200米、400米
	中距离跑	男子组	800米、1 500米、3 000米
		女子组	800米、1 500米
	长距离跑	男子组	5 000米、10 000米
		女子组	5 000米、10 000米
	跨栏跑	男子组	110米栏（1.067米）、400米栏（0.914米）
		女子组	100米栏（0.838米）、400米栏（0.762米）
	障碍跑	男子组	3 000米
		女子组	3 000米
	马拉松	男子组	42.195千米
		女子组	42.195千米
	接力跑	男子组	4×100米、4×400米
		女子组	4×100米、4×400米
跳跃		男子组	跳高、撑竿跳高、跳远、三级跳远
		女子组	跳高、撑竿跳高、跳远、三级跳远
投掷	铅球	男子组	铅球（7.26千克）
		女子组	铅球（4千克）
	标枪	男子组	标枪（800克）
		女子组	标枪（600克）
	铁饼	男子组	铁饼（2千克）
		女子组	铁饼（1千克）
	链球	男子组	链球（7.26千克）
		女子组	链球（4千克）
全能		男子组	100米、跳远、铅球、跳高、400米、110米栏、铁饼、撑竿跳高、标枪、1 500米
		女子组	100米栏、铅球、跳高、200米、跳远、标枪、800米

4.1.3 田径运动主要赛事

国际上的田径比赛主要有奥运会田径比赛、世界田径锦标赛、世界杯田径赛、国际田联钻石联赛、亚运会田径比赛、亚洲田径锦标赛等。

我国的田径比赛主要有全国田径锦标赛、全国田径冠军赛、全国田径大奖赛等。

近年来，中国田径的竞技实力不断增强。2020年东京奥运会上，我国选手苏炳添在男子100米半决赛中以9秒83的成绩刷新亚洲纪录，并在决赛中获得第6名，成为"亚洲飞人"。

4.2 径赛运动的基本技术

径赛项目众多，根据高校学生锻炼与比赛的需要，这里主要介绍短跑、中长跑、接力跑和跨栏跑。

4.2.1 短跑

短跑是田径运动的基础项目，在其他运动项目的训练中也占有非常重要的地位。短跑的基本技术包括起跑、加速跑、途中跑、终点跑4个方面。

1. 起跑

起跑指从静止到起动的过程。起跑的任务是迅速摆脱静止状态，并获得良好的向前冲力，为起跑后的加速跑创造条件。起跑器如图4-1所示，其安装方式有拉长式和普通式两种。短跑主要采用蹲踞式起跑技术，如图4-2所示。"各就位"时要求两臂伸直，手指成拱形做弹性支撑，身体重量均匀地落在两手、脚和后膝之间，身体稳定；"预备"时要求逐渐抬起臀部，身体重量主要落在两臂与前腿之间，臀部稍高于肩，两肩超出起跑线；鸣枪时快蹬、快摆，迅速蹬离起跑器，注意前摆时脚掌不要离地过高。

短跑—起跑

图4-1 起跑器

各就位

预备

鸣枪

AR 图4-2 蹲踞式起跑技术

如图4-3所示，弯道起跑时，为了形成一段直线距离的加速跑，应将起跑器安装在跑道右侧正对左侧弯道的切点方向。左手撑于起跑线后5～10厘米处，身体正对弯道的切点。加速跑距离较短，上体抬起较早，沿切线跑进。

如图4-4所示，从直道进入弯道，身体应有意识地稍向圆心方向倾斜。后蹬时，右脚前脚掌内侧用力，左脚前脚掌外侧用力。摆动时，右腿膝关节稍向内，左腿膝关节稍向外。右臂的摆动幅度和力量略大于左臂。尽可能沿跑道内侧前进。

AR 图4-3 弯道起跑姿势

图4-4 直道进入弯道

从弯道进入直道，最后几米，应逐渐减小身体内倾程度，惯性跑2～3步后转入正常途中跑。

2. 加速跑

加速跑指从蹬离起跑器到途中跑开始。加速跑的任务是充分利用重力和向心力的合力，尽量达到最大速度。起跑后第一步不宜过大，为3.5～4脚长，第二步为4～4.5脚长，稍后逐渐增大。开始阶段，上体前倾角度很大，随着步长和速度增加，上体逐渐抬起，如图4-5所示，重心逐渐提高，脚着地点轨迹逐渐成一条直线。

3. 途中跑

途中跑是全程跑速最快的一段，任务是继续发挥和保持高速度。途中跑着地时脚掌应富有弹性地积极扒地。后蹬时支撑腿在摆动腿的拉动下，快速有力地伸展髋、膝、踝3个关节，摆动腿同侧骨盆送髋并迅速有力地向前上方摆。腾空时刚结束后蹬动作的支撑腿小腿应随蹬地惯性迅速向大腿靠拢，形成大、小腿一边前摆一边折叠的动作。另一摆动腿积极下压，膝关节放松，小腿随大腿下压惯性向前下方摆出，做积极的下落扒地动作。腾空时，应使不参加工作的肌群得到瞬间的放松和休息。

图4-5　加速跑

4. 终点跑

终点跑是全程跑的最后阶段，任务是尽可能地保持途中跑的最高速度，力求在疲劳情况下保持途中跑的正确技术，以最快的速度跑过终点。技术上要求上体适当前倾，并加强后蹬和摆臂的力量，撞线时上体迅速前倾，躯干撞线。跑过终点后应逐渐减速，以免跌倒受伤。

4.2.2　中长跑

中长跑不同于短跑的极限爆发力，它要求运动员在跑时既能保持一定速度，又能跑得久，因此，对中长跑的要求是动作轻松自然，身体重心移动平稳，节奏性强，肌肉用力和放松交替能力好。中长跑的基本技术包括起跑和起跑后的加速跑、途中跑、终点跑、中长跑中的呼吸4个方面。

1. 起跑和起跑后的加速跑

（1）中长跑的起跑姿势有半蹲式和站立式两种，如图4-6所示。

（2）800米跑多采用分道跑，运动员一般采用单臂支撑的半蹲式起跑技术。1 500米以上的项目不分跑道，运动员一般采用站立式起跑技术。

（3）无论是在直道还是在弯道跑，都应按切线方向朝着有利位置跑。

（4）在起跑后加速时，应在不妨碍或影响别人的情况下，跑向能发挥个人速度和战术需要的位置。

（5）按照既定速度有节奏地进入途中跑。

2. 途中跑

（1）脚着地缓冲前，摆动腿的大腿应积极下压，小腿顺势前摆做扒地动作，着地腿的膝关节弯曲。

半蹲式　　　　站立式
图4-6　中长跑的起跑技术

（2）脚着地时应用前脚掌或前脚掌外侧先着地，然后过渡到全脚掌着地。脚尖应正对跑进方向，避免脚向内或向外偏。

（3）脚着地后，小腿后侧肌群和大腿前侧肌群应积极而协调地退让，以减缓着地的制动力。在伸肌退让的同时，应迅速屈踝、屈膝、屈髋，完成缓冲动作。

中长跑—途中跑

（4）后蹬前摆时，后蹬的方向必须与跑的方向保持一致。前摆的方向不正会影响后蹬的方向。

（5）后蹬结束时，上体稍前倾，后蹬腿充分发展，髋前送，腾空阶段主要肌群都应适度放松，以减少能量的消耗，保持较快的速度跑完全程。

（6）在弯道跑进时，身体应向左倾斜，右臂摆动的幅度大，右脚着地时脚掌稍内旋。

3. 终点跑

（1）爆发力强的运动员在跟随跑的前提下，在最后阶段可突然加速；耐力好的运动员为了最后的胜利可采取更多阶段的加速。

（2）进入冲刺阶段之前必须抢占有利位置，并注意观察其他选手的状况，确定开始加速时机。一旦开始加速必须突然加速，拼尽全力一鼓作气冲向终点。

（3）冲刺时应加大摆臂，加快步频。

4. 中长跑中的呼吸

（1）要用鼻子和嘴同时呼吸。

（2）中长跑的呼吸节奏应与跑的节奏配合，可采用三步一呼吸、两步一呼吸、一步半一呼吸或一步一呼吸。

（3）在跑步过程中不能憋气。

4.2.3　接力跑

接力跑的传棒、接棒位置如图4-7所示。

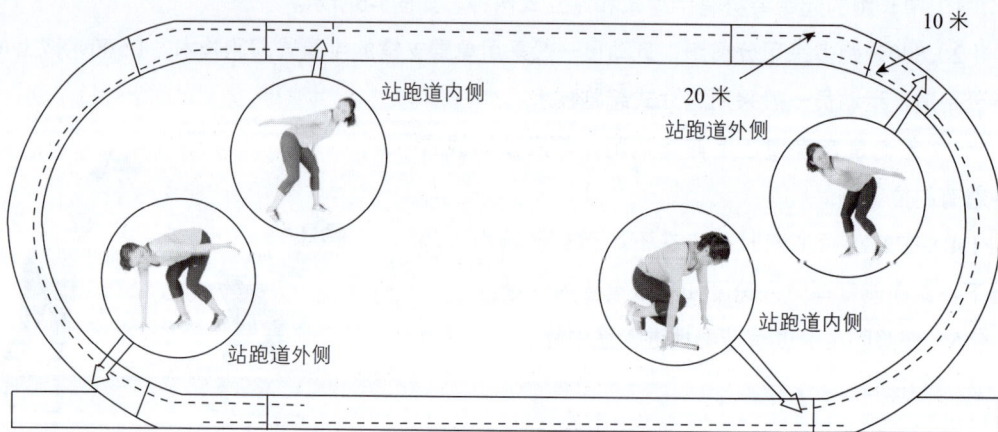

图4-7　传棒、接棒位置

1. 起跑

（1）持棒起跑。第一棒运动员采用蹲踞式起跑，技术类似短跑起跑，但接力棒不得触及起跑线或超过起跑线。持棒的方法：一般用中指、无名指和小指分开撑地，用食指和虎口固定接力棒末端位置，如图4-8所示。

（2）接棒人起跑。如图4-9所示，第二棒、第三棒、第四棒运动员多采用半蹲式或站立式起跑。第二棒和第四棒运动员站在跑道外侧，第三棒运动员站在跑道内侧。接棒人起跑姿势的选择主要取决于能否快速起跑和进入加速跑，并能清晰地看到传棒人以及预设的起动标志。

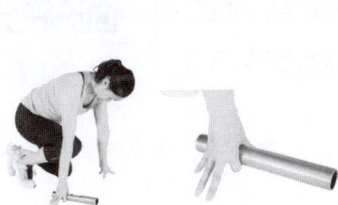

图4-8　持棒起跑

图4-9　接棒人起跑

2. 传棒、接棒方法

（1）上挑式：如图4-10所示，接棒人手臂自然后伸，手臂与躯干成40°~45°，掌心向后，虎口张开朝下，传棒人将棒"挑"送到接棒人手中。上挑式的优点是接棒人手臂后伸的动作比较自然放松，易掌握。缺点是第二棒运动员接棒后，握在棒的中部，第三棒、第四棒运动员传接棒时，棒的前端已所剩不多，不便于持棒快跑且容易掉棒。

图4-10　上挑式

（2）下压式：如图4-11所示，接棒人手臂后伸，与躯干成50°~60°，掌心向上，虎口向后，传棒人将棒"压"送到接棒人手中。下压式的优点是每一次传接棒都能握住棒的一端，便于持棒快跑。缺点是接棒人在手臂后伸时相对紧张。

图4-11　下压式

3. 传棒、接棒的时机

正确的传棒、接棒时机和起跑标志线的位置是保证在接力区内高速完成交接棒的重要条件。当传棒人到达起跑标志线时，接棒人迅速起动向前奔跑；当传棒人快速追上接棒人还剩2米左右，即接棒人的后伸手与传棒人的前伸手可以交会时，传棒人发出"接"的口令。传、接棒的技巧体现在时间差的运用上，当传棒人发出口令"接"时，不要急于将棒送出，待看准接棒人的手臂后伸位置后，再递到接棒人手中。

4. 接棒人起跑标志的确定

标志的作用是当传棒人跑到此标志时接棒人开始起跑。起跑标志线的位置一般在接力区30米外，视传棒人的后程速度和接棒人的起跑速度以及传、接棒技术熟练程度而定，传棒、接棒双方在反复练习中调整这一距离，然后确定下来。

5. 接力棒次顺序安排

4×100米接力跑的成绩主要取决于各棒运动员的短跑速度和传棒、接棒技术。一般第一棒运动员应选择起跑好并善跑弯道的运动员；第二棒运动员应选传、接棒技术熟练且专项耐力较好的运动员；第三棒运动员除应具备第二棒运动员的长处外还要善跑弯道；第四棒运动员应选择短跑成绩最好、冲刺能力最强的运动员。

4.2.4 跨栏跑

跨栏跑是在分道赛跑中依次跨越规定距离设置的栏架的赛跑，分为男子110米跨栏跑、女子100米跨栏跑、男子400米跨栏跑、女子400米跨栏跑。跨栏技术可分为起跑至第一栏技术、过栏腾空技术、栏间跑技术和终点跑技术。

跨栏跑

1. 110米跨栏跑技术

（1）起跑至第一栏技术。起跑至第一栏的任务是快速启动，积极加速，为顺利跨过第一个栏架和建立全程跑节奏打好基础。

①起跑方式同短跑。

②起跑至第一栏一般为8步，起跑时起跨腿在前，少数身材较高大的运动员采用7步，摆动腿在前。

③起跑后加速时，两臂协调一致，两腿积极蹬摆，与短跑相比后蹬角度略大，身体重心较高，躯干抬起较早，跑到第6步时，身体姿势已经接近短跑的途中跑姿势，并准备跨栏。

④起跑后各步步长逐渐增大，栏前最后两步更为突出，最后一步靠加快速度和起跨腿积极着地而较前一步缩短10～20厘米，准确踏上起跨点，加快起跨腿速度。

（2）过栏腾空技术。过栏腾空技术包括起跨、腾空过栏、着地3方面。

①起跨：要求快速起跨，形成良好的攻栏姿势。技术要领为重心高、髋前移、腰挺直、身体前倾。

●起跨前应保持较高的跑速和较高的重心。栏前最后一步短于前一步，起跨腿积极着地，摆动腿折叠前摆。

●起跨时起跨腿后蹬要迅速有力，蹬地结束瞬间起跨腿的髋、膝、踝3个关节充分伸展，并与躯干、头基本成一条直线。

●在起跨腿蹬地的同时，摆动腿在体后折叠，足跟靠近臀部，以髋为轴，大腿带动小腿积极向前摆至膝超过腰部高度。

●在两腿蹬摆配合完成起跨动作的过程中，上体随之加大前倾，摆动腿异侧臂屈肘向前上方摆出，肘关节达到肩的高度，另一臂屈肘摆至体侧，整个身体集中向前用力，平衡舒展，起跨结束时形成一个良好的攻栏姿势，如图4-12所示。

②腾空过栏：要求尽可能缩短腾空时间，减小速度损失。技术要领为摆动腿异侧臂前伸，体前倾，起跨腿屈膝外展，膝高于踝，向前提拉，摆动腿积极直腿下压。

●起跨腿前脚掌内侧着地起跨，过栏后摆动腿快速主动下压，减少在栏上的滞留时间，以前脚掌支撑着地。

●起跨腿蹬离地面后，摆动腿大腿继续向前上方摆动，膝关节超过栏板高度，小腿迅速前摆，脚背勾起。

●在摆动腿前摆的同时，异侧臂和肩也伸向栏板上方，使肘超过膝，异侧臂与摆动腿基本平行。

●同侧臂后摆，上体加大前倾，躯干与摆动腿形成锐角，目视前方。

●起跨腿蹬离地面后，迅速抬起折叠，踝关节勾脚，脚趾向上翘；过栏时大小腿折叠至几乎与地面平行，如图4-13所示，过栏后膝关节领先积极向前上方提拉，并准备积极着地。

③着地：要求主动、快速过渡到栏间跑。技术要领为下压快、着地稳、提拉快、幅度大。

●用前脚掌后扒着地，落地腿撑地伸直，身体重心处于较高位置。

●起跨腿提拉至身体正前方，大腿高抬并积极跑出第一步，如图4-14所示。

（3）栏间跑技术。栏间跑技术指栏间3步跑的技术。栏间跑技术基本等同短跑，其主要任务是尽可能加快栏间跑节奏，准确地运用栏间距离提高跑速，为顺利跨过下一个栏架创造条件。技术要领为高重心、频率快、节奏稳。

①栏间跑要保持高重心跑，尽量减少身体重心上下起伏。

②用前脚掌着地。

③每个栏间的步长稳定，步频加快。

（4）终点跑技术。终点跑指从跨过第10个栏架后跑到终点。此阶段的任务是顺利完成跨跑衔接。下最后一个栏架时，保持身体重心平稳，摆动腿积极下压，近点下栏，起跨腿不要过于向前拉，加大摆臂力度，采取高重心大步幅快速跑进，临近终点时，上体急速前压，躯干撞线。

AR 图4-12　起跨

AR 图4-13　腾空过栏

AR 图4-14　着地

2. 不同距离跨栏跑技术

（1）女子100米跨栏跑技术。女子100米跨栏跑与男子110米跨栏跑在动作结构上基本相同。

①起跨点与栏架的距离较近，为1.90~2.10米，摆动腿几乎贴近栏板上沿过栏。

②躯干在上栏时没有明显的前倾和下压动作，过栏身体重心运行轨迹起伏不大，跨栏步的步长为3.00~3.10米，下栏时着地点距栏架为1.00~1.20米。

③起跨腿提拉的幅度和高度小，摆动腿压栏动作迅速短暂，摆动腿的异侧摆臂前伸角度小，两腿分腿角度大，剪绞速度快。

④栏间跑和冲刺跑时身体重心波动较小，摆臂动作、跨跑衔接紧密。

（2）400米跨栏跑技术。男、女400米跨栏跑技术与男子110米跨栏跑技术相比无本质差异，但由于栏架高度不同，栏间距离较长且有些栏架设立在弯道上，所以在动作形式、动作幅度、用力程度、动作细节上略有差别。

①女子过栏技术：由于栏架低，起跨的后蹬力量、上体前倾角度、摆臂幅度和跨腿的提拉速度都较其他项目小，跑跨连贯，接近于跑栏技术。

②弯道过栏技术：男、女400米跨栏跑弯道上有5个栏架，跨弯道栏时，过栏技术要适当改变，对起跨腿的选择也有要求，一般右腿起跨可以利用向心力顺利过栏而不致失去平衡，比左腿起跨有利，但必须避免过栏时犯规。

4.3 田赛运动的基本技术

田赛项目包括跳跃、投掷两类。下面重点介绍跳跃类中的跳高、跳远、三级跳远，以及投掷类中的铅球和标枪。

跳高

4.3.1 跳高

当代跳高运动常用的技术是跨越式和背越式，如图4-15所示。不管采用哪种技术，跳高都包括助跑、起跳、过杆、落地4个阶段。

跨越式

背越式

AR 图4-15 常用的跳高技术

1. 助跑

（1）助跑时的起动分为原地起动和行进间起动两种，原地起动如图4-16所示。

（2）弧线助跑必须始终保持身体内倾，外侧肩稍高于内侧肩。

（3）助跑的最后几步重心要平稳，步频加快。

（4）倒数第二步时摆动腿积极着地支撑，最后一步时身体保持内倾姿势，沿弧线积极迈步准备起跳。

AR 图4-16 助跑

2. 起跳

（1）起跳脚以脚跟外侧先着地，然后迅速滚动至全脚掌，同时建立积极的起跳意识。

（2）摆动腿蹬离地面后迅速屈膝折叠向前上方及内侧摆动。

（3）起跳腿着地缓冲后积极蹬伸同时快速摆腿、摆臂、提肩、拔腰。

（4）起跳结束时，肩、髋、膝和踝关节要充分伸展。

3. 过杆

以背越式为例。

（1）起跳腿蹬离地面后身体自然伸展，两腿自然下垂。

（2）身体过杆时依次下肩、展体、挺髋。双臂过杆后下放或收于体侧。

（3）臀部过杆后应依次屈髋、抬大腿、上踢小腿。

4. 落地

（1）身体过杆后注意低头和保持屈髋、伸膝动作。

（2）以肩背部先着垫，避免两臂先着垫。

（3）着垫后，两膝、两腿适当分开。

4.3.2　跳远

跳远是一个速度力量类项目，由助跑、起跳、腾空和落地4个部分组成。运动员在通过助跑获得一定速度的基础上，在起跳前尽可能保持最高速度的情况下，通过快速有力的起跳，获得最远的抛射距离。

跳远

1. 助跑

（1）助跑方法：助跑方法有原地起动助跑和行进间助跑两种。

①原地起动助跑：如图4-17所示，这种助跑方法的助跑步幅比较稳定，速度变化较小，有利于保证助跑的准确性。

②行进间助跑：这种助跑方法的优点是自然放松，缺点是助跑速度不易控制，踏板的准确性不好掌握。

（2）助跑方式：助跑方式有平稳加速方式和积极加速方式两种。

图4-17　原地起动助跑

①平稳加速方式：开始阶段步频较慢，在逐渐加大步长或保持步长的基础上提高步频。加速过程均匀、平稳，助跑动作轻松、自然，但加速时间较长。

②积极加速方式：步频始终保持在较高水平，能够较早摆脱静止状态并获得较高的助跑速度，开始几步步长较短，步频较快，上体前倾较大，适合绝对速度比较快的运动员。

（3）助跑距离：助跑距离与运动员的跑动能力有关。一般男子助跑距离为35～45米，跑18～

24步；女子助跑距离为30~40米，跑16~22步。在助跑最后6步左右应设立第二标志，以校验助跑步点的准确性和保证上板最后几步的助跑节奏。

最后几步助跑技术：在步长相对稳定的情况下加快步频；最后几步的步长要体现运动员的特点；身体重心适度下降，为起跳做好充分准备。

2. 起跳

起跳是跳远的关键技术环节之一，其主要任务是充分利用助跑取得的水平速度，创造必要的垂直速度，以获得尽可能大的腾起初始速度和适宜的腾起角度。起跳分为起跳脚着地、缓冲和蹬伸3个阶段。

（1）起跳脚着地：起跳前一步，起跳腿大腿前摆较低；起跳脚积极下落着板，起跳腿几乎伸直。脚掌与脚跟几乎同时接触起跳板；起跳脚着板前，摆动腿已开始折叠并迅速前摆跟上起跳腿。

（2）缓冲：起跳脚着地至膝关节弯曲程度最大时为缓冲阶段。缓冲时，膝关节弯曲角度要适宜，一般成135°~145°；起跳腿弯曲缓冲时，摆动腿继续积极折叠前摆，并带动髋部迅速前移。

（3）蹬伸：蹬伸阶段从起跳腿膝关节最大弯曲时开始，至起跳腿蹬离地面瞬间为止。蹬伸时起跳腿的髋、膝、踝3关节充分蹬直，躯干和头部保持正直；蹬伸动作结束时，摆动腿大腿接近抬平，小腿自然下垂，两臂摆至体侧上方。

3. 腾空

跳远腾空阶段的任务是维持身体平衡，为顺利完成落地动作创造有利条件。起跳腾空后，运动员要保持起跳离地时的跨步姿势，向前上方腾起。腾空以后的空中动作姿势有挺身式、蹲踞式、走步式等，如图4-18所示。

（1）挺身式：挺身式有助于运动员在空中充分拉长整个身体，加大身体前旋半径，减慢身体前旋的角速度。

①完成腾空步后，展髋放下摆动腿，起跳腿屈膝前带，向摆动腿靠拢。

②两臂开始时一前一后，当摆动腿继续向后运动时，两臂外展，同时挺胸送髋使躯干微成反弓形。

③落地前，两臂由上经体前、体侧向后引，收腹举腿，两腿前伸。

（2）蹲踞式：起跳成腾空步（起跳结束时，身体姿势在空中的延续）后，上体保持正直，摆动腿继续向上摆动，起跳腿顺势屈膝前摆，逐渐靠近摆动腿，使两腿屈膝在空中成蹲踞姿势，然后收腹举腿并前伸小

挺身式

蹲踞式

图4-18　空中动作姿势

腿，两臂由后向前摆动，使身体重心前移，顺势落地。

（3）走步式：这种姿势有利于助跑起跳、蹬伸和摆动各部分技术动作的紧密衔接，动作自然连贯。

①起跳后，摆动腿以髋为轴下放后摆，同时起跳腿屈膝前摆，在空中完成换步。

②落地前，摆动腿继续前摆靠拢起跳腿，完成落地的准备姿势。

③落地时，双腿向前伸。

④两臂大幅度环绕动作的形式与下肢走步动作协调配合。

走步式

AR　图4-18　空中动作姿势（续）

4. 落地

跳远落地的任务是在身体不后倒的前提下，尽量获得较大的落地距离。落地时两腿伸直，脚尖勾起，两臂在体后；着地后，屈膝缓冲，髋关节快速向前移动。

4.3.3　三级跳远

三级跳远可分为助跑、第一跳、第二跳、第三跳、腾空和落地6个环节。腾空与落地两个环节和跳远相同，下面重点介绍助跑、第一跳、第二跳和第三跳。

1. 助跑

三级跳远的助跑方式基本和跳远相同，在距离和节奏上略有不同。优秀的运动员三级跳远的助跑距离一般在35～40米（跑18～23步），在最后的3～6步应该适当减小步长，加快步频，从而为起跳做好准备。助跑的起跑动作如图4-19所示。

三级跳远

2. 第一跳（单足跳）

助跑最后一步时，摆动腿积极有力地蹬地，起跳腿应积极地快速踏上起跳板，起跳腿前迈时稍低一些。上体保持垂直或适当前倾，起跳脚着地点离身体重心在地面的投影点较近。

起跳脚着地后，关节弯曲缓冲，随着身体前移，上体和骨盆应快速前移，摆动腿的大小腿折叠积极前摆，起跳腿及时进行快速的蹬伸动作，摆动腿和两臂于前上方做大幅度摆动。起跳角度为62°，身体重心的腾起角度为17°。

起跳结束后，在保持一段"腾空步"后（约1/3的距离）摆动腿开始向下、向后摆动，同时起跳腿屈膝，大、小腿收紧，脚跟贴近臀部，积极前摆。接着摆动腿后摆，起跳腿向前高抬，小腿自然下垂，完成换步动作，如图4-20所示。单足跳的起跳应将助跑和腾空阶段有机地联系在一起，跳跃的抛物线轨迹应尽量低而平。

图4-19　助跑

图4-20　第一跳（单足跳）

3. 第二跳（跨步跳）

第二跳的起跳实际上是从第一跳腾空后开始的。在第一跳腾空的后1/3段，运动员的身体开始下降。着地时，髋、膝、踝部肌肉要保持紧张，使着地动作富有弹性，身体重心保持在较高的位置，身体要尽量保持正直，优秀运动员的着地角为68°左右。

起跳腿着地后要及时屈膝、屈踝，进行适当的缓冲，使身体快速前移。当身体重心接近支撑点上方时，摆动腿和两臂快速有力地向前上方摆动，身体向上伸展，起跳腿进行快速有力的蹬伸动作。在蹬离地面的瞬间，起跳腿的髋、膝、踝3关节应充分伸直。第二跳的起跳角比第一跳要小，优秀运动员的起跳角为60°，腾空高度也相对较低，一般腾起角度为14°，如图4-21所示。

4. 第三跳（跳跃）

经过前两跳后水平速度已有明显下降，因此在第三跳中要充分利用剩余的水平速度，尽可能提高垂直速度，以获得一个较高、较远的腾空轨迹，从而获得最大的远度。第三跳的着地角稍小于前两跳，约为66°，这有利于运动员获得较大的垂直速度。

起跳时要伸髋、伸背，上体保持正直。在起跳结束的瞬间，起跳腿的髋、膝、踝3关节充分蹬直，摆动腿和两臂高摆，以增加身体重心向上移动的距离。第三跳的起跳角和腾起角都稍大于前两跳，分别为63°和18°，起跳的角度与单足跳和跨步跳相比应该相对大一些，两臂前上摆动，摆动腿的膝部向前高抬至少成90°，如图4-22所示。

图4-21　第二跳（跨步跳）

图4-22　第三跳（跳跃）

4.3.4　铅球

铅球是一个技术力量类项目，投掷铅球时，单手持铅球放在肩上锁骨窝处，站在直径为2.135米的圆圈内靠近后沿处，经过滑步或旋转后，单手从肩上将铅球推出，使铅球落在规定的投掷区内。

铅球

1. 握持铅球

手指自然分开，把铅球放在食指、中指、无名指的指根上，大拇指和小指支撑在铅球的两侧，如图4-23所示，将铅球放在锁骨窝处，紧贴颈部，右臂屈肘，掌心向前，上臂与肩齐平或略低于肩，如图4-24所示。

图4-23　握铅球　　图4-24　持铅球

2. 滑步前的预备姿势

滑步前的预备姿势有高姿势和低姿势两种。

（1）高姿势：运动员持铅球，背对投掷方向站立，右脚尖靠近圈内沿，左腿自然弯曲，脚尖点地，上体正直放松，左臂自然上举，身体重心较高，落在右腿上。

（2）低姿势：运动员持铅球，背对投掷方向站立，右脚尖靠近圈内沿，左臂自然下垂，双腿弯曲，身体重心较低，落在右腿上。

3. 滑步

（1）支撑腿自然弯曲，摆动腿积极预摆，躯干与腿部保持90°，腰背收紧。

（2）单腿支撑时，身体保持平衡。

（3）左腿积极发力后摆时，重心由右脚前脚掌移到后脚跟，同时右腿快速地蹬伸用力，身体扭紧。

（4）滑步中，蹬摆左腿，再蹬伸右腿，注意蹬伸的力量、速度和用力顺序，蹬摆的同时注意双肩正对投掷圈后部。

（5）右腿在蹬伸过程中积极落地，右脚先着地，左脚再落地，右脚落在投掷圈中间，如图4-25所示。

图4-25　滑步

4. 最后用力

（1）右腿快速地转蹬身体，右手保持好持球的姿势，充分打开胸部。

（2）左腿有力支撑，并顶起身体，身体成侧弓形，身体肌肉处于紧张发力状态。

（3）腿与躯干快速蹬伸，注意发力顺序，肩与头不要过早转动。

（4）出手时屈腕拨铅球，注意出手高度，如图4-26所示。

图4-26　最后用力

5. 维持平衡

（1）铅球出手后，交换双脚位置，如图4-27所示。

（2）降低重心，缓解向前的冲力。

图4-27 维持平衡

4.3.5 标枪

按照投掷顺序，掷标枪可分为握枪、持枪、助跑、最后用力、维持身体平衡等阶段，以下均以右手投掷为例。

1. 握枪

标枪的握法主要有普通式握法、现代式握法两种，如图4-28所示。可根据器械的特点、投掷方法和个人特点来选择握枪方法，但无论采用哪种握法，都必须符合以下技术要求。

（1）应有利于助跑与投掷，便于控制器械。

（2）应有利于充分利用投掷臂的长度和手腕、手指的力量。

（3）应有利于肩、臂、手腕和手指等参与运动部位的适当放松。

标枪

2. 持枪

大多数运动员采用肩上持枪法，即持枪于头的侧上方，枪尖略低于枪尾或平行，枪尖位于两眼平视的前方，如图4-29所示。

普通式握法　　现代式握法

图4-28 握枪

图4-29 持枪

3. 助跑

（1）预助跑：预助跑是从第一标志线开始到第二标志线止，目的是使人和器械获得一定的初速度，助跑距离一般为10～20米。预助跑时，应保持一定的直线性，前脚掌着地富有弹性，动作放松自然并逐步加速，如图4-30所示。持枪的手臂随助跑前后自然摆动，非持枪的手在体侧摆动，助跑速度一般为最大速度的80%。

（2）投掷步：投掷步的目的是在保持和加快跑速的情况下完成引枪和超越器械动作，为最后用力创造有利条件，如图4-31所示。

①投掷步一般为5步，优秀运动员采用7步。

②左脚踏入第二标志线后，向前两步引枪，引枪时上体右转侧对投掷方向，上下肢协调配合。

③达到一定加速度后，运动员开始交叉步，两腿积极有力地向前摆蹬，以便身体获得更大的超越，同时上体扭紧，投掷臂充分后伸，形成最有力的超越器械动作。

④腾空阶段，运动员应积极有力地摆蹬腿，完成空中剪绞动作。

⑤投掷步最后一步右脚跟先着地，并迅速过渡到前脚掌，为最后用力做好准备。

AR 图4-30　预助跑

AR 图4-31　投掷步

4. 最后用力

助跑和最后用力是整个技术的主要部分，二者紧密衔接是掷标枪的难点。

（1）左腿积极稳固地支撑，使下肢的动能迅速向上传，如图4-32所示。

（2）右腿蹬转送髋，上体迅速转向投掷的方向，胸部充分拉紧，投掷臂向上翻转，形成满弓。

（3）躯干迅速向前用力，上体向前加速，形成爆发式用力过程。

（4）大臂带动小臂做鞭打动作，保持合理的出手角度（29°～36°）。

5. 维持身体平衡

出手后应及时制动，向前迈1～2步，身体左转，防止犯规，同时降低身体重心，维持身体平衡，如图4-33所示。

图4-32　最后用力

图4-33　维持身体平衡

4.4　田径运动的比赛规则

4.4.1　径赛运动的比赛规则

1. 跨栏

比赛中，不同距离的跨栏对比情况如表4-2所示。

表4-2　不同距离的跨栏对比情况

性别	项目	栏间距离/米	起点到第一栏距离/米	最后一栏到终点距离/米	栏高/米	栏数/个
男	110米跨栏跑	9.14	13.72	14.02	1.067	10
男	400米跨栏跑	35	45	40	0.914	10
女	400米跨栏跑	35	45	40	0.762	10
女	100米跨栏跑	8.50	13	10.50	0.84	10

2. 起跑规则

（1）400米及以下距离（包括4×400米接力跑的第一棒）的起跑应使用大会规定的起跑器，

采用蹲踞式起跑。其余均不用起跑器，采用站立式起跑。

（2）蹲踞式起跑：各就位→预备→鸣枪。站立式起跑：各就位→鸣枪。

（3）在"各就位"或"预备"口令发出后，所有运动员均应立即做好最后的预备姿势。发令员对运动员各就位后准备起跑的过程不满意，应命令所有的运动员撤回。运动员有下列行为，发令员应终止起跑：当运动员听到"各就位"或"预备"命令后，在发令枪发出信号之前抢跑，导致起跑失败；没有执行"各就位"或"预备"口令，或未能在有效时间内做好最后起跑动作；下达"各就位"或"预备"口令后，运动员用声音或其他方式干扰比赛中的其他运动员。

3. 跑道规则

（1）400米及400米以下各项径赛，每位运动员应占有1条跑道。

（2）400米以上距离的长跑不分跑道（除800米的前100米）。

（3）4×100米接力跑每队占一条跑道，4×400米接力跑在规定处方可抢入内道。

（4）所有不分道跑（或部分赛段不分道跑）的比赛中，当运动员在弯道外侧跑道上或在障碍赛中变更道的弧线上跑进时，不能踏在或跑在突沿线或实际分道线上或内侧。

（5）如果相关裁判长确认了裁判员、检查员或其他人员关于某运动员跑出了自己分道的报告，则应取消该运动员的比赛资格。

（6）不应被取消比赛资格的情况：被他人推、挤或被迫踏出或跑出自己的跑道，或踏在实际分界线上或突沿线内侧；在直道上踏在分道线上或跑出自己的跑道，或在弯道上踏在或跑出跑道的外侧分道线；运动员在跑进中未从中获得实际利益，并且未挤撞或阻挡其他运动员。

（7）自愿离开跑道后不得参加比赛，记为中途退出。

4. 终点规则

（1）应用50毫米宽的白线标出终点线。

（2）判定运动员的终点名次，应以其躯干任何部位抵达终点线后沿垂直面的顺序为准。

5. 接力跑规则

（1）应在跑道上画出50毫米宽的横线标明各段之间的距离和接力区中心线。

（2）每个接力区的长度为30米。接力区的开始和结束都从接力区分界线的跑进方向后沿算起。

（3）做标志：当接力的全程或第一棒为分道跑时，运动员可在自己分道内用胶布做一个标志，颜色应明显区别于跑道。

（4）接力棒为光滑的空心圆管，由整段木料、金属或其他适宜的坚固材料制成，长度为0.28~0.30米，外部直径为（40±2）毫米，质量至少为50克。接力棒应涂成彩色，以便在比赛中明显可见。

（5）如发生掉棒，必须由掉棒运动员捡起。允许掉棒运动员离开自己的分道捡棒，但不得因此缩短比赛距离。此外，接力棒掉在跑道两侧或跑进方向时（包括终点线后），掉棒的运动员在捡回棒后，必须回到至少在他上次手持棒的位置方可继续跑进。如果遵守上述程序，并未侵犯其他运动员，不得因此取消比赛资格。

（6）所有接力跑，都必须在接力区内交接接力棒。仅以接力棒的位置决定是否在接力区内完成接力。

（7）运动员在交接棒之后，应留在各自分道或接棒区内，直到跑道畅通。

（8）如果运动员在比赛中接取或捡起另一支队伍的接力棒，他所在的队伍应被取消比赛资格。相关接力队不应被判罚，除非在此过程中获利。

（9）接力队的每位成员只能参加接力比赛的其中一棒，每队只允许有两名替补队员参加比赛。

（10）队员组成和各棒顺序应在每一轮第一组的第一次检录前至少1小时正式申报，必须经核实才能变动。

（11）4×100米接力跑应为全程分道跑。

（12）4×400米比赛可以使用以下任何一种方式：第一棒是分道跑，第二棒分道跑至抢道线后，运动员可离开自己的跑道（3个弯道为分道跑）；第一棒分道跑至抢道线近端，运动员可离开自己的跑道（1个弯道为分道跑）。

4.4.2　田赛运动的比赛规则

1. 跳高

（1）比赛开始前，主裁判应向运动员宣布起跳高度和每轮次横杆递增高度，直至只剩下一名获胜的运动员或两位运动员并列第一名。

（2）运动员可以在主裁判宣布的任何一个高度上开始试跳，也可在以后任何一个高度上试跳。连续3次试跳失败，失去比赛资格。允许运动员在某一高度上第一次或第二次试跳失败后请求免跳，并在后续的高度上继续试跳。运动员在某一高度上请求免跳后，不准在该高度上恢复试跳。

（3）除非比赛中只剩下一名运动员，并且该运动员已获得该项目比赛的冠军，否则规则如下。

①跳高项目每轮次之后，横杆升高不得少于2厘米。

②当某运动员已在比赛中获胜时，有关裁判员或裁判长应征求该运动员的意见，由该运动员决定横杆的提升高度。

③所有高度项目的测量均应以厘米为单位，从地面垂直量至横杆上沿最低点。

④每次升高横杆后，在运动员试跳之前，均应测量横杆高度。

⑤横杆（除两端外）的横截面呈圆形。跳高横杆全长为（4.00±0.02）米，最大质量为2千克。

⑥运动员必须用单脚起跳。

⑦出现下列情况之一者，应判为试跳失败。

●试跳后，由于运动员的试跳动作，横杆掉落。

●在越过横杆之前，运动员身体的任何部位触及横杆后沿（靠近助跑道）垂直面以前的（在两个立柱之间或之外的）地面或落地区。如果运动员在试跳中脚触及落地区，而裁判员认为该运动员并未从中获得利益，则不应以此原因判该次试跳失败。

●试跳时，运动员有意用手或手指把即将从横杆托上掉下的横杆放回。

2. 跳远、三级跳远

（1）起跳线至落地区远端的距离至少为10米。

（2）起跳线至落地区近端的距离为1～3米。

（3）助跑道长度从起跳线至助跑道尽头至少为40米。在条件允许的情况下应为45米。助跑道宽度为（1.22±0.01）米，应用50毫米宽的白线标出。

（4）起跳板涂成白色，应水平埋入地下，与助跑道地面及落地区地面齐平。

（5）每次有效试跳后应立即测量成绩。测量成绩时，应从运动员身体任何部位（任何附着于身体上的物品）在落地区内的最近触地点量至起跳线或起跳线的延长线。测量线应与起跳线或其延长线垂直。

（6）在所有远度跳跃项目中，记录测量距离的最小单位为0.01米，不足0.01米的不计。

（7）以下情况应判试跳失败。

①在起跳过程中，无论是助跑后未起跳还是仅做跳跃动作，运动员身体的任何部位触及起跳线之前的地面。

②从起跳板两端之外起跳，无论是否超过起跳线的延长线。

③在助跑或跳跃中采用任何空翻姿势。

④起跳后，在第一次接触落地区前接触了助跑道、助跑道外的地面或落地区外的地面。

⑤在落地过程中触及落地区边沿或落地区以外地面，而落地区外的触地点较落地区内的最近触地点更靠近起跳线。

（8）以下情况不应判试跳失败。

①运动员在任意位置跑出助跑道白色标志线。

②运动员在抵达起跳板之前起跳。

③运动员的脚或鞋的一部分触及起跳板任何一端以外、起跳线之前的地面。

④运动员在跳跃中摆动腿触地不应视为试跳失败。

3. 铅球

运动员只能用单手从肩部将铅球推出。当进入圈内开始试掷时，运动员要将铅球抵住或靠近颈部或下颌，在推球过程中持球手不得降到所抵住的部位以下，也不得将铅球置于肩轴线后方。

4. 标枪

掷标枪时应用单手握住把手处，从肩部或投掷臂上臂的上方掷出，不得抛甩，不得采用非传统姿势进行投掷。只有标枪的金属枪头先于标枪的其他部位触地，试掷方为有效。运动员试掷时，在标枪出手以前，身体不得完全转向背对投掷弧。

如果标枪在试掷或在空中飞行时折断，只要该次试掷符合规则，不应判试掷失败。如果运动员因此失去平衡而违反本规则的任何条款，也不应判试掷失败。以上两种情况应允许运动员重新进行一次试掷。

思考与练习

1. 完整阐述跨栏、跳高、铅球、标枪的技术动作。

2. 假如你是跳远、铅球、接力跑比赛的主裁判，你将如何裁决这些比赛（想象比赛过程中所有可能会出现的问题并提出解决方法）？

第**5**章

足球运动

激扬青春，在足球场上
让梦飞扬。

任政德
2019.4.12

足球运动与
体育精神

寄语

足球运动对抗激烈，富有战斗性，既要求参与者具有强壮的体魄，又要求团队进行紧密的配合，深受人们喜爱。

5.1 足球运动概述

足球运动起源于我国。在我国古代，足球名为"蹴鞠"。现代足球运动诞生于英格兰，在其带动与传播下，足球运动逐步遍布世界各地。目前足球运动已成为"世界第一运动"。

5.1.1 足球运动的起源与发展

根据对各国有关史料的研究，我国古代开展足球运动要早于其他国家。1904年5月21日，国际足球联合会在法国巴黎成立，这标志着足球作为一项世界性的体育项目登上了国际体坛。1896年，足球运动作为表演项目出现在第1届奥运会上，在第4届奥运会上足球运动成为正式比赛项目。

5.1.2 足球运动的特点与作用

足球运动是以脚支配球为主的运动，具有非凡的影响力。经常参加足球运动有助于塑造健康体魄，培养良好的品德。足球运动赛事还有助于增强民族凝聚力，增进国际交往。

5.1.3 足球运动的主要赛事

足球运动主要赛事有世界杯足球赛、奥运会足球赛、国际足联联合会杯、国际足联女子世界杯。

2022年2月，中国女足时隔16年再夺亚洲杯冠军，这也是中国女足第9次夺得亚洲杯冠军。中国女足打动观众的不仅是骄人战绩，更是永不服输，顽强拼搏到最后一秒的精神。

5.2 足球运动的基本技术

足球运动的技术可以分为有球技术和无球技术。无球技术主要是没有结合球的各种战术移动，本节主要介绍有球技术。

5.2.1 踢球技术

踢球指队员有目的地用脚把球踢向预定目标。踢球技术是足球技术中非常重要的技术，下面详细介绍踢球技术动作、常见的踢定位球技术以及其他性质球踢球要点。

1. 踢球技术动作

踢球的方法很多，动作要领也有所不同，但是每一种踢法都是由助跑、支撑脚站位、踢球腿的摆动、脚触球和踢球后的随前动作5个环节组成的。在这5个环节中，脚触球是最重要的环节。

2. 常见的踢定位球技术

（1）脚内侧踢定位球：如图5-1所示，直线助跑，支撑脚站在球的侧面

4种踢定位球技术

一拳左右的位置，脚尖正对出球方向，支撑腿膝关节微屈。在支撑脚着地时，踢球腿大腿带动小腿由后向前摆动，大腿外展，在触球前将脚跟送出使得脚内侧所形成的平面与出球方向垂直，脚尖微微翘起。

图5-1　脚内侧踢定位球

（2）脚背内侧踢球：如图5-2所示，斜线助跑，支撑脚的脚尖指向出球方向，距球内侧后方约一脚距离或稍大，膝关节微屈。在支撑的同时，踢球腿完成后摆，并开始以髋关节为轴大腿带动小腿由后向前摆动，当大腿摆至与支撑腿接近同一平面时，小腿做爆发式摆动，脚尖绷紧，插到球后下方，用脚背内侧击球，身体向支撑脚一侧倾斜。

图5-2　脚背内侧踢球

（3）脚背正面踢定位球：如图5-3所示，直线助跑，最后一步稍大些，支撑脚以脚后跟过渡到脚掌着地支撑，脚尖正对出球方向，并与球的目标方向平行，膝关节微屈，踢球腿随跑动向后摆动，小腿向大腿方向折叠，支撑的同时踢球腿以髋关节为轴，大腿带动小腿由后向前摆动。当膝关节摆至接近球的正上方时，小腿做爆发式摆动，脚趾扣紧鞋底，脚尖绷紧，以脚背正面击球的后中部。

图5-3　脚背正面踢定位球

（4）脚背外侧踢定位球：如图5-4所示，助跑、支撑脚站位及踢球腿摆动均与脚背正面踢定位球技术的3个环节相同，用脚背外侧触球。此时要求膝关节和脚尖内转，脚背绷紧，脚趾紧屈并提膝。

(AR) 图5-4 脚背外侧踢定位球

3. 其他性质球踢球要点

（1）空中球：在踢空中球时，无论用什么部位踢，都需要预测球的落点，选择支撑脚的站位，把握好站位的提前量。在击球环节中，与踢定位球相同，控制好脚型，根据出球要求，选择恰当的击球点。击球点越偏下，则球向上角度越大；反之，则向下角度越大。

空中球

（2）旋转球：在踢旋转球时，关键在于把握好击球点，即通过改变作用力与球中心的角度关系，使球发生所需的旋转。如击球点在球的纵轴线与水平线交叉点上，则球水平移动，不发生旋转；如击球点靠下，则球向上飞出并发生回旋；如击球点偏离了球的纵轴线，但在水平线上，则球水平侧旋前进；如击球点在球纵轴线的一侧且同时在水平线下方，则会出现空中的侧旋球，即弧线球或香蕉球。

旋转球

5.2.2 接球技术

接球指队员有目的地用身体的合理部位把运行中的球接下来，控制在恰当的范围内，以便较好地衔接下一个动作。下面具体介绍接球技术动作和常见的接球技术。

10种接球技术

1. 接球技术动作

无论采用哪一种接球方法，动作都由4个环节组成：观察和移动；选择接球的部位和接球方法；改变来球的力量；随球移动。

2. 常见的接球技术

（1）脚内侧接球：这是用脚内侧部位来接球的一种技术。比赛中经常使用这种技术接地滚球、反弹球、空中球等。以接地滚球为例，分为切挡式、缓冲式。

①脚内侧切挡式接地滚球：对于地滚球，比较常用的是切挡式接球。当来球力量不大时，只需将脚提到球的2/3高度，并使脚内侧与地面形成锐角轻触球，如图5-5所示，可在触球时用下切动作使球的前进之力部分转变为旋转力，将球接在脚下。

图5-5 脚内侧切挡式接地滚球

②脚内侧缓冲式接地滚球：在脚内侧与球接触的一刹那迅速后撤，把球接在脚下，如图5-6所示。

图5-6 脚内侧缓冲式接地滚球

（2）脚背外侧接球：用脚背外侧接球时，摆腿方向与接球的方向相反，可以迷惑对方，使防守队员做出错误的判断，如果与假动作结合起来运用，效果更好。

①脚背外侧接地滚球：如图5-7所示，身体移到接球点附近，支撑腿膝关节微屈，接球腿提起屈膝，脚内翻使小腿与地面成一个锐角，并对着接球后球运行的方向，脚离地面的高度约等于球的半径，然后大腿带动小腿，用脚背外侧向接球后球将运行的方向推送，同时身体随球移动。

图5-7 脚背外侧接地滚球

②脚背外侧接反弹球：如图5-8所示，根据来球的落点及时移动到位，支撑脚站在来球落点的侧后方，除触球部位外，其他环节均与脚背外侧接地滚球相同。

图5-8 脚背外侧接反弹球

（3）脚背正面接球：这种方法多用于接有较大抛物线的来球。

①提膝式：如图5-9所示，根据来球的落点及时移动到位，脚背正面上迎下落的球，在球与脚面接触的一瞬间，接球脚与球同步下撤，此时大腿膝关节、踝关节、脚趾均保持适度的紧张，脚尖微翘将球接到需要的地方。

图5-9 提膝式

②勾脚式：如图5-10所示，脚微抬起，脚背适度向上勾起，在球接触脚背的瞬间踝关节放松，将球接到身体附近。

图5-10 勾脚式

（4）脚底接球：由于脚底接球技术便于掌握，易于将球接到合适位置，故常被用来接各种地滚球和反弹球。

①脚底接地滚球：如图5-11所示，身体正对来球方向，移动前迎，支撑脚站在球的后方，脚尖正对来球方向，膝关节微屈。同时接球腿提起，膝关节微屈，脚背上勾，使脚底与地面所成夹角约小于45°（且脚跟离开地面），一般以前脚掌接触球的上部为宜。在触球瞬间接球脚的前脚掌下点将球停住，也可根据需要在接球的同时将球推向前方或拉向身后。

图5-11 脚底接地滚球

②脚底接反弹球：如图5-12所示，根据来球落点，及时前移迎球，支撑脚站在落点侧后方，脚尖正对来球方向，球落地瞬间，用前脚掌去触球的中上部，微屈膝，用脚掌将球接在体前。若需接在身后，则应在触球瞬间继续屈膝，将球回拉，并以支撑脚前脚掌为轴转体90°以上。

图5-12　脚底接反弹球

（5）胸部接球：由于胸部接球部位较高，加之胸部面积大、肌肉较饱满，因此胸部接球是接高球的一种好方法。胸部接球包括挺胸式接球、收胸式接球两种接球技术。

①挺胸式接球：如图5-13所示，面对来球站立（两脚左右或前后开立），两膝微屈，重心置于支撑面内，上体稍后仰，下颌微收，两臂自然张开，维持身体平衡。接触球瞬间，两脚蹬地，膝关节伸直用胸部轻托球的下部使球微微弹起于胸前上方。对于较高的平直球也可采用这种方法将球接于胸前，但触球瞬间膝关节由直变屈，脚由提踵状态变为全脚掌落地，整个身体保持接球时的姿势，下撤将球接在胸前。

图5-13　挺胸式接球

②收胸式接球：多用于接齐胸高的平直球。如图5-14所示，面对来球，两脚左右或前后开立，两臂自然张开，挺胸迎球，触球瞬间收胸、收腹、臀部后移，将球接在体前。若需将球接在体侧，则触球瞬间转体将球接在转体后相应的一侧。

图5-14　收胸式接球

大腿接球

3种运球技术

（6）其他部位接球：除了上述接球技术，接球队员还可用大腿、腹部、头部等部位接球。

5.2.3　运球技术

从狭义上讲，运球技术仅指运球的方法，即用身体的合法部分触球，使球能随运球者一起运动；从广义上讲，运球技术不仅包括让球随人运动，还必须越过对方的防守。

1. 运球技术动作

运球技术动作通常由运球方法的选择与准备、跑动中间断触球、为下一动作的连接做好准备3个环节组成。

2. 常见的运球技术

常见的运球技术有脚内侧运球、脚背正面运球、脚背外侧运球。

（1）脚内侧运球：运球前进时支撑脚的跑动始终领先于球，位于球的侧方或侧前方，肩部指向运球方向，支撑腿膝关节微屈，重心放在支撑腿上，另一条腿提起屈膝，用脚内侧推球前进，然后运球脚着地，如图5-15所示。由于肩部指向运球方向，身体侧转，虽然移动速度较慢，但身体前倾有利于将对方与球隔开，因而这种技术多用在运球寻找配合传球时，或有对方阻拦需用身体做掩护时。

图5-15 脚内侧运球

（2）脚背正面运球：运球时身体呈正常跑动姿势，上体稍前倾，步幅不宜过大，运球腿提起，膝关节稍屈，髋关节前送，提踵，脚尖下指。在着地前用脚背正面部位触球的后中部将球推送前进，如图5-16所示。由于脚背正面运球时身体呈正常跑动姿势，故可以发挥出较快的速度，因而这种技术多用在运球前方一定距离内无对方阻拦时。

图5-16 脚背正面运球

（3）脚背外侧运球：运球时身体呈正常跑动姿势，上体稍前倾，步幅不宜过大，运球脚提起，膝关节稍屈，髋关节前送，提踵，脚尖向内旋转，使脚背外侧正对运球方向，在运球脚落地前用脚背外侧推拨球的后中部，如图5-17所示。脚背外侧运球时，身体姿势与正常跑动时基本相同，因而可以发挥较快的速度，这种技术与脚背正面运球的使用场景相同。另外，利用脚腕的动作可以很快改变脚背外侧面所正对的方向，故在运球脚一侧改变行进方向时也多采用这种运球技术。这种技术能用身体将对方与球隔开，故掩护球时经常使用。

AR 图5-17 脚背外侧运球

5.2.4 抢截球技术

抢截球指队员在规则允许的范围内使用身体的合理部位将对方的控球权夺过来或破坏掉。

3种抢截球技术

1. 抢截球技术动作

抢截球技术动作由选位、抓住时机实施抢截动作、实施抢截动作后与下一动作紧密衔接3个环节组成。

2. 常见的抢截球技术

（1）正面跨步堵抢：如图5-18所示，抢球者两脚前后开立，迎着运球者而站，两膝微屈，身体重心下降并置于两脚间，当运球者与抢球者间的距离缩小到一定程度（即抢球者上前跨一大步可能触及球）时，运球者脚触球后，在球即将落地或刚刚落地时，抢球者后脚用力蹬地并跨步向前，以脚内侧去堵截球，当已堵住球时，另一只脚应迅速上步。若抢球脚堵住球，而对方也堵住球时，则抢球者应将另一只脚迅速前移作支撑脚，抢球脚在不脱离球的情况下迅速向上提拉，使球从对方脚面滚过，身体重心也迅速跟上并将球控制好。

图5-18 正面跨步堵抢

（2）合理冲撞抢球：如图5-19所示，当抢球者并肩与运球者跑动追球时，抢球者重心稍下降，靠近对方一侧的手臂紧贴身体，在对方同侧脚离地的瞬间，用肘关节以上部位适当冲撞对方同样部位，使对方身体失去平衡，趁机将球控制住。

图5-19 合理冲撞抢球

（3）正面铲球：如图5-20所示，抢球者移动接近控球者，膝关节微屈，重心下降，当控球者

触球脚触球后尚未落地时，抢球者双脚沿地面向球滑铲，随即尽快起身。

图5-20　正面铲球

5.2.5　头顶球技术

头顶球指队员有目的地用前额将球击向预定目标的动作。头顶球是处理高空球的重要手段。

1. 头顶球技术动作

头顶球技术动作由移动选位、身体的摆动、头触球、触球后的身体平衡4个环节组成。

2种头顶球技术

2. 常见的头顶球技术

（1）前额正面头顶球：这是用额肌覆盖着的额骨正面部分去击球的一种动作，与球接触的部位是眉骨至发根之间的部位。以原地头顶球为例，身体正对来球方向，眼睛注视运动中的球，两脚左右开立（或前后开立），膝关节微屈，重心置于两脚间的支撑面上（或后脚上），两臂自然张开，当球运行到将垂直于地面下落时，两腿用力蹬地，迅速向前摆体，微收下颌，在触球瞬间颈部做爆发式振摆，用前额正面击球中部，上体随球前摆，如图5-21所示。注意顶球前，身体要形成背弓。

图5-21　前额正面头顶球

（2）前额侧面头顶球：根据来球的运行速度、运行轨迹，及时移动到位，眼睛注视来球，前膝微屈，两臂自然张开，当球运行至体前上方时，用力蹬地起跳，上体随之向出球方向扭摆，同时用力向击球方向甩头，以前额侧击球的后中部，如图5-22所示。跑动或跳起用前额侧面顶球时应注意维持身体平衡，同时注意身体的摆动，其他与原地头顶球相同。

图5-22　前额侧面头顶球

5.2.6 守门员技术

守门员是一队之中举足轻重的角色。守门员稳妥而可靠的行动,可以提高全队的士气和战斗力;其及时而合理地发动进攻,可以大大增强进攻的威胁性和有效性。

6种守门员防守技术

1. 守门员防守技术

守门员防守技术包括移步、接球、扑球、托球、拳击球等技术。其中,接球和扑球是两项主要的防守技术,下面重点介绍这两项防守技术。

(1)接球:包括接地面球、接平直球、接高空球3种。

①接地面球:地面球的接球方式常见的有直腿式和跪撑式两种。直腿式指面对来球,弯腰时两膝伸直,两腿距离以球不能通过为原则。两手张开前迎将球收入怀中。跪撑式多见于向两侧移步接球时,接左侧球时,左腿屈,右腿近于跪,反之亦然。其他要求近于直腿式,如图5-23所示。

图5-23 接地面球

②接平直球:接平直球主要指接胸部高度以下的平直半高球。接球时要面对来球,两手掌心向上,手指张开,两手小指相靠,上体前屈,当手触球时微撤缓冲,将球抱于胸前,如图5-24所示。

图5-24 接平直球

③接高空球:接高空球主要指接胸部以上高度的球,有单脚和双脚跳起接球两种形式。接球时注意两臂上伸引球,两手大拇指相互靠近,当手触球时手指和手腕适当用力并转腕,将球收抱于胸前,如图5-25所示。接高空球成功的关键在于及时到达接球点。

AR 图5-25 接高空球

（2）扑球：扑球是守门员在移动接球来不及的情况下所采用的救球形式，可以分为原地扑球、鱼跃扑球、扑单刀球3种。

2. 守门员进攻技术

发球是守门员组织和发动进攻的主要技术，包括手掷球和脚踢球两种技术。

（1）手掷球。手掷球被广泛用于守门员发动进攻中，它的最大特点是成功率高。优秀的守门员手掷球距离可达40~50米。

①单手肩上掷球：动作过程如图5-26所示。单手肩上掷球要求充分利用后腿蹬地、转体挥臂、甩腕和甩臂的力量，注意所有动作环节应串联一体、协调一致。

4种守门员进攻技术

图5-26　单手肩上掷球

②单手低平掷球：动作过程如图5-27所示。单手低平掷球与肩上掷球的主要区别在于手臂位置的不同，另外，掷球时身体重心应降低。

图5-27　单手低平掷球

（2）脚踢球：这种发球常在发动进攻反击、本方争抢空中球能力较强、本方中后场进攻能力较弱以及风沙天气等特定的条件或战术形式下使用。

①踢凌空球：动作过程如图5-28所示。踢凌空球是在球未落地时，守门员用脚背正面将球击出，多用于踢远距离球，或在雨天、风沙天气、场地泥泞时使用。

图5-28　踢凌空球

②踢反弹球：动作过程如图5-29所示。踢反弹球是在体前低抛球，球落地反弹起来的刹那，守门员将球踢出。它比踢凌空球准确度高，并且易于队友接球。

图5-29 踢反弹球

5.3 足球运动的基本战术

足球运动的战术是比赛中为了取得比赛的胜利，根据主客观的实际情况所采取的个人和整体的配合手段。根据实施战术人数的多少，足球运动的战术可以划分为个人战术、小组战术、整体战术。本方获得控球权即为进攻，反之则为防守，因此，足球运动的战术又可以划分为进攻战术与防守战术。

5.3.1 个人战术

个人战术可细分为个人进攻战术与个人防守战术。

1. 个人进攻战术

（1）接控球：接控球是现代足球比赛中经常运用的一项极富攻击性的战术。它是争夺控球权、确保比赛优势、突破对方防线和获得射门机会的重要手段。

（2）传球：传球是组织进攻、变化战术、深度突破、创造射门机会的重要手段，是比赛中运用较多的一项战术。

（3）运球和过人：运球和过人不仅是维持控球权的重要手段，而且是破坏密集防守，创造得分机会的锐利武器。

（4）射门：射门是比赛胜负的关键因素，常见的射门方式有直接射、运射、接趟射、过人射和直接任意球射门5种。

（5）接应：接应主要是利用已有的空间，为持球队员传球给自己所做的跑动。接应同时具有进攻作用、防守作用、精神作用。在接应跑时，应把握好距离、角度、呼应等。

（6）跑位：跑位是创造空间的有效手段，可以调动对方的防守位置，扩大传球角度与范围。跑位是创造和利用空间的过程，需要高度的整体配合意识；同时，跑位需要宽广的视野和突然性的起动，在跑位时必须做好随时接球的准备。

2. 个人防守战术

（1）防守姿势与位置：当运动员采用防守姿势时，因为没有控制球，所以不用担心球的控制问题，把注意力集中在身体动作上。运动员应当使重心尽量降低，以便突然出击。身体重心要在脚掌、脚趾上，使自己能够快速移动。

（2）断球：断球是抢截球技术在实战中的一种运用，是通过观察与判断对方传球，在对方传球路线上把控球权转换为己方的过程。

（3）抢球：抢球是抢截球技术在实战中的一种运用，是通过战术行为，把对方脚下球抢下来的过程。抢球分为正面抢、侧面抢、背身抢3种。

（4）紧逼：紧逼是防守队员几乎能接触到进攻队员，并且能够运用一个动作就可以直接阻碍进攻队员处理球的防守方法。

（5）封堵：当持球者有空当可以传球或做出传球动作时，防守者不可能把球断下，这时可采用封堵的战术以阻止对方传球。

（6）保护：保护指位于抢球队员身后的队员，通过合理站位，为抢球队员直接提供增援。保护技巧包括距离、角度、呼应3大要素。

（7）补位：补位指原位置队员由于各种原因没有出现在自己的战术位置，或被对方运球过人后，其他临近队员快速到此区域进行防守的战术。

5.3.2 小组战术

1. 小组进攻战术

（1）二人进攻配合。比赛中经常采用的二人进攻配合方法有二人传切配合、二人踢墙式配合、二人交叉掩护配合、二人回传反切配合。

①二人传切配合：二人传切配合是两名进攻队员通过一传、一切配合越过一名或几名防守队员的配合方法，可分为斜传直插、直传斜插两种。

4种二人进攻配合

在进行配合时，两名进攻队员要保持适当的距离。控球队员可采取运球或其他动作，诱使防守者上前阻截，插入的队员必须突然、快速起动，但应避免越位。

②二人踢墙式配合：二人踢墙式配合是两名进攻队员通过两次传球越过一名或几名防守队员的配合方法。持球队员带球逼近防守队员，把防守队员吸引过来，传出地滚球，力量适度，方向准确，传球后立即快速插入，准备接球。做墙队员要突然摆脱防守者，并侧对进攻方向，一次触球，力量适当，把球传至同伴跑动路线上。

③二人交叉掩护配合：二人交叉掩护配合是两名进攻队员通过运球与身体的掩护越过一名或几名防守队员的配合方法。持球队员用远离防守者的脚带球，将身体置于球与对方之间来保护球。当与同伴交接球时可做运球假动作而不触球，完成配合后要继续跑位进攻。对接球队员靠近运球同伴以接应之势迷惑对方，选择有利时机突然起动，接带球越过对方。

④二人回传反切配合：二人回传反切配合是通过3次传球组成的配合方法。持球队员距接应球队员8~10米，两人纵向站位；接应队员向持球队员靠近，并吸引紧盯的防守队员，持球者快速传地滚球给回撤的接应队员；接应队员直接回传，然后快速转身下插；原持球者通过地滚球或过顶球向前纵向传出，使接应队员接球后向前进攻。

（2）三人进攻配合。三人进攻配合是在局部区域由3名进攻队员攻击两名防守队员的战术配合方法。它与二人进攻配合相比，具有进攻面广、传球点多、战术变化大的特点，对防守的威胁也较大。三人进攻配合多采取

2种三人进攻配合

制造"第二空当"和"连续二过一"的方法。

①第二空当：第二空当指当一名进攻队员跑向一个有利的空当（第一空当）并牵制一名防守队员时，使原区域出现了空当（第二空当），第二个进攻队员迅速插向第二空当，利用传接配合，突破防守。

②连续二过一：连续二过一至少由两组二过一配合组成。打配合时，控球者在传球前应注意观察，无球队员注意力集中，并选择合适的出球方向与力量。

2. 小组防守战术

（1）夹击配合。夹击配合是两名防守者以持球者为目标，围绕持球者前后进行的抢截球战术。夹击配合时，应具有主动控制对方活动的能力，迫使持球者按照防守人的意图行动；防守者之间应配合默契，选择合适的区域，在边路最佳。

（2）围抢配合。围抢配合是两名以上的防守队员在边线或球门线附近对一名持球进攻队员实施抢截球的战术。围抢时应注意必须是在局部地区防守人数占优的情况下进行围抢，围抢局面一旦形成，围抢队员的行动要协调一致，抢截要凶猛。在围抢的同时，外围防守队员必须紧盯前去接应的进攻者。

（3）协防配合。协防配合是第一防守者对持球者实施抢截球或紧逼，第二防守者在其身后进行保护的战术。协防配合中第一防守者不能贸然出击，防止被突破；第一防守者被击败后，应进行追防或补位；第二防守者根据情况可直接跟进，形成两人围抢。

（4）封堵退守。封堵退守指通过在进攻队员的进攻途中设置障碍而延续其进攻，使同伴有时间回防到位，以巩固局部或整体防线。在封堵时，可以向对方施加语言及行动上的压力，迫使其犯错误。在实施战术行动时，第一防守者一般是孤军作战，延缓对方的进攻是核心任务。

5.3.3　整体战术

1. 比赛阵形

为了适应攻守战术的需要，全队队员在场上的位置排列和职责分工称为比赛阵形。比赛阵形是本队攻守力量搭配和分工的形式。

根据队员的职责和排列的层次分为后卫线、前卫线和前锋线。阵形的名称按从后卫向前锋的人数排列，守门员不计算在内。

目前，世界上普遍采用的阵形有"4-3-3""4-4-2""4-1-2-3""3-5-2"等。在这些阵形中，除"4-4-2"阵形以防守为主、反击为辅外，其他阵形均以进攻为主，尤以"3-5-2"阵形最为突出。

选择阵形要以本队队员的特长、技能、技术水平与球队的特点为依据。此外，阵形绝不是僵化的规定，每个队员都应在明确基本位置和主要职责的前提下，进行创造性的活动。

2. 整体进攻战术

（1）边路进攻。利用球场两侧地区发起的进攻为边路进攻。边路进攻是全队进攻战术的主要形式之一，其主要特点是有利于发挥进攻速度，打破对方防线制造缺口。

（2）中路进攻。中路进攻是利用球场中间区域组织的进攻，这种进攻虽能直接射门，但难度最大，因中路防守最为严密，突前的攻击手必须是反应极其敏锐、意识强、技术高、敢于冒险、速度快和善于跑位策应的队员。

4种整体进攻战术

（3）快速反击。比赛中当攻方进攻时，后卫线往往压至中场附近，防守人数也由于插上进攻和助攻而相对减少，此时如能抓住对方防区空隙较大和回防较慢的机会，乘其失球发动快速反击，往往能取得良好的效果。

（4）转移进攻。转移进攻指中路进攻或边路进攻受阻后，过渡到边路或中路，或另一侧边路的进攻方法。转移进攻是充分利用场地的空间和足球比赛进攻没有时间和传球次数限制的规则，及时转移进攻点，迫使对方防线横线扯动，出现空当，从而成功突破防线。

3. 整体防守战术

（1）区域防守。区域防守指每一防守队员都有一定的防守区域，进攻者一旦进入该区域，防守队员即对其严密盯防，限制其在该区域的一切进攻行动。虽然区域盯人防守规定了每名防守者的防守区域，但防守队员之间必须有协防的意识。另外，应该注意区域与区域之间结合部的防守。

3种整体防守战术

（2）人盯人防守。人盯人防守是每个防守者各自都有明确的防守对象，对方跑到哪里都要紧跟盯防到哪里。人盯人防守又分为全场人盯人、半场人盯人和后场人盯人防守。人盯人防守分工明确，责任具体，盯防效果好。但体能消耗大，防守队形、防线容易被拉乱，一旦突破，不易补防。因此，比赛中很少有球队单纯采用这种防守形式。

（3）混合盯人防守。混合盯人防守是根据对方的情况，在某些区域实行人盯人防守，在某些区域实行区域盯人防守，充分发挥这两种形式的优点，提高整体防守的综合效益。采取混合盯人防守时必须重点盯住对方进攻的组织者和主要得分手，最大限度地限制他们的进攻行动，削弱对方的攻击能力；要明确在哪些区域实行盯人防守，在哪些区域实行混合防守。

5.4 足球运动的比赛规则

5.4.1 场地与器材

1. 足球比赛场地

足球比赛场地必须为长方形，边线的长度必须长于球门线的宽度，长度为90～120米，宽度为45～90米。在国际比赛中，场地长度为100～110米，宽度为64～75米；世界杯比赛场地长度为105米，宽度为68米。

2. 场地标记与设施

比赛场地是用线来标明的，这些线作为场内各个区域的边界线应包含在各个区域之内，所有的线宽度不超过12厘米。

比赛场地被中线划分为两个半场。两条较长的边界线为边线，两条较短的线为球门线。在场地中需要标明中圈、中点、球门区、罚球区、罚球弧、角球区、罚球点、限制线等标记。在场地每个角上各竖一根不低于1.5米的平顶旗杆，上系小旗一面；球门必须是白色的并放置在每个球门线的中央，长7.32米，高2.44米。

3. 比赛用球

比赛用球应为圆形，球的外壳用皮革或其他许可的材料制成，在它的结构中不得使用可能伤害运动员的材料。球的圆周不得多于71厘米或少于68厘米。在比赛开始时，球的重量不得多于453克或少于396克。

5.4.2　任意球

足球比赛的任意球分两种，一种是直接任意球，主要是针对恶意踢人、打人、绊倒对方的行为。另外，用手拉扯、推搡对方和手触球也属于这一类，还有辱骂裁判员、辱骂他人也要判罚直接任意球。这种任意球可直接射门得分。如果这些行为发生在罚球区，就要判罚球点球。还有一种是间接任意球的判罚，危险动作、阻挡、定位球的连踢就属于这一类。这种任意球不能直接射门得分，只有当球进门前，触及另外一名队员才可得分，罚球区内这种犯规不能判罚点球。

无论是直接任意球还是间接任意球，防守方都要退至9.15米线外。如果不按要求退至9.15米外，裁判员可出示黄牌。

5.4.3　越位

1. 越位位置

在对方半场内，队员比球和最后第二名对方队员更接近对方球门线则处于越位位置。在本方半场内，齐平于最后第二名或最后两名对方队员，都不属于越位。

2. 越位犯规

处于越位位置的队员，在同队队员踢或触及球的一瞬间，裁判员认为其就下列情况而言"卷入"了现实比赛中时才被判为越位犯规：①干扰比赛；②干扰对方队员；③利用越位位置获得利益。

5.4.4　裁判员及其判罚信号

1. 裁判员配备与职责

一场正式的足球比赛由一名裁判员、两名助理裁判员、一名第4官员担任裁判工作。裁判员的职责：有场上最终判决权；决定比赛时间是否延长；决定比赛是否推迟和中止。

助理裁判员的职责：示意越位及球出界，协助裁判员的场上判罚，但没有最终判决权。

视频助理裁判：在2018年世界杯中，国际足联使用了视频助理裁判。当出现"清楚和明显错误"或"严重漏判"时，裁判员可以暂时中断比赛，通过视频助理裁判提供判罚的参考意见，最终由裁判员做出最终判罚。

2. 裁判员各种判罚信号

（1）比赛中出现下列5种情况裁判员必须鸣哨：①开始比赛（长音较响）；②令比赛停止；③胜一球（长音响亮可不鸣哨）；④罚球点球（短促洪亮）；⑤比赛时间终了（一或二短一长）。

（2）裁判员的手势信号：裁判员手势示意如图5-30所示。裁判员在任意球、有利情况、罚球点球、角球等情况下的手势信号可扫描二维码观看。

（3）助理裁判员在下列情况下可以给予旗示信号：①应由哪一队踢角球、球门球或掷界外球；②可以判罚处于越位位置的队员时；③当要求替换队员时；④当发生裁判员视线外的不正当行为或任何其他事件时。

5.4.5 小型足球比赛规则

1. 五人制足球比赛规则

（1）比赛场地：场地必须是长方形，正式比赛场地的长为38～42米，宽为20～25米。球门高为2米，宽为3米。

图5-30 裁判员手势示意

（2）队员人数：每队上场队员不得超过5名，其中一名必须为守门员。可随时在换人区替换场上队员，换下队员可再换上场。守门员必须在成死球时替换。

（3）比赛时间：比赛分两个半场，每半场净时间为20分钟。球队可在每个半场要求一次1分钟的暂停。上下半场之间的休息时间不得超过10分钟。

（4）裁判法：由主副两名裁判员执法，主裁判和副裁判以对角斜线为界，各自主要负责自己半边场上判罚。在意见不一致时，应以主裁判的判罚为准。

裁判员手势信号

2. 七人制足球比赛规则

（1）比赛场地：场地必须是长方形，正式比赛场地的长为64～75米，宽为50～55米。球门高为2米，宽为5.5米。

（2）队员人数：每队上场队员不得多于7名，其中必须有一名是守门员。任何一队少于5名队员，则该场比赛无效。

助理裁判员旗示信号

（3）比赛时间：分为两个半场，每半场时间为30分钟。上下半场之间的休息时间不得超过10分钟。

（4）裁判法：一般与十一人制比赛相同，也可采用五人制双裁判制。

思考与练习

足球运动的基本技术有哪些？各种技术可进行怎样的划分？

第**6**章

篮球运动

请和我一起奔向球场，在那里找到属你的冠军之心。

范林

2019.4.26

篮球运动与
体育精神

寄语

篮球运动是集对抗性、集体性、观赏性、趣味性、健身性于一体的运动。篮球运动以投篮得分为目标，以主动控制球为焦点，以主动掌握时间与速度为保证，以各种专业技术为手段，深受人们的喜爱。

6.1　篮球运动概述

6.1.1　篮球运动的起源与发展

1891年冬天，美国的詹姆斯·奈史密斯博士发明了篮球这项运动。篮球运动受到大家的普遍欢迎，并且迅速在美国乃至全世界推广开来。

1936年，篮球运动首次被列为奥运会正式比赛项目。1946年，全美篮球协会（Basketball Association of America，BBA）成立。1949年，BBA改名为美国国家篮球协会（National Basketball Association，NBA）。

常见的篮球比赛是五人篮球。三人篮球是近年的新兴项目，2017年正式成为奥运比赛项目。2020年东京奥运会上，中国女子三人篮球队获得三人篮球项目女子铜牌，时隔29年，中国篮球第三次在奥运会上获得奖牌。

6.1.2　篮球运动的特点与作用

篮球运动是一项主要由手支配球，两队在同一场地内相互攻守对抗，以球攻进多少判定胜负的球类运动。篮球运动的多样性和大众化，以及其带来的竞争性和不确定性，是篮球运动深受人们喜爱的重要原因。

篮球运动可以促进个体发展，促进团队合作，有助于培养人的集体意识和大局观。

6.1.3　篮球运动主要赛事

1. 美国职业篮球联赛

NBA是美国的男子职业篮球组织，拥有30支球队，分属两个分区：东部联盟和西部联盟。其赛事——美国职业篮球联赛（或称美国篮球联赛，简称美职篮）也被直接称为NBA。NBA正式赛季于每年10月中旬开始，分为常规赛、季后赛两大部分。

2. 中国职业篮球联赛

中国男子职业篮球联赛（Chinese Basketball Association，CBA）是我国最高等级的篮球比赛，于每年的10月或11月开始至次年的4月左右结束。

6.2　篮球运动的基本技术

篮球技术可以划分为无球技术与有球技术。无球技术主要是队员在没有球时的各种移动，本节主要介绍有球技术。

6.2.1　移动与进攻

防守队员运用启动、跑、停、跳、滑步、攻击步、后撤步等动作阻止进

移动与进攻

攻，进攻队员则运用急停、急起、转身、变速跑、变向跑等移动动作摆脱防守，完成进攻任务。这些都需要队员掌握快速灵活的脚步移动动作。

6.2.2 持球技术

持球指在有防守队员的情况下将球控制在自己手里，在规则允许的范围内将球保护好，并能够衔接下一步动作的技术。

1. 持球技术动作

在持球时队员应保持一种进攻姿势，在这种姿势下，可选择投篮、运球或传球，这种姿势有助于队员在有防守队员时快速启动并运用其他技术。

活球与死球

2. 持球要领

双脚自然开立与肩同宽，身体重心在身体中间，脚尖指向篮筐，双膝屈曲，后背挺直同时抬头向前，双手持球于胸前，双手成"八"字形，也可类似投篮姿态。

（1）持活球：活球状态下，持球队员可以运球、传球或投篮。

（2）持死球：死球是相对于活球的状态而言的，死球时不能运球了，因此要注意占领空间。

6.2.3 投篮技术

投篮得分是决定胜负的唯一标准，也是评价优秀运动员的重要指标。

1. 投篮技术动作

（1）瞄准：队员要确认瞄准点，在投篮时可以选择空心入网和打板入筐，确定后一直瞄准，直到出手都要望向篮筐。

（2）平衡：双脚自然开立与肩同宽，投篮手同侧脚稍靠前，身体重心落在两脚之间，脚尖和肩朝向篮筐所在方向，双膝微屈准备出手。

（3）手部动作：手应是五指尽量分开，以自己舒服的方式将球稳固在手上，掌心空出，手指肚部位持球，肘关节自然下垂，不要外翻；另一只手称作护球手，自然扶在球侧，投篮时不发力（单手投篮）。

（4）整体动作：投篮时球应是自下而上的，从投篮准备姿势过渡到投篮姿态，腿部力量对投篮非常重要。手腕、手肘与球、篮成一条直线向篮筐方向伸展。投出的球应当向后旋转，护球手放在侧面不改变飞行方向。出手后的跟随动作很重要，投篮要有跟随动作。

2. 常见的投篮技术

投篮是篮球比赛中最主要的进攻技术，通常包括原地双手胸前投篮、原地单手肩上投篮、行进间单手低手投篮、行进间单手肩上投篮、运球急停跳投等。

（1）原地双手胸前投篮：这种方法女队员使用较多，两脚左右或前后站立，两膝微屈，两脚脚跟略离地面，上体稍向前倾，两手手指自然张开，持球两侧略后的部位，两拇指相对成"八"字形，掌心空出，持球于胸前，屈肘靠近身体。投篮时，两脚蹬地身体伸展，同时两臂随蹬地向前上方伸出，拇指向前上方用力拨球，手腕外翻，使球从大拇指、食指、中指指端投出，如图6-1所示。

（2）原地单手肩上投篮：以右手投篮为例，五指自然分开，手心空出，用指根以上部位持球，大拇指和小指控制球体，左手扶球的左侧，右手屈肘，肘关节自然弯曲，置球于右眼上方。投篮时，下肢蹬地发力，右臂向前上方伸直，手腕前屈，食指、中指用力拨球，通过指端将球柔和地送出。球出手的同时，身体随投篮动作向前伸展，如图6-2所示。

AR 图6-1　原地双手胸前投篮　　　　　　　AR 图6-2　原地单手肩上投篮

（3）行进间单手低手投篮：以右手投篮为例，队员在跑动中接球或运球突破上篮时，应先跨右脚接球或拿球，接着第二步跨左脚起跳，左脚跨的步子稍小一些，右腿屈膝上抬，身体上升到最高点时，右臂向上伸或向前上方伸，掌心向上，手臂向篮筐充分伸展，将球沿着手掌和手指向篮筐滚动。这种上篮方式更为柔和，在快速跑动中稳定性更好。

其他3种投篮技术

（4）行进间单手肩上投篮：以右手投篮为例，脚下前期动作和行进间单手低手投篮一样，右腿屈膝上抬的同时，双手向前上方举球，腾空后右臂向前上方伸展（将手举到最高点），完成投篮。

（5）运球急停跳投：在快速运球中，队员用一步或两步的方式接球停步，两膝微屈，身体重心下降，迅速蹬地起跳，同时两手迅速举球于右肩上。在身体接近最高点处于稳定的一刹那，迅速向上伸臂，用右手的手腕和手指的力量将球投出。

在比赛中，绝大多数投篮都是在动态和对抗条件下完成的。因此，投篮技术必须有全面进攻技术作基础，才能随机组合各种投篮技术，灵活运用，创造更多更好的投篮机会。

6.2.4　运球技术

运球是场上自由行走的重要手段，掌握好运球技术，就可以创造出合理的传球角度，创造出更多的投篮空间，同时可以躲避防守。

1. 运球技术动作

运球是控制、支配球，组成战术配合及突破防守的重要手段。控球队员可以通过直线运球进行提速，通过折线运球摆脱防守，通过急停急起更好地观察防守队员的位置。

2. 常见的运球技术

（1）原地运球：原地运球时，队员应用手指运球，手心空出，非运球手要屈臂上抬，时刻保护球不被防守队员干扰，运球时目光要注视前方，屈膝，上体稍前倾，抬头平视。运球不要超过自己的腰部，练习时要注意左右手都要练。

①高运球。以肘关节为轴，肩胛带动大臂，运球一般不要超过腰，如图6-3所示。

②低运球。降低重心，小臂协同手腕，球不要超过膝盖，大臂小臂发力使球弹起，手指、手腕与手臂协调发力，使球能够控制在身体的一侧，如图6-4所示。

图6-3　高运球　　　图6-4　低运球

③单手前后运球。在身体一侧，与运球位置相同。手指向下，手腕变换，小臂协同手腕，将球击地向前推，待球反弹后向后拉，如图6-5所示。

④单手左右运球。在身体前侧，手指向下，手腕变换，小臂协同手腕，将球击地后向左右两侧推拉，如图6-6所示。

图6-5　单手前后运球　　　　　　　图6-6　单手左右运球

⑤体前变向。与单手左右运球相似，使用两只手协调运球，在体前进行变向，此时脚尽量不要站死，要随着球的方向抬起脚，为行进间的变向做好准备，如图6-7所示。

⑥背后变向。与体前变向运球相似，使用两只手协调运球，在背后进行变向，球的落点在两腿之间，此时脚尽量不要站死，要随着球的节奏，身体进行摆动，这样有助于将球控制住，为行进间的变向做好准备，如图6-8所示。

图6-7　体前变向　　　　　　　图6-8　背后变向

（2）行进间运球：行进间运球是在原地运球熟练的基础上结合跑动进行的运球练习。

①运球急停急起。如图6-9所示，可用两步急停，两腿屈膝前后开立，跨出第一步时，身体稍后仰。同时，按拍球的上方，降低球的反弹高度，使球在原地反弹，同时降低身体的重心，用腿和异侧臂护球。急起时，拍球的后上方。身体重心移至前脚掌，同时后脚迅速蹬地跨出超越防守者，迅速向前推进。运球急停急起的特点是动作突然、起动快、线路多变、攻击力强、易摆脱防守。

行进间运球

图6-9　运球急停急起

②体前变向换手运球。体前变向换手运球可以使队员快速改变运球方向，通过运球制造与防守队员之间的空间。当运球向前时，球员利用外侧脚蹬地，同时用力低运球将球变换至另一侧手，如图6-10所示。

图6-10　体前变向换手运球

③后转身变向运球。后转身变向运球可以使队员在防守很紧的情况下摆脱防守队员。运球向前时，队员突然向另一侧后转身，背对防守队员，将身体保持在防守队员与球之间，再次正向前方，换另一只手来控球，如图6-11所示。

图6-11　后转身变向运球

④胯下变向运球。胯下变向运球快速、隐蔽，可迷惑防守队员。方法与体前变向换手运球相似，当运球向前时，队员利用运球手同侧脚蹬地，同时运球手异侧腿快速向前跨出，将球从胯下变换至另一侧手。前后交叉变换运球手运球，如图6-12所示。

图6-12　胯下变向运球

⑤背后运球。进攻队员贴近防守队员后，快速将球在背后换至另一只手运球。这种运球方式常用于摆脱对方，但初学者掌握起来比较困难，如图6-13所示。

图6-13 背后运球

6.2.5 传球技术

篮球是一项集体运动，传球是连接队员的纽带，是促进团队合作的重要手段。拥有良好的传球技术是通往高水平的必经之路。

（1）双手胸前传球：队员处于"三威胁姿势"，然后双手持球于胸部，瞄准接球者的胸前位置，后脚蹬地，重心前倾，同时前臂向传球方向伸出，球离手时队员应当向着传球目标充分伸展双臂，顺势手腕向外打开，手心向外，球应当向后旋转，如图6-14所示。

图6-14 双手胸前传球

双手胸前传球快速准确，但隐蔽性不强，在正前方有防守人的时候要选择其他传球技术。

（2）双手击地传球：队员处于"三威胁姿势"，然后双手持球于胸部，瞄准接球队员与自己之间距离2/3的位置，将球推离胸部，后脚蹬地，充分伸展双臂，顺势手腕向外打开，手心向外。接球后的队员要马上保持"三威胁姿势"，如图6-15所示。

图6-15 双手击地传球

击地球能给接球者更长的时间反应，初学者和身体能力较弱的队员应先练习击地传球，接球较容易判断。双手击地传球同样具有较高的准确性，但正前方有防守人员的情况下需变换传球方式。

（3）单手肩上传球：以左手为例，队员处于"三威胁姿势"，左手肩上托球于头侧，掌心空出，以转体、挥臂、甩腕及手指拨球的力量将球传出，如图6-16所示。单手肩上传球是一种中远距离的传球方法。其特点是传球力量大、速度快、距离远，在长传快攻和突破分球时经常采用。

AR 图6-16 单手肩上传球

（4）单手体侧传球：队员处于"三威胁姿势"，将球移至左手引到身体左侧，出球前一刹那，持球手的大拇指在上，掌心向前，手腕后屈，出球时前臂向前做弧线摆动，当球摆过身体左前方时，迅速收前臂，用手腕、手指的力量将球传出。其特点是隐蔽、动作快而幅度小，如图6-17所示。

图6-17 单手体侧传球

（5）头上传球：队员处于"三威胁姿势"，瞄准接球者的头部以上部分，双手持球两侧，直接持球于头上，后脚蹬地，以腰为轴，上半身后仰向前发力，手指、手腕要进行拨球来控制球的高度和方向，如图6-18所示。

图6-18 头上传球

6.2.6 接球技术

高质量的接球和高质量的传球是可以增强团队战斗力的，如果队员不会接球，再好的传球也无用。

（1）接传球：接球队员应在胸前双手张开，两臂伸出迎球，双眼注视着持球队员，用手指肚先碰触球，过渡到手掌，再双臂将球钳住。当快速移动时应做双脚跳步急停，这样可以保持落地的稳定性，把球接住后立刻进入持球"三威胁姿势"，如图6-19所示。

图6-19 接传球

（2）接运球：在高速运球的时候能够将球拿起，为衔接下一动作做好准备是进行比赛时必要的一种技能。在运球过程中队员将球拿起时一定不要着急，双手张开，朝向地板的方向，用指肚触球，过渡到手掌，再用双臂将球钳住。快速运球时应单脚两步急停，这样可以保持落地的稳定性，同时可以观察防守，把球拿起后立刻进入持球"三威胁姿势"。

6.2.7 突破技术

突破是篮球运动中个人攻击的重要手段之一，在比赛中突破通常是非常有效的得分手段。

1. 突破技术动作

在持球突破中队员双脚站立在地面与球接触，一只脚抬起的瞬间，另一只脚就不能抬起了，成为中枢脚。在移动中，如果接到球一只脚正接触地面，该脚就成为中枢脚。如果双脚离开地面时接球且队员双脚同时落地时，那么，一只脚抬起的瞬间，另一只脚就成为中枢脚。

突破技术

2. 常见的突破技术

（1）试探步突破：制造一种要突破一侧的假象，如果防守队员防守重心变换则此步法成功。如果不变可通过试探步了解防守的重点在哪里，然后进行进攻选择。

（2）交叉步突破：队员接球后，以"三威胁姿势"作为开始，抬起一脚做试探步，确定中枢脚。以左脚为例，左手突破防守队员的右侧。技术发力环节是这项技术的关键。首先一定要保持低重心，左脚为轴，右脚蹬地要向防守队员右脚外侧跨，同时髋关节转动，压缩突破的空间，然后放球加速，将球向前推动。动作熟练后，试探步和交叉步可配合使用。

（3）顺步突破：队员接球后，以"三威胁姿势"作为开始，抬起一只脚做试探步，确定中枢脚。以左脚为例，在试探当中发现对方的重心并没有根据试探步而改变，那么就要运用顺步突破了。左脚为中枢脚，右脚做小步试探，如果没有重心转移，那么右脚跨出大步，同时放球，球要保持在身体的一侧，左脚迅速跟上，将防守人的防守线路卡住，加速上篮。

6.2.8 防守技术

防守是篮球比赛的一部分，防守可以看出一个球队的硬实力，赢球靠防守，赢多赢少靠进攻，正确的个人防守姿势可以为以后团队防守打下基础。

1. 防守技术动作

双脚分开与肩同宽，脚尖向前，双膝微屈，重心放在前脚掌上，保持平衡不要前倾或后仰，背挺直，抬头向前。

2. 常见的防守技术

（1）防守的基本位置：在进攻队员触球的一瞬间，防守队员应根据球、区、篮、时间确定防守位置，并用正确的防守姿势，站位于对方与球篮之间，积极移动阻截和干扰破坏对方的进攻。

（2）防守有球队员：防守队员要不断对球施加压力，尽力干扰和破坏对方的投篮，迫使对方运球，封堵其传球的路线。防守队员不可轻易被对方的假动作迷惑，应及时发现对方进攻的技术特点，充分利用规则、场地、时间等因素，采取有针对性的防守策略。常用步法有平步滑步、上步滑步、斜步滑步。

①平步滑步。两脚平行开立，降低重心。横向滑步，双手屈臂仰起，便于控制身体平衡，可增大防守面积，重心在前脚掌，滑动时脚不要交叉、并拢；不要跳、重心起伏，始终保持在篮筐与进攻人之间，如图6-20所示。

②上步滑步。上步滑步是用攻击步接近进攻人，或碎步向前接近进攻人（这种步法可保持防守者的重心以防接近进攻人时被突破），同时上步脚侧手臂扬起，主要以封、干扰球为主，如图6-21所示。

③斜步滑步。两脚前后开立，不可以太斜，以扩大防守面积。要求后脚尖和前脚的脚跟站在一条线，撤步、向前（后）滑步、交叉步，前脚同侧手臂根据球的位置伸缩性攻击，上扬或向下，调整身体平衡，增大防守空间，如图6-22所示。

图6-20 平步滑步　　　　　图 6-21 上步滑步　　　　　图6-22 斜步滑步

（3）防守无球队员：防守无球队员要尽可能不让对方在有效攻击区内接球，或使对方接球后不能流畅地衔接下一个攻击动作。防守无球队员主要有防纵切、防横插、防溜底3种技术。

（4）抢球：抢球指队员借助身体卡住对方，用双手抓住球向后突然猛拉，或采用前臂、手腕及上体扭动的力量将球抢走。

（5）打球：在对方接到球的瞬间或运球过程中，防守队员可突然上步打球。若对方持球较高，可采用由下而上的方法，用手指和指根击球的下部。若持球部位较低，可采用由上而下的方法，用手指和手指外侧击球的上部。此外，针对跳起投篮的封盖球也属于打球，如盖帽、上篮盖帽。

（6）断球：在持球者传球给同伴离手的瞬间，突然启动，快速助跑，单脚或双脚蹬地起跳，侧身跃出，充分伸展手臂和身体，用单手或双手将球截获，即为断球。

防守无球队员

常见的防守技术

6.2.9　篮板球技术

篮板球技术是一项较复杂的技术。防守队员处于进攻队员与球篮之间的有利位置，采用"挡抢"的方法。进攻队员与球篮之间有个防守队员，采取"冲抢"的方法。防守队员抢到篮板球不仅能转守为攻，为发动快攻创造有利条件，还能增加进攻队员投篮的心理压力。进攻队员一直得到篮板球的话可以增加进攻次数，控制比赛节奏。一个球队抢篮板球次数的多少，对比赛的主动与被动、胜利与失败有很大影响。

篮板球技术

1. 篮板球技术动作

（1）观察与判断：观察投篮的距离、角度、球触篮筐的部位，判断球反弹的方向和距离。

（2）快速移动：利用假动作抢占在对方与球篮之间的有利位置。

（3）起跳时机：起跳要有爆发力，能连续跳起最好，但也要掌握好起跳时机。

（4）最高点抢球：把球控牢，并迅速连接下一个动作。

2. 常见的防守技术

（1）防守篮板球卡位：在比赛中，防守队员处于进攻队员与篮筐之间的有利位置，在对方投篮出手后，首先应注意对方的动向，并根据当时与进攻队员所处的位置和距离的远近，运用上步、撤步和转身抢占有利位置，把进攻队员挡在身后，与此同时还要判断球的落点准备起跳。

（2）抢进攻篮板球卡位：在比赛中，当同伴或自己投篮时，处在近篮的进攻队员首先应判断球的反弹方向，然后先向相反方向的侧前方跨步，利用身体虚晃的假动作，诱开身前的防守队员，挤到对方的前面或侧前方，抢占有利位置，借助跨步或助跑起跳，跳至最高点补篮或抢篮板球。

6.3　篮球运动的基本战术

篮球战术是比赛当中队员间配合协调的组织形式。其目的是更好地发挥本队所有队员的技术水平，并且制约对方队员，掌控比赛的主动权，争取比赛的胜利。

6.3.1　基本攻守战术

1. 组合进攻战术

组合进攻战术是形成球队战术的基础，5人的战术体系来源于组合战术。

（1）突破分球：突破分球指本队队员向篮下突破后将球传给空位的同伴，控球队员运用躯体和脚步动作与娴熟运球技术相结合，摆脱盯防自己的防守人，并实施有效攻击的一项实用性、攻击性、杀伤性很强的进攻技术。

（2）传切配合：传切配合指通过无球跑动获得进攻机会，向球方向切入时应注意向球方向做出一到两步的假动作，诱使防守队员失去位置。

4种组合进攻战术

在篮球场上，不懂得跑位的队员很难获得空位接球的机会，这也就意味着没有攻击性。

（3）掩护配合：掩护配合指通过合理的身体动作阻挡防守队员的移动路线，使同伴摆脱防守获得空位接球的机会。

注意在掩护动作中，脚应与肩膀同宽，被掩护者也需要配合，使防守者处在静止的情况下，才能提高掩护的质量，利用同伴的掩护快速摆脱，获得空位机会。

（4）策应配合：策应配合指进攻队的前场和全场通过场上队员组织接应，并且有效地转移球的战术配合。

2. 组合防守战术

组合防守战术的目的是在个人防守的基础上，通过同伴的协同防守扩大防守面积，减小防守漏洞。

（1）交换防守：交换防守是为了破坏进攻队员的掩护配合，防守队员之间彼此及时交换自己所防守的对方的配合方法。

（2）关门防守：关门防守是两个防守队员靠拢协同防守突破的配合方法，其要求是防守队员应积极堵住进攻者的突破路线，临近突破一侧的防守队员要及时向同伴靠拢进行"关门"，不给突破者留有通过的空隙。关门配合也运用于区域联防。

4种组合防守战术

（3）夹击防守：夹击防守是两个防守队员积极防守一个进攻队员的配合方法。夹击防守要求正确地掌握夹击的时机和区域，行动果断，在形成夹击时要用身体和腿部限制进攻队员的活动，用手臂封堵传球或接球，但是不要犯规。

（4）补防：补防是防守队员在同伴漏防时，立即放弃自己的盯防对象，去补防那个威胁最大的进攻者，而与漏人的防守队员及时换防的一种协同防守方法。

6.3.2 快攻与防守快攻

1. 快攻

快攻是由防守转入进攻时，进攻队员以最快的速度，力争在对方队员立足未稳之际，合理、果断地进行攻击的一种进攻战术。

（1）快攻的种类：快攻可分为长传快攻、短传与运球结合快攻、运球突破快攻3种。

①长传快攻。长传快攻是队员在后场获球后，立即把球长传给迅速摆脱对方的前场快下队员的一种偷袭快攻形式。此时，无论是抢篮板球的队员或接应队员应由远及近地观察场上的情况，当发现同伴处于有利位置，及时将球传给同伴。此战术建立在准确的长传技术和快速奔跑、强行突破上篮或中、远距离跳投等技术的基础之上。由于长传快攻只有战术的发动阶段和结束阶段，因而进攻时间短、速度快、配合简单，是一种成功率较高的快攻战术。

②短传与运球结合快攻。短传与运球结合快攻是防守队员获球后，立即以快速的短距离传球方式，直逼对方篮下进攻的一种快攻形式。这种快攻具有灵活、机动、多变的优点，参加配合的人数较多，容易造成以多打少的局面。它经常与运球突破结合运用。

③运球突破快攻。运球突破快攻是防守队员获球后，利用运球技术超越防守，自己投篮得分

或传球给比自己投篮机会更好的同伴进行攻击的一种快攻形式。

（2）快攻的发动形式：快攻的发动形式有3种，即抢断以后的快攻、防守篮板后的快攻、快攻衔接阶段的半快攻。

①抢断以后的快攻。如果抢到或断到球的队员，处于前沿，则可直接进行攻击，如果处于全队的后阵，则通过传球或运球突破，转入快攻。

②防守篮板后的快攻。抢防守篮板球和掷端线界外球快攻相对比较复杂。一般需要一传和接应，也可以由抢篮板球的队员直接突破运球向前推进。当防守抢得篮板球时，全队要迅速分散，控球的队员要根据场上情况，迅速、及时、准确地进行第一传。一般来说，先是长传快攻，再与接应队员配合，接应队员应迅速摆脱防守，及时选择有利位置接应一传准备推进。

③快攻衔接阶段的半快攻。快攻衔接阶段的半快攻有两种，一是边线球发球或底线发球，在防守人没落稳的时候形成的半快攻；二是在发动快攻中没能直接攻入篮筐，但造成防守人员错位，有大打小、小打大的机会时的半快攻。

2. 防守快攻

防守快攻是防守战术的重要组成部分，其目的在于制约进攻速度，为本队积极防守争取时间。常用的防守快攻方法有提高进攻成功率、积极拼抢篮板球、有组织地堵截对方发动快攻的第一传、防守快下队员、提高以少防多的能力等。

6.3.3　整体攻守战术

1. 比赛阵形

为了适应攻守战术的需要，全队队员在场上的位置排列和职责分工称为比赛阵形。比赛阵形是本队攻守力量搭配和分工的形式。

根据队员的职责和排列的层次分为后卫、得分后卫、小前锋、大前锋、中锋。篮球比赛当中攻防的站位和阵形不太一样，下面简单介绍防守的阵形。防守的阵形分为盯人和区域两种，盯人根据进攻人的站位而落位，区域联防的形式常用的有"3-2""2-3""1-3-1""2-1-2"等。

选择进攻阵形要以本队队员的个人特长、技能、水平为基础，再与球队的特点相协调。阵形不能僵化，每个队员都应在明确基本位置和主要职责的前提下，进行创造性的调整。

2. 整体进攻战术

篮球比赛的胜负在很大程度上取决于战略与战术的合理性。战略是比赛中全局性的决策，战术指比赛中具体的攻守方法。

整体进攻可以有很多种，战术千变万化，但要根据球队人员的组成来确定进攻体系，设计整体进攻的战术。常见的进攻战术有牛角战术和8字战术。

（1）牛角战术：双中锋上提给1号位空位掩护，控球后卫可根据实际情况利用任意一边的中锋掩护，突破上篮。

（2）8字战术：外线3个人通过8字形运球制造突破空间，根据战术安排，任意一侧的中锋突然上提，掩护外线突破上篮。

3. 整体防守战术

（1）半场人盯人防守：人盯人防守分工明确，责任具体，盯防效果好，但体能消耗较大，目前比赛很少单一长时间采用此防守战术。

①由攻转守时，队员先迅速退回后半场，找到自己的防守人，与队友形成集体防守。

②以球为主，全力逼防持球队员，积极抢球、打球、断球阻止其投篮，不让其顺利传球，迫使其离开有利的攻击区。

③对无球队员进行堵位防守，要做到人和球兼顾，不让对方在攻击区内接球。

④与同伴利用防守的配合，破坏对方队员的进攻配合。

⑤根据不同对方的特点，加强防守的针对性与攻击性。

（2）区域联防：区域联防是将区域与人和球联系在一起而进行整体防守的战术，它具有鲜明的协同性。进攻区域联防是针对对方队员防守而设计的攻击方法。

区域联防

①攻转守回防。区域联防是由攻转守时，防守队员退回后场，每个队员分工负责一定区域，并与同伴协同防守，积极移动补位，用队形把每个防守的区域有机地联系起来，形成一种集体的联合防守战术。

②随球不断调位。以球为主，随球移动，对持球队员采取人盯人的防守，其他防守队员根据球的转移，不断地调整和选择正确的防守位置，加强对有球区域和篮下的防守。

（3）混合防守：混合防守是一种迷惑对方，根据对方的个人特点做出的整体组合防守。比赛时对方某一名队员能力突出，防守方必须要派一名队员将他盯住，此时可以采取一盯四联的防守，来限制那名队员。

6.4 篮球运动的比赛规则

6.4.1 场地与器材

1. 篮球比赛场地

（1）标准篮球场地的规格

标准的篮球比赛场地应该是一块平整的、无障碍物的硬质平面，其尺寸需从界线的内沿丈量。长边的界线叫"边线"，长28米，短边的界线叫"端线"，长15米。界线距离其他障碍物至少2米。两条边线决定篮球场的长度，加上两条端线，就决定了比赛场地的大小。

（2）中线、中圈

中线应从两条边线的中心点画出且平行于端线。中线要向两侧边线各延伸15厘米。它将球场分为两个半场，进攻时球和持球人一旦过中线，则将比赛限制在一个半场中，进攻方不能再将球退回中线。

中圈应画在比赛场地的中心，从圆周的外沿丈量，其半径为1.80米。此区域为比赛开始时，跳球争夺球权的区域。

（3）三分线

三分线是以篮筐中心正下方地面的点为圆心，画一条半径为6.75米的半圆弧，此圆心距离端线内沿的中点是1.57米，且该圆弧与两条平行线相交。进攻方在三分线外投篮命中后得3分。根据比赛的赛别不同，三分线的距离也会有所不同。

（4）罚球线和限制区、分位线

罚球线是距离篮筐4.57米且与端线平行的一条线，进攻投篮被犯规后会站在罚球线上进行罚篮，罚中一次篮得一分。

限制区应是两条垂直于罚球线，并处于罚球线与底线之间的线。在进攻时进攻队员不能长时间停留在这个区域。这个区域又称"3秒区"，在这里面不能停留超过3秒。

分位线是限制区两侧的短线，是队员罚球时界定抢篮板球队员位置的短线。

2. 篮圈和比赛用球

篮圈应用实心钢材制成，其内沿直径最小为450毫米，最大为459毫米，每个篮圈的顶沿应水平放置，距地面3.05米（误差±6毫米），与篮板的两条竖边等距离。所有男子比赛用球为7号球，所有女子比赛用球为6号球。青少年使用5号球。

6.4.2 比赛通则

篮球比赛有必须被遵守或执行的规则，它规定了比赛的方法、原则、技术标准和行为规范。

1. 球队

（1）队员和替补队员。在比赛时间内，当一名球队成员在比赛场地上，并且有资格参赛时，他是一名队员。当一名球队成员不在比赛场地上，但是有资格参赛时，他是一名替补队员。

（2）球队的组成。每支球队应有不超过12名有资格参赛的球队成员，其中包括一名队长。

2. 比赛通则

（1）比赛时间。根据国际篮联的标准，比赛应由4节组成，每节10分钟。在上半时的第1节和第2节之间、下半时的第3节和第4节之间以及每个决胜期之前都应有2分钟的比赛休息期间。上下半时之间的比赛休息期间应是15分钟。如果第4节的比赛时间结束时比分相等，比赛有必要再继续一个或几个5分钟的决胜期来打破平局。

（2）比赛开始。

（3）活球和死球。跳球中，球离开主裁判员抛球的手时；罚球中，罚球队员可处理球时；掷球入界中，掷球入界的队员可处理球时，球成活球。在任何投篮或罚球中篮时，活球中，裁判员鸣哨时；比赛计时器信号响起以结束每节比赛时；球队控制球过程中，24秒计时器信号响时，球成死球。

（4）跳球和争球。跳球：在第1节开始时，一名裁判员位于中圈，在任何两名互为对方队的队员之间将球抛起，即一次跳球发生。争球：当双方球队各有一名或多名队员有一手或双手紧握在球上，以至于不采用粗野的动作任一队员都不能获得控制球时，即一次争球发生。

6.4.3　一般犯规

1．侵人犯规：队员与对方队员发生不合理的身体接触。

2．技术犯规：场上队员、场外教练员、替补队员等违反规则，不服从裁判，影响比赛顺利进行的犯规。

6.4.4　违例

1．违例的概念和罚则。违例是违犯规则，此时应将球判给对方队员，令其在最靠近发生该违例的地点掷球入界。正好位于篮板后面的地点除外，除非在规则中另有规定。

2．脚踢球违例和拳击球违例。队员不得故意用腿的任何部位阻挡球或用拳击球。然而，球意外地接触到腿的任何部位，或是腿的任何部位意外地触及球，不算违例。

3．带球走——走步违例。

（1）开始运球时，在球出手之前中枢脚不可抬起。

（2）传球或投篮时，该队员可以跳起中枢脚，但在球离手之前任一脚都不得落回地面。

（3）当一名队员持着球跌倒并在地面上滑行，或躺或坐在地面上时获得了控制球，这是合法的。如果该队员随后持球滚动或尝试站起来，这是违例。

4．3秒违例。当某队在前场控制活球，并且比赛计时钟正在运行时，该队的队员不得在对方队的限制区内停留超过持续的3秒。

5．5秒违例。一名被严密防守的队员必须在5秒内传球、投篮或运球。

6．8秒违例。一名队员在其后场获得控制活球时或在掷球入界中，球接触后场的任何队员或被在后场的任何队员合法触及，掷球入界队员所在队仍拥有后场的球权。该队必须在8秒内使球进入它的前场。

7．24秒规则。从掷球入界开始，球触及任何一名场上队员或被其合法触及，并且仍然控制球时，该队必须在24秒内尝试投篮。在24秒内构成一次投篮指球必须在24秒计时钟信号响前离开队员的手，球必须触及篮圈或进入球篮。

思考与练习

1．篮球运动的基本技术是什么？

2．篮球运动有哪些常见违例情况？

3．手球运动是综合篮球运动和足球运动的特点而发展的球类运动，具有较强的集体性。请扫描右侧二维码，了解手球运动的基础知识、基本技术、基本战术、比赛规则。

手球运动

第**'7**章

排球运动

清撞上你的梦想羽翼，飞扬球场吧！

张珙炜

2019年4月18日

寄语

排球运动与
体育精神

排球运动需要队员综合运用跑、跳、滚翻等技术动作进行密切的团队配合，队员要经常进行弹跳扣球，对腿部肌肉、腰腹部肌肉、上肢肌肉进行非常充分的锻炼。由于对抗强度大，排球运动除了锻炼大腿、腰部等核心肌肉群外，还能消耗身体多余的脂肪，让身材更加健美。

7.1 排球运动概述

本节将介绍排球运动的基础知识，包括排球运动的起源与发展、特点与作用，以及主要赛事和主要形式。

7.1.1 排球运动的起源与发展

排球运动于1895年由美国的威廉·乔治·摩根发明。自排球运动诞生以来，排球运动在世界各地的发展大致可以分为以下3个阶段。

（1）娱乐排球阶段：1921—1938年。这一阶段为适应排球技术的飞速发展，人们对排球规则进行了一系列的修改和完善。

（2）竞技排球阶段：1947年至20世纪70年代末期。这一阶段世界排坛百花齐放，由重攻轻守到攻防兼备，由追求高度和力量到讲究技术与战术，由注重个人技巧到讲究集体配合，排球技术和战术发展呈现欣欣向荣的局面。

（3）现代排球阶段：20世纪80年代至今。这一阶段国际排球运动出现了竞技排球运动多元化、娱乐排球再度兴起的发展趋势。

7.1.2 排球运动的特点与作用

排球运动是一项两队运动员在由球网分开的场地上进行比赛的运动。比赛由一名队员在发球区内用一只手将球直接击过球网开始，每方最多击球3次使球过网，击球时不得持球，一名队员不能连续击球2次，比赛需不间断地进行直至球落地、出界或其中一方犯规。排球运动集技术性、技巧性、对抗性、集体性于一体，具有深厚的群众基础。

排球运动具有增强身体机能、培养良好的心理素质、促进社会适应能力3个方面的作用。

7.1.3 排球运动主要赛事

国际上的排球运动主要赛事有奥运会排球赛、世界排球锦标赛、世界杯排球赛、世界青年（少年）排球锦标赛。我国的排球运动主要赛事有全运会排球赛、全国排球锦标赛、全国排球超级联赛。

中国排球事业的发展与女排精神密不可分。以郎平为代表的一代代中国女排队员都是女排精神的生动写照。从20世纪70年代末进入国家队到2021年完成谢幕，郎平将大半个人生献给了排球，为中国女排殚精竭虑，倾情付出，用一个个大大小小的奖杯照亮了中国排球的荣誉殿堂。

7.1.4 排球运动的主要形式

1. 沙滩排球

沙滩排球简称"沙排"，诞生于20世纪20年代，是目前唯一在沙地上进行比赛的奥运会正式项目。沙滩排球的基本规则、场地大小、排球大小、得失分和交换发球权等方面与室内排球运动基本一样。比赛场区的长、宽分别为16米和8米。沙滩排球一般采用三局两胜制，每局（决胜局除外）先得21分并至少超过对方2分的队胜1局。如果双方打成1∶1平局，则第三局为决胜局，先得15分并至少超过对方2分的队获胜。

2. 坐式排球

坐式排球是专为双下肢残疾的人设计的一种坐在地面上进行的排球活动。比赛场地长、宽分别为10米和6米，进攻线距中线2米，男子网高1.15米，女子网高1.05米，网宽0.8米。比赛采用6人排球规则，只是增加了比赛中击球时击球员臀部不得离地这一规定。

3. 气排球

气排球是一项集运动、休闲、娱乐为一体的群众性体育项目。作为一项新的体育运动项目，气排球的打法和记分方法与竞技排球基本相同。气排球由软塑料制成。比赛用球质量约为120克，比普通排球轻100～150克；圆周为74～76厘米，比普通排球圆周长15～18厘米。

4. 软式排球

软式排球诞生于20世纪80年代末期，其具有质量轻、体积大、制造材料柔软、不伤手指等特点。1995年，软式排球进入我国，考虑到软式排球的特点，中国排球协会在青少年中大力开展和推广软式排球活动。2000年年末，教育部正式将软式排球列入中小学体育教学大纲，软式排球运动在我国得到迅速发展。

7.2　排球运动的基本技术

本节重点讲解准备姿势和移动、发球、垫球、传球、扣球、拦网等排球运动的基本技术。

7.2.1　准备姿势

为了完成各种技术动作而采取的合理的身体姿势称为准备姿势。按照身体重心的高低，准备姿势分为稍蹲准备姿势、半蹲准备姿势和低蹲准备姿势3种，如图7-1所示。

（1）稍蹲准备姿势：上体前倾，两臂置于腹前；脚跟稍提起，膝关节保持一定弯曲，便于及时向各个方向蹬地起动；预先拉长伸膝肌群和增大移动时的后蹬力量，也便于及时起跳、下蹲和倒地。

（2）半蹲准备姿势：身体重心比稍蹲准备姿势略低，上体前倾，有利于向前或向侧前移动；两臂置于胸腹之间，有利于移动时的摆臂和随时伸臂做各种击球动作。

（3）低蹲准备姿势：身体重心比半蹲准备姿势更低、更靠前，两脚左右、前后的距离更宽一些，膝部弯曲的程度更大一些。身体重心要更靠前，肩部垂直线过膝，膝部垂直线超过脚尖，两手臂置于胸腹之间。

（a）稍蹲准备姿势　　（b）半蹲准备姿势　　（c）低蹲准备姿势

图7-1　准备姿势

7.2.2 移动

从起动到制动的过程称为移动。移动的目的主要是及时接近球，保持好人与球的位置关系，以便击球。迅速移动可占据场上有利位置，争取时间和空间。移动由起动、移动步法和制动3个环节组成。

1. 起动

起动的力学原理是破坏平衡。人体向前抬腿使身体失去平衡，开始进入起动状态。

2. 移动步法

排球运动中移动步法有多种，应根据比赛场上的实际情况合理使用步法。

（1）并步与滑步：以向右运动为例，左脚内侧蹬地的同时，右脚向外跨出一步，在右脚落地时，左脚迅速并上，形成击球前的准备姿势。连续地并步即滑步，如图7-2所示。

（2）交叉步：以向右移动为例，上体稍向右转，右脚支撑，左脚从右脚前方向右跨一步，重心过渡到左脚，然后右脚向右方迅速跨步，身体转回，形成击球前准备姿势，如图7-3所示。

移动步法

（3）跨步：向移动方向跨出一大步，深屈膝，上体前倾，跨步可向前、后、侧前各方向，也可以过渡到倒地动作，如图7-4所示。

AR 图7-2 并步与滑步　　　　AR 图7-3 交叉步　　　　AR 图7-4 跨步

3. 制动

在快速移动之后，为了保持稳定的击球姿势和克服身体惯性的冲力，必须运用制动技术。

（1）一步制动法：一步制动时，在移动的最后跨出一大步，同时降低重心，膝和脚尖适当内转，全脚掌横向蹬地，使身体重心的投影落在两脚所构成的支撑面内。

（2）两步制动法：两步制动时，以倒数第二步做第一次制动，接着跨出最后一步做第二次制动，同时身体后仰，双脚用力蹬地，使身体处于做下个动作的有利姿势。

7.2.3 发球

发球是队员在发球区内自己抛球后，用一只手将球直接击入对方场区的一种击球方法。这里主要介绍正面下手发球、正面上手发球、正面上手发飘球、勾手发飘球、跳发飘球和跳发球。

发球

1. 正面下手发球

身体正对球网，手臂由后下方向前摆动，在腹前将球击入对方场区的发球方法称为正面下手发球。以右手发球为例，如图7-5所示，面对球网，

两脚前后开立，左脚在前，双膝微屈。上身前倾，左手持球于腹前，将球轻轻抛起在体前右侧，离手高约20厘米。在抛球的同时右臂伸直以肩为轴向后摆动，击球时右腿蹬地，身体重心随着击球向前摆动而移至前脚上。

AR 图7-5　正面下手发球

2. 正面上手发球

如图7-6所示，队员面对球网，两脚前后自然开立，左脚在前，左手托球于身前，用抬臂和手掌的平托上送，将球平稳地垂直抛于右肩前上方，高度适中。左手抛球的同时，右臂抬起，屈肘后引，肘与肩平行，上体稍向右转。击球时，利用蹬地、转体和收腹带动手臂挥动，在右肩前上方伸直手臂至最高点，以全掌击球的后中部。

3. 正面上手发飘球

如图7-7所示，准备姿势同正面上手发球，但抛球比正面上手发球稍低，并稍靠前。击球前，手臂自后向前做直线挥动。击球时，五指并拢，手腕稍后仰，用掌根平面击球的中下部，作用力通过球体重心。击球结束，手臂挥动有突停动作。

AR 图7-6　正面上手发球

图7-7　正面上手发飘球

4. 勾手发飘球

如图7-8所示，勾手发飘球采用侧面对网站位，两脚自然开立，左手持球于胸前将球平稳地抛在左肩前上方约一臂的高度。在抛球的同时，两腿弯曲，上体顺势向右倾斜，并稍向右转动，右臂随之向下、向右后方摆动，身体重心移向右腿。击球时，右脚蹬地，上体向左转动发力，带动手臂挥动，挥动时手臂伸直，在右肩的左上方，用掌根击球的后中下部。

5. 跳发飘球

如图7-9所示，面对球网，站在距端线2～4米处，利用单手或双手将球抛在前上方，随着抛球离手向前助跑起跳。击球前，手臂自后向前做直线挥动。击球时，五指并拢，手腕稍后仰，用掌根平面击球的中下部，作用力通过球体重心。击球瞬间，手指、手腕紧张，手型固定，不加推压动作，手臂有突停动作。

图7-8　勾手发飘球

图7-9　跳发飘球

6. 跳发球

如图7-10所示，面对球网，站在距端线2~4米处，利用单手或双手将球抛在前上方，随着抛球离手向前助跑起跳。起跳时，两臂要协调摆动，摆幅要大。击球时利用收腹和转体动作带动手臂挥动。在身体升至最高点时以全手掌击球的中下部，击球时，手腕要有推压的动作。

图7-10　跳发球

7.2.4　垫球

通过手臂或身体其他部位的迎击动作，使来球从垫击面上反弹出去的击球动作称为垫球。垫球的基本手型如图7-11所示。下面介绍5种常用的垫球技术。

1. 正面双手垫球

如图7-12所示，半蹲准备姿势迎球，球下落时摆好垫球手型，球在胸口一臂时，手腕下压，插到球下，两臂外翻形成击球平面，用腕上10厘米左右桡骨内侧平面击球下方，全身协调发力，蹬地、提肩、抬臂。

垫球

图7-11　垫球的基本手型

图7-12　正面双手垫球

2. 体侧垫球

以右侧垫球为例，如图7-13所示，半蹲准备姿势迎球，左脚前掌内侧蹬地，右脚向右跨出，右膝保持弯曲，身体重心移至右脚。两臂夹紧向右伸出，击球面对准来球方向，利用转腰收腹的力量在体侧击球的后下方。

3. 背垫球

背对出球方向的垫球称为背垫球。背垫球大多用于接应同伴垫飞的球或将球处理过网，其特点是垫击点较高。背垫球时，首先判断来球的轨迹、方向和离网的距离，迅速移到球的下落处，背对出球方向，两臂夹紧伸直，插到球下，如图7-14所示。

图7-13　体侧垫球

图7-14　背垫球

4. 跨步垫球

判断来球的轨迹，及时向前或向侧方跨出一大步，屈膝制动，重心落在跨出腿上，上体前倾，臀部下降，两臂插入球下方，垫击球的中下部，如图7-15所示。

5. 单手垫球

单手垫球可采用各种步法接近球，当来球速度快、弧度低、距离远时可用单手垫球。当球在体前或体侧时，一只脚迅速向前或向侧跨出一大步。重心向前移动，以跨出脚的同侧臂向前伸出，插入球下，用虎口（或掌根，或手背，或前臂）击球的后下部或底部，如图7-16所示。

图7-15　跨步垫球

图7-16　单手垫球

7.2.5　传球

1. 正面传球

面对出球方向的传球动作称为正面传球。采用稍蹲准备姿势，抬头看球，双手自然抬起，屈肘放松置于脸前。当球接近额时，蹬地、伸膝、抬臂迎球，在额上方一球处击球。触球时，两手自然张开成半球形，手腕稍后仰，如图7-17所示。

传球

2. 背传

向后上方的传球动作称为背传。在比赛中采用背传可以变化传球方向和路线，迷惑对方，组成多变的进攻配合。准备姿势比正面传球稍直立，身体重心在两脚之间。判断来球，移动到球下，双手抬起。手触球，手腕适当后仰，掌心向上，在额上方击球下部。传球时，蹬地、上体后

仰、挺胸、展腹、抬臂，用手指的弹力将球向后上方送出，如图7-18所示。

3. 侧传

身体侧对目标并向体侧传出球的传球动作叫侧传。以向右传球为例，采用稍蹲准备姿势，迎球时蹬地抬臂，重心稍右移。击球点在额右前上方，传球手型同正面传球，全身协调用力，上体和手臂向右侧伸展，左侧手臂动作速度和幅度以及用力的距离大于右侧手臂，如图7-19所示。

图7-17 正面传球　　图7-18 背传　　图7-19 侧传

4. 跳传

跳起在空中进行单手、双手传球叫跳传。跳传的起跳最好是向上垂直起跳，保持好身体的平衡，当身体上升到最高点时，靠迅速伸臂以及指、腕的弹力将球传出。跳传的正传、背传和侧传，其传球手型、击球点分别与原地的正传、背传、侧传的手型和击球点基本相同，如图7-20所示。

图7-20 跳传

7.2.6 扣球

扣球动作结构复杂，下面介绍5种常用的扣球技术。

1. 正面扣球

以两步助跑，右手扣球为例。如图7-21所示，采用稍蹲准备姿势，站在进攻线后，身体面向来球方向。选择合适的路线助跑，左脚先迈出一步，接着右脚迅速跨一大步，左脚及时并上，踏在右脚前方，双腿起跳。两臂在体侧做弧线向上的摆臂运动。上体稍向右转，右臂向后上方抬起，身体成反弓形。挥臂时，以迅速转体、收腹动作发力，依次带动肩、肘、腕部位成鞭打动作向前上方挥动。击球时，以掌心为击球中心，击球的后中部，主动用力屈腕向前推压。

扣球

图7-21 正面扣球

2. 调整扣球

扣由后场调整至网前的球为调整扣球。调整扣球难度较大，要求扣球队员能适应来自后场不同方向、角度、弧度、速度的球，以灵活的步法和空中动作，及时调整好人、球、网的关系，运用不同手法，控制扣球力量、方向、路线和落点，如图7-22所示。

图7-22　调整扣球

3. 扣近体快球

在二传队员体前或体侧50厘米左右扣出的快球统称为近体快球。扣近体快球时，应随一传队员助跑到网前，当二传队员传球时，扣球队员在其体前或体侧近网处迅速起跳，起跳后要快速挥臂，将刚刚传出网带的球扣入对方场区。击球时，利用收胸动作，带动前臂和手腕迅速鞭打甩动，以全手掌击球的后上部，如图7-23所示。

图7-23　扣近体快球

4. 扣半高球

扣半高球的技术方法和正面扣球基本相同，但在传球的高度上有所区别，半高球的高度一般在网上1米左右，需要二传队员和扣球队员密切配合，进攻队员需要提前预判球的轨迹，快速上步，将球击出，如图7-24所示。

图7-24　扣半高球

5. 单脚起跳扣球

采用与球网成小夹角或顺网的一步、两步或多步助跑。助跑后，左脚跨出一大步，上体后倾，在右腿向前上方摆动的同时，左腿迅速蹬地跳起，两臂配合摆动，帮助起跳，起跳后扣球动作与正面扣球动作一致，如图7-25所示。

图7-25　单脚起跳扣球

7.2.7　拦网

拦网是排球运动的基本技术之一，是队员靠近球网，将手伸向高于球网处阻挡对方来球的行动。下面介绍3种常用的拦网技术。

1. 单人拦网

单人拦网技术本身并不难，难的是对拦网时机的判断。队员面对球网，距网30～40厘米，双膝微屈，两臂在胸前自然屈肘，原地起跳时，重心降低，双膝弯曲，用力蹬地，使身体垂直起跳。跳起后两手从额前平行球网向网上沿前上方伸出，两臂平行，两臂尽力伸过网向对方上空，两手接近球，自然张开，手触球时要突然紧张，主动盖帽捂球，如图7-26所示。

2. 双人拦网

由前排两个队员互相靠近同时起跳组成的拦网称为双人拦网，如图7-27所示。双人拦网时应以一人为主拦队员，另一人为配合队员，但主拦队员不是固定的。主拦队员必须抢先移到对正扣球点的位置，做好起跳准备，配合队员则迅速移动靠近主拦队员准备同时起跳。两队员之间的距离要合适，两人的手臂应该在体前划小弧向上摆伸。手臂在空中既不能重叠，又不能间隔太宽。

3. 3人拦网

3人拦网在对方扣球进攻力强，路线变化多，而且很少轻扣和吊球时使用。3人拦网的动作方法与双人拦网相似。其关键在于迅速移动，取位恰当，配合密切。无论对方从哪个位置扣球，一般都以3号位队员为主拦队员，2号位、4号位队员为配合队员。此时，另两个配合队员应及时移动去靠近主拦队员，同时起跳，如图7-28所示。

图7-26　单人拦网　　　　图7-27　双人拦网　　　　图7-28　3人拦网

7.3　排球运动的基本战术

排球运动战术指在比赛中根据排球运动的规则要求、排球运动的规律、双方的具体情况和临场的变化，合理地运用技术所采取的有组织、有目的和有意识的一种配合行动。本节将介绍排球运动的基本战术，包括阵容配备与位置交换、进攻战术、防守战术。

7.3.1　阵容配备与位置交换

1. 阵容配备

阵容配备就是合理地安排场上队员技术力量的组织形式。阵容配备的主要形式有"四二"配备、"五一"配备等。

（1）"四二"配备。"四二"配备指场上队员有4个进攻队员和2个二传队员。4个进攻队员又分为2个主攻、2个副攻，同角色的两名队员站在对角位置，如图7-29所示。

（2）"五一"配备。"五一"配备指场上队员有5个进攻队员和1个二传队员。5个进攻队员又分为2个主攻、2个副攻、1个接应二传，同角色的两名队员站在对角位置，如图7-30所示。

2. 位置交换

为了方便每个人发挥特长，根据规则场上队员在发球后可任意交换位置，在比赛中采用专位进攻和防守的方式进行比赛。换位的规律如下。

（1）前排部分：主攻队员换到4号位，拦网好、移动快、弹跳强的副攻队员换到3号位，二传队员换到2号位。

（2）后排部分：把防守灵活的队员换到5号位或6号位，二传队员换到1号位，以便防守反击时插上传球、组织进攻；把后排进攻能力强的队员放在1号位或6号位。

图7-29 "四二"配备   图7-30 "五一"配备

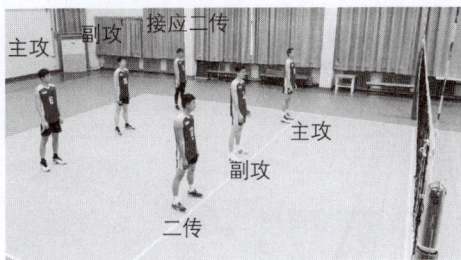

7.3.2 进攻战术

1. "中一二"进攻

"中一二"进攻是由前排中间的3号位队员作为二传队员，其他5名队员将来球垫传给二传队员，再由二传队员将球传给4号位、2号位队员进攻的战术形式，如图7-31所示。技术水平较低的队伍，一般采用"四二"配备，每个轮次都有一名二传队员在前排。当二传队员轮到2号位或4号位时，可以在对方发球后换到3号位。

进攻战术

2. "边一二"进攻

"边一二"进攻是由前排2号位队员担任二传，其他5名队员将来球垫传给二传队员，再由二传队员将球传给4号位、3号位队员进攻的战术形式，如图7-32所示。其特点是二传队员在边上，对一传队员的要求稍高，但战术变化多，战术可繁可简，适合不同水平的队伍。若采用"四二"配备，当二传队员轮到4号位或3号位时，可以在对方发球后换到2号位。

3. "插上"进攻

在对方发球后，由后排一个队员插上到前排担任二传，把球传给前排 4号位、3号位、2号位队员进攻，这种进攻战术称为"插上"进攻，如图7-33所示。不管是采用"四二"配备，还是采用"五一"配备，对方发球后，后排二传队员分别从1号位、6号位、5号位插上，在前排组织进攻。

图7-31 "中一二"进攻 　　　图7-32 "边一二"进攻

图7-33 "插上"进攻

7.3.3 防守战术

1. 接发球防守阵形

接发球防守阵形按人数可分为5人、4人、3人接发球防守阵形。

（1）5人接发球防守阵形：初学者在比赛中多采用"一三二"接发球防守阵形，也称W防守阵形，便于打"中、边二传"进攻。二传队员站前排，5名队员按"W"字分站3米线后，如图7-34所示。每人防守相应的区域，结合部秉承右手侧队员多接和后排队员多接的原则，将球垫向前排二传处组织进攻。

3种接发球
防守阵形

（2）4人接发球防守阵形：4人接发球防守阵形的优点是便于二传插上，不接发球的前排队员可以充分做好进攻的准备。但是接发球时每人负责一条线，对接发球队员的前后移动和判断能力要求较高。由于接发球只有4名队员，因此大都采用"盆"形站位。"盆"形站位又可分为"浅盆"形和"一"字形两种，如图7-35所示。"浅盆"形站位主要用于接对方目标落点靠后或速度平快的发球，"一"字形站位主要用于接对方的跳发球、大力球及平冲球。

图7-34 5人接发球防守阵形 　　　图7-35 4人接发球防守阵形

（3）3人接发球防守阵形：3人接发球防守阵形一般是前排两名队员和一名插上队员不接发球，或前排3名队员都不接发球而由后排队员担负全场一传任务。其优点在于快攻队员不接一

传，有利于组织快变战术；前排队员交换位置非常方便，有利于组成快速多变的战术；可让一传差的队员避开接发球，减少一传的失误。但3人接发球防守阵形每人负责的区域相对较大，对判断、移动及控制球的能力要求较高。3人接发球防守阵形主要采用"前一后二"站位和"后三"站位，如图7-36所示。"前一后二"站位由1名前排队员和2名后排队员担负全场的接发球任务，"后三"站位由后排3名队员担负全场的接发球任务。

图7-36　3人接发球防守阵形

2. 接扣球防守阵形

（1）单人拦网防守阵形：当对方技术水平一般，进攻能力较弱时，或当对方战术多变，本方移动不到位，无法组织集体拦网时，可采用单人拦网防守战术。由前排一人拦网，后排形成马蹄形防守阵形。前排2（4）号位队员拦网，后排队员站位如图7-37（a）所示；前排3号位队员拦网，后排队员站位如图7-37（b）所示。对方4号位队员扣球，本方2号位队员单人拦网，3号位队员后撤防吊球，4号位队员后撤防小斜线扣球或吊球，后排3名队员每人防守一定区域。对方2号位队员内扣球，防守方法相同，图示反向。对方3号位队员扣球，本方4号位、2号位队员后撤防守，6号位队员向前防吊球，每位队员负责各自的防守区域。

（2）双人拦网防守阵形：当对方进攻威力较大，路线变化较多，单人拦网不足以阻拦对方进攻时，应采用双人拦网防守阵形。双人拦网防守阵形分为"边跟进""心跟进""内撤""双卡"等防守阵形。"心跟进"防守阵形也称为6号位跟进防守，在对方经常运用打吊结合，而本方拦网能力较强的情况下，可采用此防守阵形。前排2号位、3号位队员拦网，后排队员站位如图7-38所示。以对方4号位队员进攻为例，本方2号位、3号位队员组成双人拦网，6号位队员"心跟进"防吊球及接应落入中场的球，1号位、5号位队员负责防守后场区，4号位队员后撤防小斜线及吊球。

（3）3人拦网防守阵形：在对方扣球运动员攻击性强、线路变化多、吊球少时适合采用3人拦网防守阵形。3人拦网虽然加强了第一道防线的力量，但后场空隙较大，同时给拦网后的组织反攻增加了难度，因此，在比赛中要灵活运用。3人拦网防守阵形可分为6号位压底和6号位跟进两种，如图7-39所示。

（a）2号位队员拦网　　　　　　　（b）3号位队员拦网

图7-37　单人拦网防守阵形

3种接扣球防守阵形

图7-38　双人拦网防守阵形　　　图7-39　3人拦网防守阵形

3. 接拦回球防守阵形

（1）"三二"阵形：进攻队员扣球，防守队员站位如图7-40所示。"三二"阵形使用较普遍，在对方拦网能力较强、拦回球的目标落点大多集中在网前时采用该阵形。以4号位进攻为例，3号位、5号位、6号位队员组成第一道防线，1号位、2号位队员组成第二道防线。（进攻方采用"三二"阵形，防守方采用双人拦网"心跟进"防守阵形）

2种接拦回球防守阵形

（2）"二三"阵形：这种阵形在对方拦网能力一般、拦回球落点比较分散时采用。以4号位进攻为例，3号位、5号位队员负责前场区，1号位、2号位、6号位队员负责中场区和后场区，如图7-41所示。

图7-40　"三二"阵形　　　　图7-41　"二三"阵形

7.4　排球运动的比赛规则

本节将介绍排球运动的比赛规则，包括场地与器材，得1分、胜1局和胜1场，犯规，暂停和换人，以及后排自由防守队员的相关规定等方面。

7.4.1　场地与器材

1. 排球比赛场地

排球比赛场地包括比赛场区和无障碍区，其形状为对称的长方形。

2. 球网和网柱

球网为黑色，长9.50～10.00米，宽1.00米，架设在中心线的垂直面上。球网的高度男子为2.43米，女子为2.24米。网柱为两根高2.55米的光滑圆柱。

3. 比赛用球

比赛用球可以是一色的浅色球或国际排联批准的多色球，圆周为65～67厘米，质量为

260~280克，气压为0.300~0.325千克／平方厘米。

国际排联世界性比赛、各国锦标赛和联赛所使用的球必须是国际排联批准的比赛用球。

7.4.2　得1分、胜1局和胜1场

（1）得1分：比赛采用每球得分制，胜1球即得1分。

（2）胜1局：比赛的前4局，先得25分并同时超出对方2分的队胜1局。如果打满5局，第5局先得15分且超出对方2分的队获胜。

（3）胜1场：正式比赛采用五局三胜制。最多比赛5局，先胜3局的队胜1场。

7.4.3　犯规

1. 发球犯规

（1）发球击球时的犯规：①发球次序错误；②发球区外发球；③发球击球时球未抛起或持球手未撤离；④发球队员未在8秒内将球发出。

（2）发球击球后的犯规：①发出的球触及发球队队员或没有从过网区通过球网垂直平面；②界外球；③球越过发球掩护。

2. 位置错误犯规

发球击球瞬间，双方任何一方队员不在规则规定的位置上，则构成位置错误犯规。

3. 击球时的犯规

（1）4次击球犯规：一个球队连续击球4次（拦网一次除外）为4次击球犯规。

（2）持球犯规：球必须击出，不得接住或抛出，击出的球可以向任何方向弹出。

（3）连击犯规：一名队员连续击球两次或球连续触及身体的不同部位为连击犯规（拦网一次和第一次击球时除外）。

（4）借助击球犯规：球队在比赛场地以内借助同伴或任何物体的支持进行击球，为借助击球犯规。

4. 队员在球网附近的犯规

（1）过网犯规：在对方进行进攻性击球前或击球时，在对方空间触及球或对方队员，构成过网犯规。

（2）过中线犯规：比赛进行中，在不影响比赛的情况下，队员脚以上身体任何部位越过中线触及对方场区，都不算犯规，但整只脚越过中线并触及对方场区，则为犯规。

（3）网下穿越进入对方场区并妨碍对方比赛：网下穿越进入对方场区的队员，若妨碍了对方比赛，则犯规，反之则没有犯规。

（4）触网犯规：队员的击球行为触及标志杆以内的球网部分为触网犯规。

5. 拦网犯规

（1）过网拦网：在对方进攻性击球前或击球时，在对方空间拦网触球为过网拦网犯规。

（2）后排队员拦网：后排队员靠近球网，将手伸向高于球网处阻拦对方来球，并触及球，

为后排队员拦网犯规。

（3）拦发球：拦对方发过来的球为拦发球犯规。只要队员在球网附近，手高于球网上沿阻拦对方发过来的球，不论拦起、拦死，只要触球即为犯规。

6. 进攻性击球犯规

进攻性击球犯规有两种情况：一是后排队员在前场区内或踏及进攻线（或其延长线），击整体高于球网上沿的球并使球的整体由过网区通过球网垂直面或触及对方拦网队员，为后排队员进攻性击球犯规；二是对处于前场区内对方发过来的并且整体高于球网的球，完成进攻性击球，为犯规。

7.4.4 暂停和换人

1. 暂停

排球比赛赛制为五局三胜制，前4局中当一方先达到8分或16分时进入技术暂停，技术暂停时间为1分钟，而每队在一局中还有两次暂停机会，每次暂停30秒。因此，前4局中每局最多可有6次暂停，总时长最多为4分钟。

2. 换人

排球比赛的每一局中，每队可以请求6人次换人，而每次换人时不限制换人人数，但每人只能被换上或换下1次。

7.4.5 后排自由防守队员的相关规定

（1）后排自由防守队员不能担任队长和场上队长。世界大赛中每队队员可增至14名，但超出12名的队员必须是后排自由防守队员。

（2）后排自由防守队员必须穿与其他队员不同颜色（或不同款式）的上衣。

（3）后排自由防守队员可以在比赛中断或裁判员鸣哨发球之前，从进攻线和端线之间的边线处自由进出，换下任一后排队员，不需要经过换人过程，也不计在正常换人人次数之内，其换上换下次数不限，但在其换上换下两次之间必须经过一次发球比赛过程。

（4）后排自由防守队员不得发球、拦网和试图拦网。

（5）后排自由防守队员在任何地区（包括比赛场区和无障碍区）都不得将高过球网上沿的球直接击入对方场区。

（6）后排自由防守队员在前场区及前场区外无障碍区进行上手传球，当传出的球的整体高于球网上沿时，其他队员不得进行进攻性击球。当他在后场区及后场区外无障碍区上手传出的球高于球网上沿时，其他队员可以进行进攻性击球。

思考与练习

1. 排球运动的基本技术主要包括哪些？

2. 排球运动的基本战术主要包括哪些？

3. 排球运动的击球犯规有哪些？

第**8**章

乒乓球运动

祝同学们通过乒乓球运动
强健体魄，愉悦身心！

牛剑锋

2019.5.7

寄语

乒乓球运动以其节奏快、变化多、场地不受限等特点吸引了大量爱好者，丰富了人们的生活和精神世界，增强了人们的意志品质和体质健康。

8.1 乒乓球运动概述

本节将介绍乒乓球运动的起源、发展、特点和作用。

8.1.1 乒乓球运动的起源与发展

乒乓球运动起源于19世纪末期的英国，由网球运动派生出来，并被命名为"桌上网球"。最原始的乒乓球是用橡胶或软木做成的实心球。大约在1890年，一位名叫詹姆斯·吉布的英格兰人到美国旅行时，发现了一种用赛璐珞制成的空心玩具球，这种球弹性相对较好，他将这种球稍加改进后，用它取代了软木球。由于球在球拍和球台撞击时发出"乒乓"的声音，人们便将这项运动称为乒乓球运动。

乒乓球运动随后传到美国、中国、韩国等国家。1926年1月，德国柏林举行了一次国际乒乓球赛，同年12月，国际乒乓球联合会（简称国际乒联）正式成立，并且在伦敦举行了第一届世界乒乓球锦标赛。1988年，乒乓球项目被正式列入奥运会比赛项目。

8.1.2 乒乓球运动的特点与作用

乒乓球运动器材设备简单，室内室外都可以进行，运动量可大可小，不同年龄、性别和身体条件的人都可以参加，是大众乐于接受的运动项目。

乒乓球体积小、速度快、变化多、趣味性强，这项运动要求练习者在短时间内对瞬息万变的击球有较强的应变能力，它能提高人体神经系统的协调性和灵敏性。乒乓球运动主要有5大作用：一是提高学生的身体素质；二是改善神经系统的灵活性；三是提高心理素质；四是提高社会适应能力；五是丰富人们的生活，让人们享受运动的乐趣。

8.1.3 乒乓球运动主要赛事

目前世界上主要的乒乓球运动赛事有世界乒乓球锦标赛、世界杯乒乓球赛、奥运会乒乓球比赛、国际乒联职业巡回赛。

在国际乒联公布的21世纪乒乓球梦之队阵容中，男、女队共计10个席位，中国乒乓球占据7个。2020年东京奥运会上，中国乒乓球队获得4枚金牌、3枚银牌。2021年，世界乒乓球锦标赛上，中国乒乓球队获得5个单项中的4项冠军。中国乒乓球事业不断前进，已经成为中国体育一张耀眼的名片。

8.2 乒乓球运动的基本技术

本节将介绍握拍、基本站位和准备姿势、基本步法、发球、接发球、攻球、推拨球、搓球、弧圈球等乒乓球运动的基本技术。

8.2.1　握拍

目前世界上流行的握拍方法有两种：一种是直握拍；另一种是横握拍。

1. 直拍握法

直拍握法正手攻球快速有力，攻斜线、直线球时拍形变化不大，对方不易判断，便于从速度、球路和力量上取得主动；手腕动作灵活，发球可做较多变化。但是，反手攻球时，因受身体阻碍，技术较难掌握，不易起重板；攻削交替时，手法变化大，影响击球速度和准确性；防守时照顾面积较小。

直拍的基本握法：如图8-1所示，用拇指和食指握住球拍拍柄与拍面的结合部位。拍柄右侧贴在食指的第三关节内侧。食指的第二关节压住球拍的右肩，其第一关节自然向内弯曲，拇指的第一关节压住球拍的左肩，其他三指自然弯曲斜形重叠，以中指第一关节贴于球拍的1/3上端。

2. 横拍握法

横拍握法照顾面比直拍大，攻球和削球时握拍的手法变化不大；反手攻球时便于发力；削球时用力方便，易于发挥手臂的力量和掌握旋转变化；攻斜、直线球时调节拍形的幅度大、动作明显，易被对方识破；台内正手攻球技术较难掌握。

横拍的基本握法：如图8-2所示，虎口轻微贴拍，以中指、无名指、小指自然地握住拍柄，拇指在球拍正面轻贴在中指旁边，食指自然伸直贴于球拍的背面。

图8-1　直拍的基本握法　　　　　图8-2　横拍的基本握法

8.2.2　基本站位和准备姿势

1. 基本站位

乒乓球运动员的基本站位应根据不同类型的打法、个人的习惯打法来确定。不同类型打法的运动员基本站位如下（以右手持拍为例）：左推右攻打法的运动员，基本站位在近台中间偏左；两面攻打法的运动员，基本站位在近台中间；弧圈球打法的运动员，基本站位在中台偏左；横板攻削结合打法的运动员，基本站位在中台附近；削球打法的运动员，基本站位在中远台附近。

2. 准备姿势

如图8-3所示，两脚开立（略比肩宽），左脚比右脚稍向前，重心置于两脚之间；两膝微屈，上体含胸略前倾，重心压在前脚掌；下颌稍向内收，两眼注视来球；以右手持拍为例，持拍手自然弯曲，置于身体右侧前方，手腕适当放松，非持拍手自然弯曲置于腹部前方位置。

8.2.3　基本步法

乒乓球运动的步法指击球者在移动过程中依靠下肢完成的各

图8-3　准备姿势

种动作，主要包括单步、并步、交叉步、跨步、跳步5种步法。

1. 单步

单步指以一只脚为轴，另一只脚可以向前、后、左、右不同方向移动，身体重心随后转移到移动脚上。它的特点是移动速度快，重心平稳，移动范围小。

2. 并步

并步指一只脚先向另一只脚并半步，另一只脚在并步脚落地后随即向来球方向移动一步。

3. 交叉步

交叉步指以靠近来球方向的脚先蹬地发力，异侧脚蹬地往来球方向迈一大步，在另一只脚前面跨过，异侧脚落地后，另一只脚快速移到外侧支撑。交叉步移动的范围大，一般适用于正手，主要用来处理离身体较远的球。

4. 跨步

跨步指以靠近来球方向的脚往来球方向跨一大步，另一只脚顺势跟上。跨步移动的范围大，速度快。

5. 跳步

跳步是以与来球相异方向的脚用力蹬地，两脚同时离地向来球方向跳动的一种步法。跳步移动的范围非常大。跳步在移动时，常伴随短暂的腾空时间，这对于重心的稳定有一定影响。

8.2.4 发球技术

发球技术是在比赛中完全按照自己的思路发挥，不用受对方限制的技术。发球技术的好坏将直接影响到得分和失分，发球是力争主动、先发制人的第一个环节。

1. 平击发球

平击发球的特点是速度慢，力量轻，几乎不带旋转，容易掌握，是初学者需掌握的入门技术。平击发球可分为正手平击发球和反手平击发球两种。

（1）正手平击发球

正手平击发球的发球方法如图8-4所示。

站位：身体离球台约40厘米，两脚开立，略宽于肩。

引拍：将球抛起后，持拍手向后上方引拍，球拍拍面略前倾。

击球：当球下降至稍高于网时，球拍向前下方挥动，击球的中上部。

还原：击球后迅速还原。

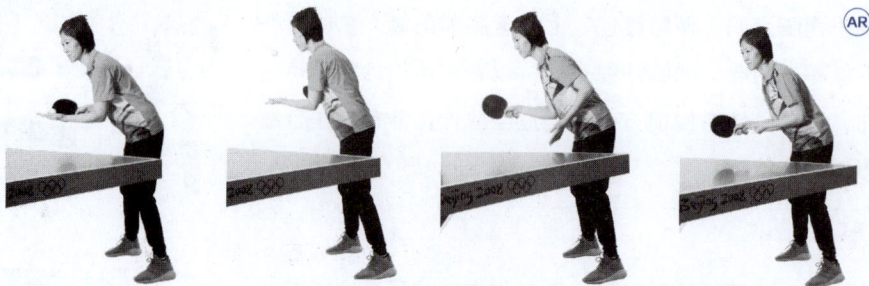

图8-4　正手平击发球

（2）反手平击发球

反手平击发球的发球方法如图8-5所示。

站位：近台中间靠左，右脚在前，左脚在后。

引拍：左手将球抛起，拍面前倾，身体左转，向左侧后方引拍。

击球：当球下降至稍高于网时，上臂带动前臂向右前上方挥动，击球的中上部。

还原：击球后迅速还原。

图8-5　反手平击发球

2. 正手发转与不转球

在比赛中，转与不转结合使用，以变化迷惑对方，破坏对方接发球战术，造成对方判断失误，自己可以伺机抢攻或直接得分。正手发转与不转球的发球方法如图8-6所示。

站位：近台中间靠左，左脚在前，右脚在后。

引拍：左手将球抛起，拍面后仰，同时握拍手略向外展，向身体右后方引拍。

击球：以腰带手，右臂从身体右后上方向左前下方挥动，触球瞬间手腕放松，摩擦球的中下部。击球瞬间，用球拍的拍面远端摩擦球的中下部为下旋，用球拍的中后部触球并减少摩擦球的力量，几乎将球向前推出时，发的球为不转球。

还原：击球后迅速还原。

图8-6　正手发转与不转球

3. 反手发转与不转球

反手发转与不转球和正手一样，都能起到迷惑对方、占据主动的作用。反手发转与不转球的发球方法如图8-7所示。

站位：近台中间靠左，右脚在前，左脚在后。

引拍：左手将球抛起，拍面后仰，右臂内旋，使拍面略后仰，向身体左后上方引拍。

击球：以腰带手，右臂从身体左后上方向右前下方挥动，并略外旋，手腕内收发力，触球瞬间手腕放松，摩擦球的中下部。击球瞬间，用球拍的拍面远端摩擦球的中下部为下旋球，用球拍的中后部摩擦球的中下部为不转球。

还原：击球后迅速还原。

图8-7 反手发转与不转球

4. 正手发侧上、侧下旋球

这种发球以旋转变化为主，飞行弧线向对方左侧偏拐。它的动作幅度小，出手快，两种发球动作相似，隐蔽性强。正手发侧上、侧下旋球的发球方法如图8-8所示。

站位：近台中间靠左，左脚在前，右脚在后。

引拍：左手将球抛起，拍面后仰，同时握拍手腕略向外展，向身体右后上方引拍。

击球：当球下降至稍高于网时，转动身体，手臂由右后上方向左前下方挥动，球拍触球时，手臂和手腕用力。击球瞬间，拍面略微立起，手腕快速内收，球拍从球的正中向左上方摩擦；拍面后仰，球拍从球的中下部向左下方摩擦。

还原：击球后迅速还原。

图8-8 正手发侧上、侧下旋球

5. 反手发侧上、侧下旋球

这种发球和正手发侧上、侧下旋球差不多，飞行弧线向对方右侧偏拐。反手发侧上、侧下旋球的发球方法如图8-9所示。

站位：近台中间靠左，右脚在前，身体向左转。

引拍：左手将球抛起，拍面后仰，同时握拍手腕略向外展，向身体左后上方引拍。

击球：当球下降至稍高于网时，转动身体，手臂由左后上方向右前下方挥动，球拍触球时，手臂和手腕用力。击球瞬间，拍面略微立起，球拍从球的中部向右上方摩擦，手腕有一个上勾动作；拍面后仰，球拍从球的中下部向右侧下部摩擦。

还原：击球后迅速还原。

图8-9 反手发侧上、侧下旋球

8.2.5　接发球技术

在比赛中，对比其他的技术，接发球的技术难度最大，因为接球方对发球方在技术上没有任何限制方法。比赛中如果接发球不好，那么自己的技术和战术就无法发挥。因此，不断提高接发球能力，合理地把自己掌握的技术运用到接发球中，是迅速提高比赛实战能力的关键。

6种接发球技术

1. 接正手短、长上旋球

（1）接正手短上旋球

接正手位的短上旋球，一般用正手台内攻来回接，接球时拍面应前倾，如图8-10所示。

站位：近台中间，右脚在前，左脚在后。

引拍：往持拍手的同侧后方引拍，引拍动作小。

击球：击球的中上部，在高点期击球，往左前上方用力挥拍。

还原：击球后迅速还原。

图8-10　接正手短上旋球

（2）接正手长上旋球

接正手位的长上旋球，一般用正手拉来回接，接球时拍面应前倾，如图8-11所示。

站位：中台中间，左脚在前，右脚在后。

引拍：往持拍手的同侧后方引拍，引拍动作大。

击球：击球的中上部，在上升期击球，往左前上方用力挥拍。

还原：击球后迅速还原。

图8-11　接正手长上旋球

2. 接反手短、长下旋球

（1）接反手短下旋球

用搓球回接反手短下旋球，注意拍面后仰，以增加向前上方的发力，如图8-12所示。

站位：近台靠左，左脚在前，右脚在后。

引拍：往腹部位置引拍，引拍动作比较小。

击球：击球的中下部，在上升期或下降期击球，往前下方挥拍。

还原：击球后迅速还原。

图8-12　接反手短下旋球

（2）接反手长下旋球

用拉球回接长下旋球，注意增加向上提拉的力量，如图8-13所示。

站位：中台靠左，左脚在前，右脚在后。

引拍：往左侧后下方引拍，引拍动作比较大。

击球：击球的中上部，在高点期或下降期击球，往右前下方挥拍。

还原：击球后迅速还原。

图8-13　接反手长下旋球

3. 接侧上、侧下旋球

侧上分为左侧上和右侧上，侧下分为左侧下和右侧下。

接侧上旋球，一般用攻或拉回接比较合适；接侧下旋球，一般用搓、拉回接比较合适。以接左侧上旋球和左侧下旋球为例，用反手攻回接左侧上旋球时，拍面应前倾，拍面所朝方向要向左偏斜；用正手搓回接左侧下旋球时，拍面应后仰，拍面所朝方向要向左偏斜，以抵消来球的侧旋。

8.2.6　攻球技术

攻球技术是乒乓球运动中非常重要的基本技术，是乒乓球运动员在比赛中争取主动得分的有效手段之一，它具有速度快、力量大、照顾面大等特点。乒乓球运动中的攻球技术包括正手攻球技术、正手拉球技术、反手攻球技术和反手拉球技术。

4种攻球技术

1. 正手攻球技术

正手攻球技术站位近、动作小、出手快、借球的反弹力还击球，与落点变化相结合，可左右调动对方，从而使自己占据主动优势。正手攻球技术如图8-14所示。

站位：近台中间，两脚开立与肩同宽，左脚在前，右脚在后，重心靠前。

引拍：在腰和髋的带动下引拍至身体的右下方，重心稍压于右脚，球拍不得低于球台，右肩放松略下沉，拍面前倾。

击球：在球的高点期，往左前上方挥拍，击球的中上部，身体重心由右脚转至左脚。

还原：击球后迅速还原。

图8-14　正手攻球技术

2. 正手拉球技术

正手拉球技术因为伴随身体的转动，充分引拍，可以发挥出较大的力量和较快的旋转优势，所以是非常具有威力的进攻技术，如图8-15所示。

站位：根据来球的长短、落点，确定合适的位置，左脚在前，右脚在后，重心较低。

引拍：身体向右转动，增大向右下方引拍的幅度，球拍低于球台，右肩下沉，重心在右脚上。

击球：蹬右脚，随着转髋转腰，快速收小臂，当球落到身体的右前方位置时，往左前上方挥拍击球，击球点离身体稍远，在来球下降期击球的中部或稍偏下部；击球后，手臂顺势挥动，重心快速移到左脚。

还原：击球后迅速还原。

图8-15　正手拉球技术

3. 反手攻球技术

反手攻球技术具有站位近、动作小、速度快、变化多等特点，主要用来应对拉球、推挡球和反手攻球，是两面攻选手常用的一种基本技术。反手攻球技术如图8-16所示。

站位：近台中间靠左，双脚开立与肩同宽，右脚在前，左脚在后，身体正对来球。

引拍：向左后侧引拍，向左转体，右肩略沉，球拍与手臂保持在一条直线上。

击球：球拍前倾，在高点期击球，击球的中上部，挥拍向前上方。

还原：击球后迅速还原。

AR　图8-16　反手攻球技术

4. 反手拉球技术

反手拉球技术相比正手拉球技术出手速度快、动作小、落点变化多，是主动上手的有效技术，可以为进攻创造很好的机会。反手拉球技术如图8-17所示。

站位：根据来球的长短、落点，确定合适的位置，左右脚平行（或右脚稍靠前），重心较低。

引拍：身体重心下降，右肩略沉，将球拍引至腹前偏左处，低于球台，肘关节略向前顶出。

击球：当球位于高点期时，蹬腿挺髋，球拍向前上方挥动，以肘关节为轴，击球的中上部。

还原：击球后迅速还原。

AR　图8-17　反手拉球技术

8.2.7　推拨球技术

推挡球技术和拨球技术是直拍和横拍反手的主要技术之一，在比赛中，主要起控制和防御的作用。

1. 直拍推挡技术

直拍推挡技术速度快，控制球的能力好，结合落点，能够为进攻创造机会。

直拍推挡技术如图8-18所示。

站位：近台中间靠左，左脚在前，右脚在后。

引拍：以肩为轴，向后引拍，肘关节靠近胸腹侧，球拍前倾，右肩略沉。

击球：挥拍向前上方，击球的中上部。

还原：击球后迅速还原。

常见的直拍推拨球技术

2. 直拍横打技术

直拍横打技术反手攻击力强，能增强拍面控制的灵活性，充分发挥前臂的力量。直拍横打技术如图8-19所示。

图8-18　直拍推挡技术

站位：近台中间靠左，右脚在前，左脚在后。

引拍：以肘关节为轴，腰部向左下方转动，手腕稍内收，球拍前倾。

击球：在球下降前期击球，摩擦球的中上部，重心从左脚移至右脚。

还原：击球后迅速还原。

图8-19　直拍横打技术

3. 横拍拨球技术

横拍拨球技术具有速度快、动作小、力量大等特点。结合落点，用这种技术能够为进攻创造机会。横拍拨球技术如图8-20所示。

站位：近台中间靠左，左脚在前，右脚在后。

引拍：球拍前倾，向后下方引，肘关节稍前倾，手腕内收，右肩略沉。

击球：以肘关节为轴，向前上方挥拍，击球的中上部。

还原：击球后迅速还原。

图8-20　横拍拨球技术

8.2.8　搓球技术

搓球技术是在近台回接下旋球的基本技术，它属于控制性技术，并可为进攻创造机会。搓球技术主要包括正手快搓、慢搓技术和反手快搓、慢搓技术。

4种搓球技术

1. 正手快搓、慢搓技术

正手快搓、慢搓技术主要是针对对方发正手位下旋球的回接技术。两种技术节奏不一样，快搓主要是在来球的上升期搓球，速度相对比较快，而慢搓在来球的下降期搓球，速度相对较慢。两种技术动作大致相同，如图8-21所示。

站位：近台中间靠左，左脚在前，右脚在后。

引拍：球拍后仰，转体向后上方引拍。

击球：手腕略外展，球拍后仰，右肩略沉，向前下方挥动。

还原：击球后迅速还原。

图8-21　正手快搓、慢搓技术

2. 反手快搓、慢搓技术

反手搓球技术具有动作幅度小、出手快、弧线低、落点变化多等特点。和正手搓球技术一样，反手搓球技术中快搓和慢搓两种技术的节奏略有差别，但技术动作大致相同，如图8-22所示。

站位：近台中间靠左，两脚开立与肩同宽，平行站立。

引拍：球拍后仰，引至腹前，手腕稍内收。

击球：在来球的下降期（慢搓）或上升期（快搓），球拍往前下方挥动，击球的中下部。

还原：击球后迅速还原。

图8-22　反手快搓、慢搓技术

8.2.9　弧圈球技术

弧圈球技术是一种攻击力强、威力大、旋转强、力量大的进攻技术。弧圈球技术主要包括正手弧圈球技术和反手弧圈球技术。

1. 正手弧圈球技术

正手弧圈球技术如图8-23所示。

站位：根据来球的长短、落点，确定合适的位置，左脚在前，右脚在后，重心较低。

引拍：随着身体向右转动，向右下后方引拍，球拍低于球台，右肩下沉，重心在右脚上。

击球：蹬右脚，随着转髋转腰，快速收小臂，当球落到身体的右前方位置时，往左前上方挥拍击球，在球的高点期摩擦球的中上部，身体重心快速转到左脚。

还原：击球后迅速还原。

2种弧圈球技术

图8-23　正手弧圈球技术

2. 反手弧圈球技术

反手弧圈球技术如图8-24所示。

站位：根据来球的长短、落点，确定合适的位置，左右脚平行，重心较低。

引拍：身体重心下降，右肩略沉，球拍向下后方引至腹下，低于球台，肘关节略向前顶出。

击球：当球位于高点期时，蹬腿挺髋，球拍向前上方挥动，以肘关节为轴，击球的中上部。

还原：击球后迅速还原。

图8-24　反手弧圈球技术

8.3　乒乓球运动的基本战术

本节将介绍乒乓球运动的基本战术，包括发球抢攻战术、接发球抢攻战术、推攻战术、搓攻战术、拉攻战术、削中反攻战术。

8.3.1　发球抢攻战术

发球抢攻战术是以速度、旋转、落点以及线路不同的发球结合来增加对方回击的难度，使其出现机会球，或降低回球质量，然后抢先进攻，以争取主动或直接得分。发球抢攻战术是乒乓球所有打法特别是进攻型打法的主要战术和得分手段。

8种发球抢攻战术

1. 正反手发转与不转球抢攻

正反手发下旋球抢攻时，应迅速做好准备姿势，及时判断对方搓球的力度、落点和路线，调整位置进行抢拉。拉球时增加摩擦，击球的中上部位，并准落点。

正反手发不转球抢攻时，和发下旋球一样，应及时做好准备姿势，要注意对方回接落点以及速度的变化。对方回接此种球容易冒高球，此时，应抓住机会，加力回击。

2. 正反手发侧上、侧下旋球抢攻

正反手发侧上旋球抢攻时，根据侧旋的旋转程度，拍面前倾度应随时调整，以抵消旋转。

正反手发侧下旋球抢攻时，要及时预判球的落点和路线，为进攻提前做好准备。此外，还应注意侧旋的弧线变化。

8.3.2　接发球抢攻战术

接发球抢攻战术可使接发球的不利地位转变为有利地位，也可直接得分，是乒乓球运动中进攻型打法的主要战术。

1. 正手快攻、快拉接发球抢攻战术

正手快攻进行接发球抢攻，主要针对上旋球。应注意来球的落点和路线，提前预判。发力不可过大，可调动对方的落点，以占据主动。

正手快拉进行接发球抢攻，主要针对下旋球。应注意引拍动作不宜过大，来球若是下旋强度较大，应增加摩擦，避免下网。

2. 反手快攻、快拉接发球抢攻战术

反手快攻接发球抢攻战术动作小、速度快、落点变化多。注意控制攻球的力量，应以调动落点为主。

反手快拉接发球抢攻战术速度快、旋转强、衔接快。应根据来球旋转的强弱，调节击球的部位和方向。

4种接发球抢攻战术

8.3.3　推攻战术

推攻战术主要是运用反手推挡和正手攻球的速度、力量、落点变化、节奏等来压制、调动对方，以争取主动或得分。

推攻战术是用左推右攻打法对付攻击型打法的主要战术。左推右攻战术适用于应对上旋球，来球路线位于正手时用正手攻球处理，来球路线位于反手时用反手推挡处理。击球结束后，应注意放松，正反手衔接应流畅。

推攻战术

8.3.4　搓攻战术

搓攻战术主要运用搓球的旋转、节奏、落点变化来限制对方，以寻找机会，然后采用快拉等技术进行进攻。搓球战术是乒乓球运动各种打法中不可或缺的辅助战术。

1. 正、反手搓球结合正手快拉战术

正、反手搓球结合正手快拉战术，动作相对较大，应注意搓球之后的快速放松还原，为正手快拉做好准备，正手快拉时引拍幅度不宜过大。

2. 正、反手搓球结合反手快拉战术

正、反手搓球结合反手快拉战术，动作小，速度快，衔接流畅。搓球之后应快速放松还原，为反手快拉做好准备。

4种搓攻战术

8.3.5　拉攻战术

拉攻战术可以为进攻创造很好的机会，然后可采用扣杀和突击作为得分手段。拉攻战术是快攻打法应对削球类打法的主要战术。

1. 正手拉后正手扣杀战术

正手拉后正手扣杀战术可以作为直接得分的一种手段，拉、扣的力量要有较大悬殊，使对方措手不及。

2. 反手拉后扣杀战术

反手拉后扣杀战术也可以作为直接得分的一种手段，反手拉后的扣杀又可分为反手攻、侧身攻两种。拉、扣的力量要有较大悬殊，使对方措手不及。

8.3.6 削中反攻战术

削中反攻战术是由削球和攻球结合而成的，接球者以转、稳、低、变的削球迫使对方在移动中拉球，从中寻找机会予以反攻。

3种拉攻战术

削中反攻战术

8.4 乒乓球运动的比赛规则

本节主要介绍乒乓球运动的比赛规则，包括场地与器材、合法发球、合法还击、得1分、一局比赛与一场比赛以及发球、接发球和方位的次序。

8.4.1 场地与器材

1. 乒乓球球台

乒乓球球台长274厘米，宽152.5厘米，高76厘米。沿每个274厘米的比赛台面边缘各有一条2厘米宽的白色线，叫边线，沿每个152.5厘米的比赛台面边缘各有一条2厘米宽的白色线，叫端线。

2. 球网

球网装置由球网、悬网绳、网柱及夹钳4部分组成。球网的高度是14.25厘米。整个球网的底部应尽量贴近台面，球网两端应尽量贴近网柱。

3. 乒乓球与球拍

乒乓球应为圆球体，直径为40毫米，质量为2.7克。球应用赛璐珞或类似的材料制成，呈白色或橙色，且无光泽。

球拍的大小、形状和质量不限，但底板应平整、坚硬。底板至少应有85%的天然木料。球拍两面不论是否有覆盖物，必须无光泽，一面为红色，另一面为黑色。用来击球的拍面用一层颗粒向外的普通颗粒胶覆盖，连同黏合剂，厚度不超过2毫米，或用颗粒向内或向外的海绵胶覆盖，连同黏合剂，厚度不超过4毫米。

8.4.2 合法发球

（1）发球开始时，将球自然地置于不持拍手的手掌上，手掌张开，保持静止。

（2）发球时必须用手把球几乎垂直地向上抛起，不得使球旋转，并使球在离开不持拍手的手掌之后上升不少于16厘米，球下降到被击出前不能碰到任何物体。

（3）当球从最高点下降时，发球员方可击球，使球首先触及本方台区，然后越过或绕过球网装置，再触及接发球员的台区。在双打中，球应先后触及发球员和接发球员的右半区。

（4）从发球开始到球被击出，球要始终在比赛台面的水平面以上和发球员的端线以外，而且不能被发球员或其双打同伴的身体或他们所穿戴的任何物品挡住。

（5）球一旦被抛出，发球员的不持拍手臂应立即从球和球网之间的区域移开。

8.4.3 合法还击

对方发球或还击后，本方运动员必须击球，使球直接越过或绕过球网装置，或触及球网装置后，再触及对方台区。

8.4.4 得1分

除被判重发球的回合，下列情况下运动员得1分：对方运动员未能合法发球；对方运动员未能合法还击；运动员合法发球或合法还击后，对方运动员在击球前，球触及除球网装置以外的任何物体；对方运动员击出的球已越过本方端线或比赛台面，且始终没有触及本方台区；对方阻挡；对方连击；对方用不符合规定的拍面击球；对方运动员或其穿戴的任何物品使球台移动；对方运动员或其穿戴的任何物品触及球网装置；对方运动员非持拍手触及比赛台面；双打比赛中，对方运动员击球次序失误；实行轮换发球法时，接发球方连续13次合法还击，包括接发球。

8.4.5 一局比赛与一场比赛

在一局比赛中，先得11分的一方为胜方。10平后，先多得2分的一方为胜方。一场比赛由奇数局组成。

8.4.6 发球、接发球和方位的次序

（1）赛前由抽签决定选择发球（或接发球）和方位的权力，中签者可以选择先发球（或先接发球），或选择先站在某一边比赛。在一方运动员选择了先发球（或先接发球），或选择了先站在某一边比赛后，另一方运动员应进行另一种选择。

（2）在每获2分之后，接发球方即成为发球方，以此类推，直至该局比赛结束，或者直至双方比分都达到10分或实行轮换发球法，这时，发球和接发球次序仍然不变，但每人只轮发1分球。

（3）在双打的第一局比赛中，先发球方确定第一发球员，再由先接发球方确定第一接发球员。在以后的各局比赛中，第一发球员确定后，第一接发球员应是前一局发球给他的运动员；此后，每次换发球时，前面的接发球员应成为发球员，前面的发球员的同伴应成为接发球员。

（4）一局中首先发球的一方，在该场下一局应首先接发球。在双打决胜局中，当一方先得5分时，接发球方应交换接发球次序。

（5）一局中在某一方位比赛的一方，在该场下一局应换到另一方位。在决胜局中，一方先得5分时，双方应交换方位。

思考与练习

1. 乒乓球运动的基本技术、基本战术有哪些？

2. 乒乓球运动的比赛规则有哪些？

第**9**章

羽毛球运动

展羽球雄姿，扬青年风彩！

钱会元

2019.3.23

寄语

羽毛球运动是一项受众广泛、老少皆宜的运动项目，集竞技性与趣味性于一体。通过学习羽毛球运动的基本技术和战术，读者可以有效提高运动水平，在羽毛球运动中释放压力，促进身心健康。

9.1 羽毛球运动概述

本节将介绍羽毛球运动的起源与发展、特点与作用及主要赛事。

9.1.1 羽毛球运动的起源与发展

羽毛球运动诞生于英国。1992年第25届奥运会中，羽毛球正式成为比赛项目，从此羽毛球运动翻开了新的篇章。

9.1.2 羽毛球运动的特点与作用

羽毛球运动是全身、全方位、简便的运动项目，经常参加羽毛球运动可以提高人体的耐力、反应能力、神经系统的灵敏性和协调性。

9.1.3 羽毛球运动主要赛事

目前世界上主要的羽毛球赛事有苏迪曼杯世界羽毛球混合团体锦标赛、汤姆斯杯世界羽毛球男子团体锦标赛、尤伯杯世界羽毛球女子团体锦标赛、奥运会羽毛球比赛、世界羽毛球锦标赛等。

2020年东京奥运会上，中国羽毛球队获得2枚金牌、4枚银牌。2021年，中国羽毛球队在苏迪曼杯世界羽毛球混合团体锦标赛上卫冕成功，随后，女队时隔5年重夺尤伯杯，男队获汤姆斯杯亚军。

9.2 羽毛球运动的基本技术

本节将介绍羽毛球运动的基本技术，包括握拍方法、发球技术、接发球技术、击球技术和基本步法。

9.2.1 握拍方法

羽毛球拍的握拍方式有右手握拍和左手握拍，下面介绍的握拍方法均以右手握拍为例。

1. 正手握拍法

如图9-1所示，右手虎口对准拍柄斜棱上的第二条棱线，然后握住拍柄，大拇指和食指贴在拍柄两侧的宽面上，其余3指自然握住拍柄。拍柄与掌心不要贴紧，应留有空隙。

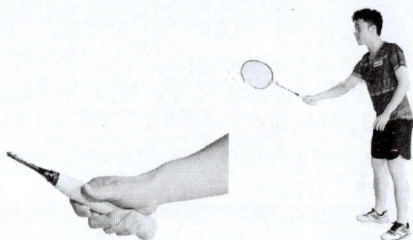

图9-1 正手握拍法

2. 反手握拍法

如图9-2所示，将大拇指伸直，用其第一指节内侧顶贴在拍柄内侧的宽面上，用大拇指和食指将球拍稍向外转，中指、无名指、小指紧握拍柄，拍柄端紧靠小指根部。

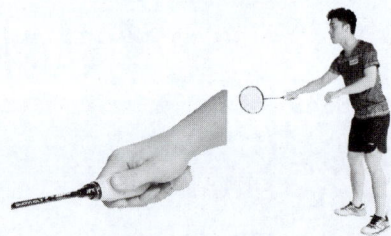

图9-2 反手握拍法

9.2.2 发球技术

发球可分为正手发球和反手发球。根据球在空中的飞行弧度，发球又可分为发高远球、发平快球、发平高球和发网前球4种。下面介绍的发球技术均以右手握拍为例。

1. 正手发球

发球准备姿势：如图9-3左图所示，两脚前后开立（左前右后），前脚足尖向前，后脚足尖向外，以便转体击球，身体重心在后脚上。

（1）正手发高远球：如图9-4所示，左手把球举在身体的右前方并自然放下，使之下落，右手持拍由大臂带动小臂，从右后方沿着身体向前左上方挥动。

（2）正手发平高球：发球的动作过程和发高远球大致相同，但在击球的一刹那，小臂加速带动手腕向前上方挥动，拍面要向前上方倾斜，以向前用力为主。

（3）正手发网前球：击球时，握拍要松，大臂动作要小，依靠小臂带动手腕向前切送，用力要轻，手指控制力量，球擦网而过，落在对方前发球区内。

3种正手发球技术

2. 反手发球

发球准备姿势：如图9-3右图所示，两脚前后开立，上体稍前倾，身体重心在前脚上。

（1）反手发平快球：如图9-5所示，左手放球的同时，右臂以肘为轴，前臂内旋，展腕由后向前弧形挥动。击球时屈指收腕发力，将球向前上方击出，拍面约与地面垂直。

2种反手发球技术

图9-3 发球准备姿势　　AR 图9-4 正手发高远球　　AR 图9-5 反手发平快球

（2）反手发网前球：站位接近前发球线，右脚在前，左脚跟提起，右手反手持拍于腹前，屈腕屈肘，左手捏球斜放在球拍前。发球时，球拍由后向前推送击球，使球运行的弧线最高点略高于网顶，使球落到对方场区的前发球线附近。

9.2.3 接发球技术

接发球是羽毛球运动中一项重要的基本技术，接发球质量的好坏往往直接影响一个回合的主动与被动。接发球分为接高远球和接网前球两类。不同情况下所采用的具体技术将在击球技术中详细介绍。

2种接发球技术

1. 接高远球

采用后退步法移动到后场击球点的位置，根据来球高度和接发球主被动情况，可采用平高球、吊球或杀球的击球技术还击，不管采用何种接高远球技术，击球前的动作均应保持一致，如图9-6所示。

AR 图9-6 接高远球

2. 接网前球

采用上网步法移动到网前击球点的位置，根据来球高度和接发球主被动情况，可采用放网前球、搓球、挑球、推球和勾球等击球技术还击，击球前的准备动作应保持一致，如图9-7所示。

图9-7　接网前球

9.2.4　击球技术

击球技术分为正手和反手两种，按区域还可分为后场击球技术、中场击球技术、前场击球技术，具体介绍如下。

1. 后场击球

（1）高远球：高远球是自后场打到对方后场端线经过高空飞行的球。击高远球分为正手击高远球和反手击高远球两种。

①正手击高远球：如图9-8所示，左肩对网，左脚在前，右脚在后，重心在右脚上。左臂屈肘，左手自然高举，右手持拍，手臂自然弯曲，将球拍举在右肩上，两眼注视来球。击球时，右上臂后引，随之肘关节上提至明显高于肩部，将球拍后引至头部，自然伸腕拳心朝上。然后在后脚蹬地、转体收

9种后场击球技术

腹的协调用力下，以肩为轴，上臂带动前臂快速向前上方甩腕，在手臂伸直至最高点时击球；击球后，持拍的手臂顺惯性往前左下方挥动并收拍至体前，与此同时，右脚向前迈出，身体重心由后脚移到前脚上。

图9-8　正手击高远球

②反手击高远球：如图9-9所示，击球前，迅速换成反手握拍法，同时身体迅速转向左后侧，重心移至右脚，球拍放至左胸前，拍面朝上。击球时，以上臂带动前臂，通过手腕的闪动，自下而上地甩臂，将球击出。

图9-9　反手击高远球

（2）平高球：准备姿势同正手后场高远球，但击球点较高远球靠前，是以击出飞行弧线比高远球低，但对方举拍又拦截不到，落点在对方端线附近场区内的击球技术。

（3）杀球：杀球是把对方击来的球在尽量高的击球点上斜压下去。杀球分为正手杀球、反手杀球、头顶杀球3种。

①正手杀球：准备姿势和动作要领与正手后场击高远球大体相同。脚步到位后，屈膝下降重心，准备起跳。侧身起跳时，往右上方提肩带动上臂、前臂和球拍上举，以便向上伸展身体。起跳后，身体后仰挺胸成反弓形。接着右上臂往右后上方摆起，前臂自然后摆，手腕后伸，前臂带动球拍由上往后下方挥动，这时握拍要松。随后凌空转体、收腹，带动右上臂往右上方摆起，肘部领先，前臂全速往前上方挥动，带动球拍高速前挥。当击球点在肩的前上方时，前臂内旋，腕前屈微收，闪腕发力杀球。这时手指要突然抓紧拍柄，把手腕的爆发力集中到击球点上。球拍和击球方向的夹角小于90°，球拍正面击球托的后部，使球直线下行。

②反手杀球：准备姿势和动作要领与反手击高远球相同，不同点是击球前挥拍用力要大，击球瞬间球拍与杀球方向的夹角小于90°。

③头顶杀球：准备姿势和动作要领与正手后场击高远球相同，不同点是击球点在偏左肩上方，击球瞬间全力击球。

（4）吊球：吊球是自后场还击到对方前场向下坠落的球。吊球分为正手吊球、反手吊球和头顶吊球3种。

①正手吊球：准备姿势和前期动作同正手后场击高远球。只是击球时拍面稍向内斜，手腕做快速下压动作，击球托的后部和侧后部。

②反手吊球：准备姿势和前期动作同反手击高远球，不同点在于击球时对拍面的掌握和力量的运用。吊直线球时，用球拍反面切削球托的后中部，向对方的右半场网前发力；吊斜线球时，用球拍反面切削球托的左侧，朝对方左半场网前发力。

③头顶吊球：准备姿势和前期动作大致同正手后场击高远球。头顶吊斜线球时，中指、无名指和小指屈指外拉拍柄，使球拍内旋，拍面前倾，以斜拍面击球托左侧部位。头顶吊直线球时，球拍击球托的正中部位。

2. 中场击球

（1）挡网：挡网可分为正手挡网和反手挡网两种。

①正手挡网：采用中场移动步法向右侧移动，身体右倾，手臂右伸，前臂外旋，手腕外展。击球时，前臂内旋带动球拍由右下方向前上方推送击球，将球直线推向网前，如图9-10所示。

4种中场击球技术

图9-10　正手挡网

②反手挡网：采用中场移动步法向左侧移动，身体左转前倾，右肩对网。击球时，根据对方来球的速度，大拇指发力，以前臂带动球拍由左下方向左前方挥动，轻击球托，将球直线挡回网前，如图9-11所示。

图9-11　反手挡网

（2）抽球：抽球是击球速度较快的进攻技术，要求击球平飞过网，可分为正手抽球和反手抽球两种。

①正手抽球：如图9-12所示，两脚平行开立稍宽于肩，重心在两脚间，微屈膝收腹，正手握拍举于右肩前。击球前肘关节前摆，前臂稍往后带外旋，手腕稍外展至后伸，引拍至体后。击球时前臂内旋，手腕伸直闪动，手指握紧拍柄，球拍由右后方往右前方高速平扫盖击来球。

②反手抽球：如图9-13所示，右脚前交叉在左侧前，重心在左脚上，右手反手握拍在左侧前。击球前，肘部稍上抬，前臂内旋，手腕外展，引拍至左侧。击球时，在髋的右转带动下，前臂外旋，手腕由外展到伸直闪动，挥拍击球托的底部。击球后，球拍随身体的回动收回到右侧前。

图9-12　正手抽球　　　图9-13　反手抽球

3. 前场击球

（1）放网前球：放网前球可分为正手放网前球和反手放网前球两种。

①正手放网前球：如图9-14所示，在右脚向前蹬跨的同时，持拍手于胸

12种前场击球技术

前向来球方向伸出，争取较高的击球位置。在伸拍的同时，右前臂外旋，手腕后伸外展，做半弧形引拍动作。击球时手臂稍内旋。手腕由后伸至内收闪动，食指和大拇指夹住拍柄击球托的底部。击球后，右脚掌触地后立即蹬地收回，击球手臂收回至胸前，准备下一次击球。

②反手放网前球：方法与正手放网前球相似，不同点是应向左前场转体，向球的方向跨步，并及时转换成反手握拍法，用反手击球，如图9-15所示。

（2）搓球：搓球是用球拍搓击球的左侧或右侧下部与球托底部，使球向右侧或左侧旋转翻滚过网。搓球分为正手搓球和反手搓球两种。

图9-14 正手放网前球　　图9-15 反手放网前球

①正手搓球：如图9-16所示，侧身对右边网前，正手握拍，球拍随前臂伸向右前上方斜举，至最高点时，前臂向外旋转，手腕由后伸至稍内收闪动，握拍手的食指和大拇指夹住球拍，中指、无名指和小指轻握拍柄，使球拍在手腕和手指的挥摆用力下，搓击来球的右下底部，使球旋转翻滚过网。

②反手搓球：如图9-17所示，击球前前臂稍往上举，手腕前屈，手背约与网同高，而拍面低于网顶，反拍面迎球。搓球时，主要靠前臂的前伸外旋和手腕由内收至外展的合力，搓击球的右侧后底部，使球侧旋滚动过网。

图9-16 正手搓球　　　　　　图9-17 反手搓球

（3）扑球：扑球可分为正手扑球和反手扑球两种。

①正手扑球：如图9-18所示，右脚蹬步上网，身体右侧前倾，手举球拍于右肩上方。击球时，利用手腕由后伸到前屈收腕的力量，带动球拍向下击球。如果球离网顶较近，靠手腕从右前向左前"滑动"击球。

②反手扑球：右脚跨至左前方，身体右侧前倾，反手握拍举至左前上方。击球时，前臂伸直外旋带动手腕内收至外展，大拇指顶压加速挥拍扑球。若来球靠近网顶，手腕可外展由左向右拉切击球，以免触网。击球后，右脚着地屈膝缓冲，回收球拍于体前，如图9-19所示。

图9-18 正手扑球　　　　　　图9-19 反手扑球

（4）挑球：挑球是把对方的吊球或网前球挑高反击到对方后场去。挑球分为正手挑球和反手挑球两种。

①正手挑球：如图9-20所示，正手握拍举在胸前，右脚向前跨出一大步，左脚在后，侧身向前，重心在右脚上。同时右臂向后摆，自然伸腕，使球拍后引，然后以肘关节为轴，屈臂内旋，并握紧球拍，用食指和手腕的力量，将球向前上方击出。

②反手挑球：如图9-21所示，反手握拍举在胸前，右脚向左前方跨出一大步，重心放在右脚上。同时右肩向网，屈肘引拍至左肩旁，然后以肘关节为轴，握拍经体前由下往上，用大拇指第一指节压住拍柄的宽面，用力将球击出。

图9-20　正手挑球

图9-21　反手挑球

（5）推球：推球是把对方击来的网前球推击到对方的后场两底角。推球可分为正手推球和反手推球两种。

①正手推球：站在右网前，球拍向右侧前上举，在肘关节微屈回收时，前臂稍外旋，手腕稍向后侧，球拍随之往右下后摆，拍面正对来球。这时，小指和无名指稍松开，使拍柄稍离开鱼际肌，大拇指和食指向外捻动拍柄，拍面更为后仰。推球时，身体稍往前移，右前臂往前伸并带内旋，手腕和手指控制拍面角度，手腕由后伸至伸直并闪腕，食指向前压，小指和无名指突然握紧拍柄，将拍子急速地由右经前上至左挥动推球，使球沿边线飞向对方后场底角。

②反手推球：站在左网前，采用反手握拍前臂往前上方伸举，在前臂稍向左胸前收引，肘关节微屈，手腕外展时，变成反手推球的握拍法，球拍松握，反拍面迎球。当前臂前伸并带外旋，手腕由外展到伸直闪腕，中指、无名指和小指突然握紧拍柄，大拇指顶压，往右前方挥拍时，推击球托的左侧后部，使球沿对角线方向飞行。击球后手臂回收，恢复击球前的准备姿势。

（6）勾球：勾球是在网前回击对角球。勾球分为正手勾球和反手勾球两种。

①正手勾球：如图9-22所示，并步加蹬跨步上右网前，球拍随前臂往右前斜上举。在前臂前伸时稍有外旋，手腕微后伸，握拍手将拍柄稍向外捻动，使大拇指贴在拍柄的宽面上，食指的第二指关节贴在拍柄背面的宽面上，拍柄不触掌心。球拍随着向右侧前挥动，拍面朝着对方右网前。击球时，靠前臂稍有内旋往左拉收，手腕由稍后伸至内收闪腕，挥拍拨击球托的右侧下部，使球向对方网前坠落。

②反手勾球：如图9-23所示，在身体前移的过程中，球拍随

图9-22　正手勾球

图9-23　反手勾球

手臂下沉，变成反拍勾球握拍法，拍面正对来球。当来球过网时，肘部突然下沉，同时前臂稍外旋，手腕由稍屈至后伸闪腕，大拇指内侧和中指把拍柄往右侧一拉，其他手指突然握紧拍柄，拨击球托的左侧后部，使球沿对角线飞越过网。击球后，球拍往右侧前回收。

9.2.5　基本步法

羽毛球运动的基本步法有上网步法、中场移动步法、后退步法。

1. 上网步法

上网步法是从场地中心位置移动到网前击球的步法，包括交叉步上网、并步上网两种。

（1）交叉步上网（正、反手）：又称三步上网步法。如图9-24所示，右脚先向右前（或向左前）迈出一小步，左脚立即向右（或向左）跟上，左脚落地后，脚内侧用力蹬离地面，右脚向网前跨一大步成弓步，重心在前脚。击球后，前脚朝后蹬地，利用小步、交叉步或并步退回。

上网步法

交叉步上网（正手）　　　交叉步上网（反手）

图9-24　交叉步上网

（2）并步上网（正、反手）：右脚向右前（或向左前）移动一步后，左脚向右脚跟并一步，紧接着右脚再向前移动一步，如图9-25所示。

并步上网（正手）　　　并步上网（反手）

图9-25　并步上网

2. 中场移动步法

从中心位置向左右两侧移动到击球点进行击球的步法，称为中场移动步法。移动前的准备姿势和站位同上网步法类似。

（1）向右侧移动步法：如图9-26所示，以左脚前脚掌为轴，左脚掌内侧用力起蹬，右脚向右跨出一大步，重心落在右脚上，脚尖偏右侧，以脚趾制动，上体略向右倾倒，做正手击球。击球后，以右脚前脚掌回蹬，回到中心

中场移动步法

位置。

（2）向左侧移动步法：如图9-27所示，右脚掌内侧用力起蹬，同时向左转髋，左脚向左跨出一步，重心落在左脚上，脚尖偏向左侧，以脚趾制动，上体略向左侧倒，做反手击球。击球后，左脚前脚掌回蹬，回到中心位置。

图9-26　向右侧移动步法（正手）　　　图9-27　向左侧移动步法（反手）

3. 后退步法

从中心位置移动到后场每个击球点的位置上进行击球的步法，称为后退步法。后退步法分为正手后退步法和反手后退步法两种，示意图分别如图9-28、图9-29所示。

后退步法

图9-28　正手后退步法　　　图9-29　反手后退步法

（1）正手后退步法：正手后退步法分为交叉步后退步法、正手跨步后退步法、头顶后退步法3种。

①交叉步后退步法：右脚快速地向右后撤一小步，同时上体右转，以左肩对网，紧接着左脚经右脚右后，交叉后撤一步，右脚再向后移到来球位置。当右脚着地时，迅速向上蹬，使击球点增高，同时左脚向身后伸出。当击球完成时，左脚以前脚掌先着地，然后右脚着地，左脚着地时要缓冲，动作连贯。

②正手跨步后退步法：右脚用力蹬地，向右转体，右脚向来球方向跨出一步，右脚着地同时左脚迅速经右脚外侧移动一步，然后右腿向来球方向跨一大步，右臂向右后侧引拍，脚着地的刹那间出手击球。完成击球后，身体重心移至右脚，同时右脚前脚掌内侧蹬地，采用并步或交叉步回到球场中心位置成准备接球姿势。

③头顶后退步法：以左脚前脚掌为轴，右脚向右后蹬转，同时向左后方撤一步，上体稍有后仰，紧接着左脚用并步或交叉步后退，右脚再退至来球位置，用头顶球技术击球。完成击球后，采用并步或交叉步返回球场中心位置成准备接球姿势。

（2）反手后退步法：反手后退时，应根据离球距离的远近来调整移动步子。如离球较近，可采用一步或两步后退步法；如离球远，则要采取三步或五步后退步法。

①一步或两步后退步法：以左脚为轴，身体左转，右脚向左后方跨出一步，背对球网回击球，这是一步后退步法。两步后退步法包括两种情况：一种是左脚先向左后方撤一步，其后动作与一步后退步法相同；另一种是右脚先经左脚后引一步，然后左脚向左后方跨一步，同时上体左转，右肩对网移至反手击球位置。

②三步或五步后退步法：三步后退步法指右脚先向左脚并一步，紧接着左脚向左后方撤一步，同时上体左转，右脚再向左后方跨一步至来球位置，背对球网，做反手击球。如果三步移动还原到击球位置，则左脚、右脚再向后各移动一步，即成五步移动步法。

9.3　羽毛球运动的基本战术

本节将讲解羽毛球运动的基本战术，主要包括单打基本战术、双打基本战术和混合双打基本战术。

9.3.1　单打基本战术

单打基本战术包括拉吊突击进攻战术、发球抢攻战术、守中反攻战术、杀上网战术和压底线战术。

5种单打基本战术

1. 拉吊突击进攻战术

这种战术是利用快速的平高球、吊球、杀球和网前搓、推、勾球，准确地将球击到对方场区的后场底线两角和前场网前两角这4个点上。运用这种战术，击球的落点角度要大，速度要快，充分调动对方，使其最大限度地移动，抓住机会进行快速突击，以取得较好的战术效果。

如果对方的灵活性较差，跑动、转动较慢，那么吊拉时可多采用小对角线路球，加大对方接球的难度，迫使其身体重心不稳而失误。如果对方步法好、身体较灵活且移动速度快，则其出球后回中心位置很快，此时可选择重复路线的球，或使用假动作以破坏其步法起动节奏，增加回球难度，使其起动、移动不舒畅，以减弱其前后场快速移动的优势。如果对方步法移动慢，则可采用快速拉前、后场大对角路线的战术，即通过不断快速拉开调动对方。

2. 发球抢攻战术

发球抢攻战术是根据对方的站位、反击能力、回击球的路线和当时的思想状态等因素，有目的、有意识地采用多变的发球战术。这种战术用于对付经验不足或防守能力较弱的对方比较有效。此外，当比赛进入关键时刻，或比赛进入相持阶段时，也可打破常规，通过突然改变发球方式形成发球抢攻之势。

3. 守中反攻战术

这是一种后发制人的战术。通过先将各种来球回击至对方后场，以诱使对方发起进攻，在对方只顾进攻而疏于防守时，己方即可采取突击反攻，或当对方疲于进攻、体力耗尽、速度减慢时，己

方再发起进攻。这种战术的特点是通过高球、推球和适当的吊球、搓球、勾球等球路变化，与对方展开持久的抗衡，诱使对方产生急躁情绪，造成失误，或当对方陷于被动、进攻质量稍差时，己方即抓住有利时机进行反攻，利用对方接发球的规律特点发球，利用发球动作迷惑对方。

4. 杀上网战术

杀上网战术是先在后场以杀球配合吊球把球下压，落点要选择在场地两边，使对方被动回球，若对方以网前球还击，己方迅速上网以搓球、勾球或快速平推的方式进行扣杀。

5. 压底线战术

压底线战术指反复用快速的高球、平高球、推球将球击至对方底线附近，特别是对方反手后场区域，造成对方失误，或者导致注意力集中在后场，此时再以快吊或突击点杀进攻其前场空当。用此战术对付初学羽毛球的选手较有效，因为初学者一般技术不熟练，特别是反手后场的还击能力差，进攻后场往往容易奏效。

9.3.2 双打基本战术

1. 双打的站位

双打的站位有两种，一是前后站位，二是平行站位。平行站位又可分为平行分边站位和分边压网站位。

2. 攻中路战术

当对方在防守状态下左右分边站位时，己方进攻要尽可能把球攻到对方两人之间的中场空当区域，造成对方抢击球发生碰撞，或相互让球出现漏接

4种双打基本战术

失误，这是攻中路战术。攻半场战术是攻中路战术的另一种形式，当对方处于进攻状态下两人前后站位时，可将球回击到其中场两人前后之间的靠近边线位置上，这样也能造成对方抢接或漏接。

3. 攻人战术

如果对方两人中有一人技术水平稍差，可集中力量盯住弱者进攻，不让其有调整的机会，这叫攻人战术。攻人战术也可采用先集中力量对付技术水平较高者，消耗其体力，削弱其战斗力，然后伺机进攻技术水平较差者，或采用突击其空当的战术。

4. 后杀前封战术

当己方处于主动状态，进行强攻时，一名选手在后场大力杀球进攻，另一名选手在网前，努力封堵对方回击的球，这叫后杀前封战术。一般情况下，当后场选手杀大对角线、中路、小斜线或采用攻人战术时，前场封网选手都应将判断来球的重点放在封住对方的直线球上。

5. 守中反攻战术

这是对付后场进攻能力差或是消耗对方体力而采用的一种后发制人战术。通过拉后场底线两角诱使对方在左右移动中进攻，己方通过防守，伺机进行反攻，这叫守中反攻战术。运用这种战术的前提条件是己方具备一定的防守能力。

9.3.3　混合双打基本战术

混合双打是由一名男选手和一名女选手搭配组成的双打，基本技术、基本战术同双打相似。但在具体运用战术的方式上与双打有所不同，突出表现在两点：一是站位与双打不同，混合双打中女选手主要站前场，负责封住网前小球，男选手负责中后场的大范围区域，形成男选手在后、女选手在前的基本进攻队形，如图9-30所示；二是混合双打中女选手往往是被攻击的目标，女选手可采用回击对角线路球来限制和摆脱对方强有力的进攻。

图9-30　混合双打的站位

9.4　羽毛球运动的比赛规则

本节将介绍羽毛球运动的比赛规则，包括比赛场地、器材、计分规则、单打比赛规则、双打比赛规则等方面。

9.4.1　场地与器材

1. 羽毛球比赛场地

羽毛球比赛场地为一长方形场地，长为13.40米，双打场地宽为6.10米，单打场地宽为5.18米。羽毛球比赛场地横向被中线平分为左右两个半区，纵向被分为前场、中场、后场。在羽毛球单打和双打比赛中，单打和双打的界线是不一样的。在边线中，单打界线是内线，双打界线是外线，而在端线中，单打和双打的界线都是外面的线。球网长6.10米，宽76厘米，用优质的深色细线织成。

2. 羽毛球与球拍

（1）羽毛球：球由天然材料、人造材料或混合材料制成。用天然材料制成的球，应有16根羽毛固定在球托上，羽毛球直径为25～28毫米，球托底部为球形，球的质量为4.74～5.50克。用其他材料制成的球，其飞行性能应与用天然材料制成的球的性能相似，尺寸和质量应同用天然材料制成的球，但由于其他材料与天然材料在密度、性能上存在差异，故允许不超过10%的误差。

（2）羽毛球拍：球拍长不超过680毫米，宽不超过230毫米。球拍由拍柄、拍弦面、拍头、拍杆组成。

9.4.2　计分规则

除非另有规定（"礼让比赛"和"替换规则"），一场比赛应以三局两胜定胜负。先得21分的一方胜一局。但20平后，领先得2分的一方胜该局；29平后，先到30分的一方胜该局。对方"违例"或球触及对方场区内的地面成死球，则本方胜这一回合并得一分。一局的胜方在下一局首先发球。

9.4.3 单打比赛规则

一局中，发球员的分数为0或双数时，双方运动员均应在各自的右发球区发球或接发球；发球员的分数为单数时，双方运动员均应在各自的左发球区发球或接发球。一回合中，球应由发球员和接发球员交替从各自所在场区的任何位置击出，直至成死球为止。发球员胜一回合则得一分，随后，发球员再从另一发球区发球；接发球员胜一回合则得一分，随后，接发球员成为新发球员。

9.4.4 双打比赛规则

一局中，发球方的分数为0或双数时，发球方均应从右发球区发球；发球方的分数为单数时，发球方均应从左发球区发球。接发球方上一回合最后一次发球的运动员应在原发球区，其同伴的站位与其相反；接发球员应是站在发球员斜对角发球区的运动员；发球方每得一分，原发球员则变换发球区再发球；除特殊情况外，球都应从与发球方得分相对应的发球区发出。每一回合发球被回击后，由发球方的任何一人和接球方的任何一人，交替在各自场区的任何位置击球，如此往返直至死球。发球方胜一回合得一分，随后发球员继续发球；接发球方胜一回合则得一分，随后接发球方成为新发球方。每局比赛的发球权必须如下传递：首先是由首先发球员从右发球区发球；其次是首先接发球员的同伴，从左发球区发球；然后是首先发球员的同伴；接着是首先接发球员；再接着是首先发球员，依此传递。运动员在比赛中不应有发球、接发球顺序错误或在一局比赛中连续两次接发球。一局胜方的任一运动员可在下一局先发球；一局负方的任一运动员可在下一局先接发球。

思考与练习

1. 羽毛球运动的基本技术有哪些?
2. 羽毛球运动的基本战术有哪些?

第**10**章

网球运动

爱网球，爱生活！祝同学
们身体健康，学业有成！

李妤

2019.5.21

寄语

网球是一项古老时尚的体育运动，它与高尔夫、保龄球、桌球并称为"世界四大绅士运动"，每年在澳大利亚、法国、美国等国家举办的网球赛事吸引了来自世界各地网球爱好者的目光。

10.1 网球运动概述

本节将介绍网球运动的起源与发展、特点与作用及主要赛事。

10.1.1 网球运动的起源与发展

网球运动起源于法国的北部。1896年在第1届奥运会上，网球男子单打与双打被列为正式比赛项目。现今，网球运动更为普及，并朝着更强力量、更高速度及综合型方向发展。

进入21世纪后，我国女子网球在世界上取得了不俗的成绩，李婷与孙甜甜在2004年雅典奥运会上夺得女子网球双打冠军，李娜在2011年夺得法国网球公开赛女子单打冠军，并在2014年夺得澳大利亚网球公开赛女子单打冠军，刷新了我国乃至亚洲的网坛历史。这些成绩在我国激起了网球热潮，推动了我国网球的发展，为网球在我国的发展开创了一片新天地。

10.1.2 网球运动的特点与作用

网球运动之所以受大众喜欢，其中一个重要原因就是网球运动具有一些独特之处。网球运动具有普及性、休闲娱乐性、全面发展性、独特的文化性等特点。

经常参与网球运动可以增强体质，促进健康，还能培养顽强的意志和作风，增进友谊，愉悦身心，陶冶情操。

10.1.3 网球运动主要赛事

目前，世界上主要的网球运动赛事包括澳大利亚网球公开赛、法国网球公开赛、温布尔登网球锦标赛、美国网球公开赛。

李娜是中国网球的代表性人物，她曾在法国网球公开赛和澳大利亚网球公开赛上获得冠军。虽然李娜等网球老将已经退役，但他们的拼搏精神始终激励着中国网球事业的发展。

10.2 网球运动的基本技术

10.2.1 握拍

握拍是一切击球方式的基础。常用的握拍方式有东方式握拍法、大陆式握拍法、西方式握拍法、半西方式正手握拍法、双手反手握拍法。如图10-1所示，我们将拍柄分为8个面，1为上平面，2为右上斜面，3为右垂直面，4为右下斜面，5为下平面，6为左下面，7为左垂直面，8为左上斜面，以掌根、食指

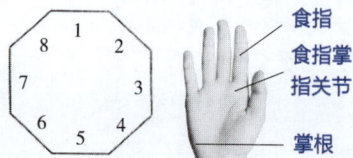

图10-1　握拍的关键点

和食指掌指关节作为握拍的3个参考点，来描述握拍时手在球拍8个面的位置或角度。

1. 东方式握拍法

（1）东方式正手握拍法：掌根和食指掌指关节置于3号面（右垂直面），食指伸出且分离，如图10-2所示。

图10-2　东方式正手握拍法

该握拍法的优点是容易发力，易击打高球及腰部高度的来球，适用于不同场地，击球时拍面能获得更多的受力支撑，适用于初学者正手击球的学习。缺点是不利于切、削球，较难打出技巧球和轻击球，不适合击打高球。

（2）东方式反手握拍法：掌根和食指掌指关节在拍柄上部，通过握拍手向内转动1/4周，如图10-3所示。

图10-3　东方式反手握拍法

该握拍法的优点是可以给手腕提供良好的稳定性，打出的球可以略带旋转，或直接打出很有穿透力的球。缺点是不适合打高于肩部的上旋回球。

2. 大陆式握拍法

掌根和食指掌指关节都在2号面（右上斜面），食指伸出分离，如图10-4所示。

图10-4　大陆式握拍法

该握拍法的优点是能较好地处理低球，适合切、削球，无须转换握拍，适合各种击球，可灵活运用，利于打轻击球及正手滞后球。缺点是不利于击打高球，且相比于东方式握拍法，其上旋球技术更难掌握。

3. 西方式握拍法

食指掌指关节和掌根在5号面（下平面），如图10-5所示。

图10-5　西方式握拍法

该握拍法的优点是利于打出强烈的上旋球，能够击出高质量的高球。缺点是处理截击球和低球相对困难，握拍转换较大。

4. 半西方式正手握拍法

食指掌指关节和掌根放在4号面（右下斜面），食指伸出且分离，如图10-6所示。

图10-6　半西方式正手握拍法

该握拍法的优点是利于打出上旋球；在使用较大的力量时，依然能保证击球的稳定性；适用于打穿越球以及做假动作。缺点是不适合打出有力的低球，较难处理下旋球，反手击球时需要转换较多握拍，无法用于发球和截击球。

5. 双手反手握拍法

双手反拍握拍法在左、右手握拍上有各种各样的组合。如图10-7所示，现在绝大多数的运动员使用以下3种双手反拍握拍方式。

图10-7　双手反手握拍法

（1）右手大陆式握拍，左手东方式正手握拍。

（2）右手东方式正手握拍，左手东方式正手握拍。

（3）右手东方式反手握拍，左手东方式正手握拍。

10.2.2　基本站位与步法

1. 基本站位

网球运动的基本站位有中间式和开放式两种。

（1）中间式：前后脚连线垂直于球网，如图10-8所示。中间式站位适用于需要上步击打浅球的情况。

（2）开放式：击球时，两脚平行站立，以前脚掌为轴，转胯转体形成击球步法，如图10-9所示。这种站位通常在有一定技术基础的前提下运用。

图10-8　中间式　　图10-9　开放式

2. 基本步法

网球中常用的步法有分腿垫步、并步、交叉步，一般会组合运用，很少单一出现。

基本步法

10.2.3　平击球

1. 正手平击球

正手平击球的特点是力量大、速度快，并能打出足够的旋转，在比赛中使用较多，是主要的得分手段。

如图10-10所示，双脚站立与肩同宽，微微屈膝屈髋，两眼注视前方来球，做好击球前准备。转肩引拍时，左脚自然向前踏出，使左肩对着球网，身体呈侧身状态，手腕稍上翘使拍头高于手腕，并引拍至与头部同高。挥拍时手腕相对固定握拍，以减少拍面挥动过程中的变化。击球时拍面与地面保持垂直并以同样拍面继续前挥。击球后，球拍向前挥动于左肩上方自然收拍。

图10-10　正手平击球

2. 反手平击球（单手握拍）

反手平击球的特点是球速快，球的飞行路线比较平直，球落地后的前冲力量大。

如图10-11所示，后摆引拍时右脚向左侧前方跨出并用力踏地，屈膝降低重心。击球时手腕绷紧，使球拍与地面垂直。挥拍击球的路线是从后向前上方比较平缓地挥击，同时左臂自然展开留在身后，保持身体的平衡。击球后，球拍应随着惯性挥至右肩上方，持拍手臂挥直。

图10-11　反手平击球

3. 双手反手击球（双手握拍）

双手反手击球的准备姿势与正手平击球相同，转肩引拍的同时快速转换至双手握拍，转动躯干，同时向后引拍，拍头指向后方，使右肩前探侧身对网，手腕固定球拍稍稍低于击球点，右脚向左前方跨一步，重心落在左脚，击球点相对反手平击球略靠后，球拍由髋部高度向前、向上挥出，重心前移至右脚，球拍随躯干转动挥向右肩，肘部上抬，胸部打开，然后迅速回到准备姿势，如图10-12所示。

图10-12　双手反手击球

10.2.4　发球和接发球

1. 发球

（1）平击发球：平击发球的击球点应在身体的右前上方，击球的后上部，挥拍时"鞭击"动作发力要集中，充分向上、向前伸展身体以获得最高的击球点来提高命中率，如图10-13所示。

图10-13　平击发球

（2）切削发球：切削发球是一种以右侧旋转（稍带下旋）为主的发球法，球抛在右侧斜上方，球拍击球部位在球的中部偏右侧，整个挥拍动作是从右侧上方至左下方，使球产生右侧旋转，如图10-14所示。

（3）上旋发球：上旋发球时，抛出球的位置在头后偏左的头上方；拍面的触球点在球的中部偏下方；击球时身体成弓形，利用杠杆力量对球施加旋转，球拍快速从左向右上方挥动，并从下向上擦击球的背面，使球产生右侧上旋，如图10-15所示。

图10-14　切削发球　　　　　图10-15　上旋发球

2. 接发球

接发球的动作分解可以参考图10-10。在准备接发球时，重心应比正常的击球准备动作低。在对方抛球后，击球之前，一般采用左脚上步式垫步或直接垫步。垫步之后，快速对来球做出反应，直接侧身，采用小引拍甚至无须引拍，握住球拍将球击出。

10.2.5 截击球

1. 正手截击球

如图10-16所示，面对来球，提前分腿垫步，侧身时保持开放式站位，球拍位置在身体斜前方30°，视线刚好能看到拍面，持拍手的手腕高度保持与肩部平行，同时拍面略微向上打开。击球时，右脚蹬地，左脚向右前方上步，同时手臂持拍向前推送，击球结束后球拍停住的位置与左脚落地点几乎重合。

图10-16 正手截击球

2. 反手截击球

如图10-17所示，侧身动作与正手截击球基本相似，转体后保持双手持拍，左手辅助扶住拍喉，右手持拍，持拍手腕高度与肩部平行，拍面正对球网略向后打开。击球时，左脚蹬地，右脚向左前方上步，同时双手分开，做类似于画"八"字的扩胸运动，击球后球拍几乎与地面平行，且位置与右脚重合。

图10-17 反手截击球

10.2.6 削球

1. 正手削球

正手削球指以底线正手切削方法击出下旋球。后摆引拍时，直接将球拍引至身体后侧，动作较小。挥拍时手腕固定握拍，使拍面斜向地面稳定前挥。击球时用斜向地面的拍面以切削动作在身体侧前方击球。击球后球拍随球前送，并在身体前方以左手扶拍结束动作，如图10-18所示。

图10-18　正手削球

2. 反手削球

反手削球又称为反手下旋球，一般是防御性的。如图10-19所示，削球时挥拍不要过于用力，击球后拍面向上做托盘状运动。击球后，让球拍平稳向前运动一段距离。下旋球的好处是击出的球向下旋转，飘向对方场区后回弹高度较低，落地后还可向前滑行。

图10-19　反手削球

10.2.7　上旋球

1. 正手上旋球

正手上旋球是从网球的后下方向前上方挥拍，整个球体受摩擦，产生一种从后下方朝前上方的旋转，如图10-20所示。其特点是飞行弧线高，落地迅速，落地后弹起的反射角度较小，产生较大的前冲力。

图10-20　正手上旋球

2. 反手上旋球（双手）

反手上旋球需要在击球前将手腕放松，拍头自然下垂，球拍从网球中下部位置由低至高并向前挥出，击球点高度在髋部与膝盖之间。相比反手平击球，反手上旋球能产生强烈的旋转，击球稳定性更高，如图10-21所示。

图10-21　反手上旋球

10.2.8　高压球

面对高压球时，首先需要快速侧身，然后用左手指球，持拍手大陆式握拍且手臂动作与发球动作一样，呈"L"形，如图10-22所示。在判断好球的大概落点后，采用交叉步侧身移到来球下方，再用小侧步调整，等待击球时机。在击球以前，一定要用左手指球，这样既有助于准确判断来球的位置，又有助于保持身体的平衡。

图10-22　高压球

10.2.9　球感

球感指球员在击打各种来球时，对击球过程具有可控性的感知程度。球感练习可从两个方面进行，即徒手球感练习和持拍球感练习。徒手球感练习可采用原地抛球、对墙抛接球、原地双手交替拍球、两人面对面抛接球、两手同时抛接球等方法。持拍球感练习可采用原地颠球、用球拍将地上的球拍起、拍面与拍框交替颠球、对墙颠球、双人对颠等方法。

徒手球感练习

持拍球感练习

10.3　网球运动的基本战术

网球运动的基本战术可分为单打战术和双打战术，下面进行详细介绍。

10.3.1　单打战术

1. 变换发球位置

一个聪明的球员要知道通过改变发球的位置来取得优势。因为这种战术迫使对方必须从不同角度来判断不同旋转的球，回球的难度较大。

5种单打战术

2. 发球上网战术

发球上网是利用发球的力量进行主动进攻，先发制人，然后上网抢攻的战术。它是上网型选手在比赛中的主要得分手段。

3. 接发球破网战术

应对发球后直接冲到网前的球员，打出大角度的空当球是相当有效的破网方法。

4. 攻击对方反手

众所周知，绝大部分球员的反手是比较弱的，只要加大力量攻击对方反手，迫使对方逐步离开场区的位置，就可掌握主动权。

5. 不上网战术

发球或接发球后，如果自己不上网，则应该把对方控制在端线后面，使对方难以找到得分的机会。

10.3.2 双打战术

双打的比赛体系和规则与混合双打是一样的，下面叙述的战术不仅适用于双打，还适用于混合双打。

1. 站位

双打的站位有很多，常见的有正常站位、I式站位、双底线站位等，可根据自身技术特点和实际情况自由选择站位。

正常站位：一名球员在底线，一名球员在网前。

I式站位：一名球员在底线，一名球员站在网前中线位置。

双底线站位：两名球员同时站在底线位置。

站位

2. 发球上网战术（双打）

运用发球上网抢网战术时，首先网前同伴可以在背后做手势，告诉发球员应发什么落点，抢与不抢，采取此战术可以干扰对方接发球，为发球上网得分及抢网得分创造条件；其次发球员要注意发球质量、成功率和落点的变化。

3种双打战术

3. 发球抢网战术

发球抢网战术常常采用I式站位，发球方的一名同伴以低姿势在贴近网前中线位置积极准备截击。这样能给接发球方造成很大的回球压力，同时也能迷惑对方，逼迫接发球方回出更高质量的球，加大回球失误率。运用这一战术时，要求同伴具有稳定并且精准的发球技术，发球前提前告知发球落点，帮助网前的同伴提前预判对方回球路线，以确保战术的有效实施。

4. 发球底线战术

发球底线战术常用于发球方的同伴网前技术相对较弱的情况，采用此战术可以避免接发球方对发球方网前造成压迫，但是对发球方的底线技术要求较高。

10.4 网球运动的比赛规则

本节将介绍网球运动的比赛规则，包括场地与器材、交换场地、失分、压线球、休息时间、胜1分、1局与1盘、决胜局计分制、赛制等方面的内容。

10.4.1　场地与器材

1. 网球比赛场地

网球比赛场地是一个平整的长方形地面，长23.77米，宽8.23米，球网（网的两端高度为107厘米，其他部分高度为91.4厘米）把全场隔成相等的两个半场，接近球网两边的4块相等的区域是发球区，双打场地的两边较单打场地宽2.74米。全场除了端线可宽至10厘米，其他各线的宽度均不得超过5厘米，并且不得少于2.5厘米。网球场地可分草地、红土地、硬地和塑胶场地等类型。

2. 网球与球拍

网球为白色或黄色，外表毛质均匀，接缝处没有缝线。网球的直径是6.35～6.67厘米，质量是56.7～58.5克。网球从2.54米的高处自由落下时，应能在混凝土地面上弹起1.35～1.47米。

网球拍一般由木质、铝合金、碳素等材质制成。网球拍的击球面必须是平的，由弦线上下交替编织或联结组成。拍框和拍柄的总长不得超过81.28厘米，总宽不得超过31.75厘米。拍框包括拍柄部分，拍框上不应有附属物或设备。在比赛期间，不应有任何可使运动员改变球拍形状或改变其重力分配的设备。

10.4.2　交换场地

（1）双方应在每盘的第1、3、5等单数局结束后，以及每盘结束双方局数之和为单数时，交换场地。

（2）在抢7分比赛中，双方得分和为6或6的倍数时，交换一次场地。

10.4.3　失分

发生下列任何一种情况，均判失分：（1）在球第2次着地前，未能还击过网；（2）还击的球触及对方场区界线以外的地面、固定物或其他物件；（3）回击空中球失败；（4）故意用球拍触球超过1次；（5）运动员的身体、球拍在还击期间触及球网；（6）过网击球；（7）抛拍击球；（8）发球双失误；（9）击球时人的身体触网。

10.4.4　压线球

线被认为是场地的一部分，落在线上的球都算界内球。

10.4.5　休息时间

网球运动中的休息时间有以下规则。

（1）分与分之间，运动员捡到球后直至发出的最大间隔为25秒。

（2）单数局结束交换场地时可休息90秒。

（3）每盘结束可休息120秒。

（4）每盘的第一局结束后，交换场地时不能休息。

（5）在抢7分比赛中，双方分数相加满6分，交换场地时不能休息。

10.4.6 胜1分

遇到下列情况时，判对方胜1分：（1）发球员连续2次发球失误时；（2）接球员在发来的球没有着地前用球拍击球，或球触及自己的身体及衣物时；（3）在球第2次落地前未能还击过网时；（4）还击球触及对方场区界线以外的地面、固定物或其他物件时；（5）还击空中球失败时；（6）在比赛中，击球员故意用球拍拖带或接住球，或故意用球拍触球超过1次时；（7）"活球"期间运动员的身体、球拍（不论是否握在手中）或穿戴的物件触及球网、网柱、单打支柱、绳（或钢丝绳）、中心带、网边白布或对方场区以内的场地地面；（8）还击尚未过网的空中球（过网击球）；（9）除握在手中（不论单手或双手）的球拍外，运动员的身体或穿戴的物件触球；（10）抛拍击球时；（11）比赛进行中，运动员故意改变其球拍形状；（12）对方发球或回球时出界。

10.4.7 1局与1盘

1. 1局

（1）每胜1球得1分，先胜4分者胜1局。

（2）双方各得3分时为"平分"，平分后，净胜2分为胜1局。

2. 1盘

（1）一方先胜6局为胜1盘。

（2）双方各胜5局时，一方净胜2局为胜1盘。

10.4.8 决胜局计分制

在每盘的局数为6∶6时，有以下两种计分制。

（1）长盘制：一方净胜2局为胜1盘。

（2）短盘制（抢7分）：决胜盘除外，除非赛前另有规定，一般应按以下办法执行。

①先得7分者为胜该局及该盘（若分数为6平，则一方必须净胜2分）。

②首先发球员发第1分球，对方发第2、第3分球，然后轮流发2分球，直到比赛结束。

③第1分球在右区发，第2分球在左区发，第3分球在右区发。

④每6分球和决胜局结束都要交换场地。

10.4.9 赛制

网球运动实行淘汰赛。一场比赛中，男子单打比赛除大满贯赛事采用五盘三胜制外，均使用三盘两胜制。女子比赛全部采用三盘两胜制。

思考与练习

1. 网球运动的基本技术有哪些？

2. 网球运动的基本战术有哪些？

3. 网球运动的比赛规则有哪些？

第11章

游泳运动

游出欢乐，游出健康，游出美丽心情。
游出精彩，游出畅快，游出非凡人生。

张建德

2019.4.20

寄语

游泳运动泳姿多样，技巧丰富，对身体的锻炼比较全面，有很高的健身价值和很强的观赏性、趣味性。经常参加游泳运动的人不但形体健美，而且肌肉能力、心肺功能都很好。通过本章的学习，读者可以全面掌握4种竞技游泳的基本技术，了解相关安全常识。

11.1　游泳运动概述

本节将主要介绍游泳运动的起源和发展、作用，以及当今主要的游泳赛事。

11.1.1　游泳运动的起源与发展

从地球上出现人类的那一刻起，人类的生活就离不开水。人类为了生存，经常跋山涉水；为了捕捉水里的鱼虾，不可避免地要与水打交道；当洪水泛滥时，则要与洪水进行生死搏斗。人类正是在与大自然进行斗争的过程中，逐渐学会了游泳。最初，人类只是简单地模仿水栖动物的姿势与动作，在水中简单地移动，久而久之，便掌握了在水中行动的技能，如漂浮、游动、潜水等，进而产生了各种游泳姿势。1896年举办的第1届奥运会将游泳列为比赛项目之一。第2届奥运会增设仰泳、障碍泳和潜泳比赛。第3届奥运会将游泳比赛的姿势规定为自由泳和仰泳，比赛距离以"码"为单位。1908年第4届奥运会，成立了国际游泳联合会，并制定了国际游泳比赛规则，同时规定比赛距离统一使用"米"为单位。1996年第26届奥运会和2000年第27届奥运会，游泳比赛项目达32项，游泳成为奥运会比赛金牌数仅次于田径的比赛大项。

11.1.2　游泳运动的作用

游泳运动可以强身健体、减肥降脂、延缓衰老、减缓压力、磨炼意志。

11.1.3　游泳运动主要赛事

现代国际游泳联合会主办的国际高水平游泳赛事主要有奥运会、世界游泳锦标赛、世界杯短池游泳系列赛、世界短池游泳锦标赛等。

我国主办的高水平游泳赛事主要有全国运动会、全国游泳锦标赛和全国游泳冠军赛等。

2020年东京奥运会上，中国游泳队获得3枚金牌、2枚银牌、1枚铜牌，打破女子4×100米自由泳接力亚洲纪录，打破女子400米自由泳亚洲纪录，打破女子200米蝶泳奥运赛会纪录。

11.2　竞技游泳的基本技术

本节将介绍初学游泳时熟悉水性的方法，以及竞技游泳中蛙泳、自由泳、仰泳、蝶泳的腿部动作、手部动作和完整配合。

11.2.1　熟悉水性

1. 站立与水中行走

放松心情，速度平稳，逐渐加速，体会行走过程中身体位置的改变以及

水中行走

如何在行走中保持平衡。

（1）双手扶池边，面向池壁，沿着池壁侧向行走。

（2）单手扶池边，面向游泳池的一端，向前、向后行走。

（3）双手不扶池边，在体侧轻微划水帮助移动和保持平衡。

2. 呼吸

吐气用口和鼻，吸气时主要靠嘴，不要用鼻子。

（1）闭气练习：浅水区，双手扶池边，弯腰，吸气后下蹲低头使头部完全没入水中，10秒后起身站立。

（2）吐气练习：浅水区，双手扶池边，弯腰，将鼻子和嘴没入水中，同时慢慢吐气，眼睛看着水面的波浪。

（3）呼吸练习：浅水区，双手扶池边，弯腰，吸气后低头没入水中闭气2秒左右，用口鼻在水中慢慢呼气，将近吐完气时抬头，在嘴刚露出水面时，用力张大嘴将余气吐出同时吸气。重复吸气、闭气、吐气的连续过程。

呼吸

3. 漂浮

肩放松，肘伸直，将身体完全舒展，就像趴在床上一样。

（1）扶池边漂浮：浅水区，双手扶池边，吸气低头，双脚离地，使自己的身体完全放松。肩放松，双手轻轻扶住池边即可。

（2）抱膝漂浮：浅水区，吸一口气后低头，轻轻蹬离池底（不要跳），全身抱成一团漂在水面上，如图11-1所示。双手松开下压水面，抬头挺身直立，两腿伸直双脚向下踩池底，直立。

图11-1　抱膝漂浮

4. 滑行

肩放松，手臂、腿自然伸直并拢，身体完全舒展，低头看池底。双手伸直扶打水板，深吸气、低头、身体前倾并屈膝，双脚同时蹬池壁（浅水区一只脚蹬地），两腿并拢向前滑行。

漂浮与滑行

11.2.2　蛙泳

1. 腿部动作

（1）动作要点：蛙泳腿部动作包括收腿、翻脚、蹬夹水、滑行4个方面。

①收腿：屈膝收腿，脚掌沿水面靠近臀部，小腿缓慢收腿，同时两腿分开直至两膝与肩同宽，小腿与水面垂直，如图11-2所示。

②翻脚：膝关节不动，小腿向外翻转，使脚尖向外，脚掌外翻，由后方看成"W"形，如图11-3所示。

③蹬夹水：小腿带大腿，向外蹬水紧接着向内夹水，如图11-4所示。小腿的动作路线是2个半圆。在蹬夹水过程中，脚内侧和小腿应当有很大的阻力感。蹬夹水结束时，双腿并拢，两脚成内"八"字形。

蛙泳腿部练习

④滑行：在蹬夹水完成后，两腿放松，保持双腿伸直并拢，腿部肌肉和踝关节自然放松的姿势2秒左右，如图11-5所示。

图11-2　收腿　　　　　图11-3　翻脚　　　　　图11-4　蹬夹水　　　　　图11-5　滑行

（2）陆上模仿包括陆上翻脚练习和池边坐姿模仿。

①陆上翻脚练习：双腿伸直，勾脚后脚外翻，即为蛙泳腿动作中的翻脚动作。

②池边坐姿模仿：眼睛看着自己的腿，按照"收腿、翻脚、蹬夹水、滑行"的步骤进行练习，注意翻脚后要使双腿成"膝关节在内、小腿外翻"的"W"形。

（3）池边俯卧模仿：趴在池边，使双腿在水中、上半身在岸上。按照动作顺序练习，注意体会脚内侧和小腿是否有很大的阻力感。每次滑行结束，做一次呼吸的模仿动作。

（4）水中俯卧模仿：双手持打水板，闭气，使自己漂浮起来，按照动作顺序进行蛙泳腿练习。注意换气的时机是在每次滑行结束，吸气低头后再收腿。

2. 手部动作

（1）动作要点：外划时放松，内划时加速用力，积极前伸，放松滑行。

①外划：双臂伸直，双手同时边向外、边向后划至比肩略宽，然后屈臂向后下方划水，如图11-6所示。

②内划：双手向后划水至肩下时，手掌转向内，双手加速内划，在胸前合拢，两前臂同时夹紧身体，如图11-7所示。

③前伸：双手双臂并拢伸直，伸直的同时低头，如图11-8所示。

④滑行：在前伸结束后，保持双臂并拢、低头放松的姿势2秒左右。

蛙泳手部练习

图11-6　外划　　　　　　　图11-7　内划　　　　　AR 图11-8　前伸

（2）陆上模仿包括陆上站立模仿和池边俯卧练习。

①陆上站立模仿：站立低头弯腰，双手向前伸直。按照动作顺序进行练习。注意双手在分手向外划水时就抬头进行吸气，在前伸的同时低头闭气、吐气。

②池边俯卧练习：趴在池边，腰部以上在水中，腰部以下在岸上。按照动作顺序进行划水与呼吸的配合练习。注意体会双手和小臂内侧是否划到水，是否有阻力感。

（3）水中站立练习：站在浅水区，进行蛙泳手模仿练习。注意体会双手和小臂内侧是否划到水。划水时会带动身体前进，但要注意避免主动向前迈步。

3. 完整配合

（1）动作要点：划水腿不动，收手再收腿，先伸胳膊再蹬腿，并拢伸直漂一会儿。

（2）陆上模仿包括陆上俯卧模仿和池边俯卧模仿。

①陆上俯卧模仿：趴在地上，按照动作顺序进行练习。跟随口令，"1"划水，"2"收手，"3"收腿，"4"伸手，"5"蹬腿。

②池边俯卧模仿：把胸部以上放水里，腿在岸上进行练习，或把腿放在水里，腰部以上在岸上进行练习。口令同陆上俯卧模仿。

（3）水中练习包括推拉板练习、扶池边练蛙泳配合、憋气配合和分解配合。

①推拉板练习：双手抓住打水板，全身伸直俯卧水中，抬头吸气的时候肘关节弯曲，把板子拉到胸前，收腿、翻脚，低头呼气时把板子推出去，肘关节快伸直的时候蹬腿。

②扶池边练蛙泳配合（深水池用）：一只手抓住池边，另一只手和腿练习配合，然后换手再做一遍。

③憋气配合：减少了呼吸动作，降低了动作难度，比较容易掌握配合动作。

④分解配合：从3次蹬腿1次划水过渡到2次蹬腿1次划水，最后完成1次蹬腿1次划水的完整配合。

[蛙泳完整配合]

11.2.3　自由泳

1. 腿部动作

如图11-9所示，以髋为轴，大腿发力带动小腿。绷脚尖，双脚成内"八"字形。下踢用力，上抬放松。打腿要做到幅度小、频率快、动作连贯。

[自由泳腿部练习]

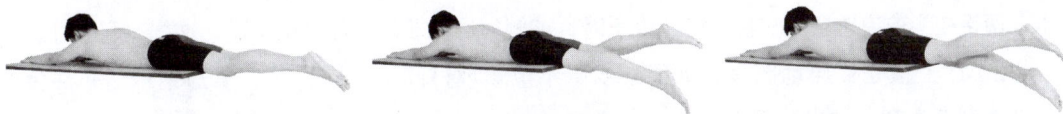

图11-9　腿部动作

（1）动作要点：打腿时髋部发力，大腿带动小腿向下打水。打水幅度为30~40厘米。直腿上抬，在脚接近水面时略屈膝关节，由大腿带动小腿向下打水。

（2）池边练习：臀部以上在岸边，从大腿根部开始放在水里，身体伸展俯卧在池边，练习打水。速度由慢到快，重点体会直腿上抬时髋关节展开的拉伸感。

（3）水中练习：全身俯卧水中，两手扶住池边或手持打水板，闭气进行打腿练习。肩要放松，腋下要完全伸展开。

2. 手部动作

手开始划动，头开始转动并慢吐气，手出水时头出水，有力吐气并被动式吸气，随着手在空中移动，头随之转动复原。

（1）动作要点：自由泳手部动作可分为入水及划水、出水及移臂、两臂配

[自由泳手部练习]

合3个方面。

①入水及划水：如图11-10所示，手贴近耳朵，在肩的延长线入水。手掌和前臂对准水，沿着身体的中线向后划水至大腿。

图11-10　入水及划水

②出水及移臂：手臂划水结束时成直臂，此时略微转肩，提肩提肘，由肩带动肘关节并顺势带动前臂向前移动，如图11-11所示。

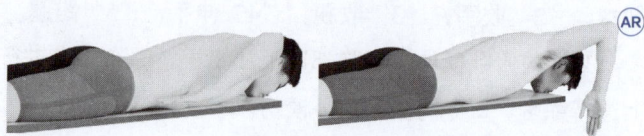

AR 图11-11　出水及移臂

③两臂配合：对于初学者，推荐前交叉配合。一只手入水伸直时，另一只手开始划水，两手在头前有短暂的交接。右手伸直，左手开始划水。

（2）陆上模仿：站在岸边，弯腰低头。先进行单臂的模仿划水练习，眼睛看着划水的路线是否正确。单臂熟练后，两臂配合练习，逐渐加上呼吸一起练习。每划水2～3次，呼吸1次。

（3）水中练习：站在浅水区，面向池壁，双手指尖刚好碰到池壁。练习方法同陆上模仿。

3. 完整配合

身体要保持伸展平直，双臂、双腿并拢伸直，身体要整体转动，不能有侧向的扭动。呼吸是难点，关键在于身体的整体转动配合呼吸，常见的错误是采用蛙泳式的抬头吸气。

自由泳完整配合

（1）动作要点：自由泳配合为6次打腿、2次划水、1次呼吸，也可采用3次划水、1次呼吸；两臂采用前交叉配合，一只手入水伸直时，另一只手开始划水，两手在头前有短暂的交接；转头吸气时，该侧的肩也要转动并露出水面，这样有利于呼吸。

（2）陆上模仿：原地踏步，如同在水中不停顿地打腿。跟随口令，①边划水边转头慢吐气；②手划至大腿，"啪"用力吐气；③移臂，眼睛看手，手移至肩平处吸气完毕，随着手入水头复原。

（3）水中练习包括扶池边练习和两人配合练习。

①扶池边练习：双手扶池边，打腿让自己浮起来，先练习一侧手臂。以右臂为例。左手扶池边始终不动，打腿帮助漂浮，划右臂配合呼吸。手臂的单臂练习熟练后，可以进行双臂的练习。注意双手在池边处进行交叉。

②两人配合练习：浅水区，一人练习，一人帮助。练习者打腿漂浮，两臂划水并配合呼吸，同伴在头前拉住练习者一只手，缓慢前进，帮助练习者体会划水和前进的效果。

11.2.4　仰泳

1. 腿部动作

直腿下压，屈腿上踢，踢腿要踢直。两脚略并拢，成内"八"字形，如图11-12所示。

（1）动作要点：仰泳腿部动作包括下压和上踢两方面。

①下压：如图11-13所示，大腿带小腿直腿下压，大腿停止继续下压后，小腿和脚在惯性的作用下继续下压，当膝关节成135°左右时，转入上踢过程。

②上踢：大腿带动小腿用力向后上方做踢水动作，在上踢过程中膝关节和脚不能露出水面，两腿的上下打腿幅度为30~40厘米。

仰泳腿部练习

  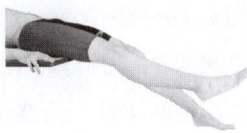 

图11-12　内"八"字形　　　　　　　　　图11-13　腿部动作

（2）陆上模仿：池边仰卧练习。仰卧在池边，臀部以下在水里进行练习。

（3）水中练习包括水中抱板练习和水中练习。

①水中抱板练习：双手轻轻抱一打水板帮助身体漂浮，伸展身体仰卧于水中进行练习。

②水中练习：双手放于体侧，仰卧水中进行练习。此为上一个练习的进阶练习。

2. 手部动作

入水、划水、出水及空中移臂依次紧密衔接。划水时注意呼吸要有节奏，不能随意呼吸。通常在移臂的时候吸气，在划水时呼气。

仰泳手部练习

（1）动作要点：仰泳手部动作包括入水、划水、出水及空中移臂3个方面。

①入水：如图11-14所示，掌心朝外，手臂伸直，小指先入水。臂的入水位置在肩的正前方。

②划水：如图11-15所示，手臂入水后，上臂贴近身体，手掌和小臂向外下方划水直至手臂划至大腿附近为止。划水过程中手掌不能露出水面。

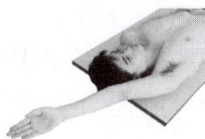 

图11-14　入水

图11-15　划水

③出水及空中移臂：划水结束时手掌贴近大腿，因此大拇指领先出水。此时注意手臂伸直。移臂过程中保持手臂伸直，如图11-16所示，当手臂与水面垂直时使掌心向外，手臂贴着耳朵，小指先入水。

（AR）图11-16　出水及空中移臂

（2）陆上模仿包括站立模仿和仰卧池边练习两方面。

①站立模仿：站在岸边，单臂做划水练习，逐渐过渡到两臂配合。

②仰卧池边练习：仰卧在池边，右侧手靠近水边，在水中进行练习。然后换方向，左手练习。

（3）水中练习：二人水中配合练习。同伴坐池边或站在水中，扶住练习者的双腿，帮助其漂浮。练习者仰卧水中做划水练习。

3. 完整配合

身体要保持伸展平直，腰腹挺起来，完全仰卧在水面上，略收下颌。

（1）动作要点：一只手入水时，另一只手划水。仰泳配合是6次打腿、2次划水。在练习时可以不考虑打腿的次数，只要记住持续打腿不要停即可。练习时先打腿，当感觉身体漂浮起来并且匀速前进时，再加划水。在划水时，腿切记不能停。注意调整呼吸。

仰泳完整配合

（2）陆上模仿：站在岸边，两腿原地摆动，模仿打腿动作，两臂配合做划水练习。

（3）水中练习：浅水区，同伴扶住练习者的腰部帮助其漂浮，练习者仰卧水中练习两臂划水配合，逐渐过渡到手腿配合或不需要同伴的帮助。

11.2.5 蝶泳

在掌握了蛙泳、自由泳和仰泳技术后，蝶泳技术就相对容易掌握了。蝶泳来源于蛙泳，在技术上，很多地方却和自由泳相似。

蝶泳腿部练习

1. 腿部动作

两腿并拢伸直，双脚成内"八"字形，腰背发力，大腿带动小腿做"鞭打"打水动作。

（1）动作要点：如图11-17所示，略微屈膝成120°～130°，绷脚背对准水，大腿带小腿向下快速打水。向下打水结束，大腿直腿上移，在脚后跟刚露出水面时，再次重复向下打水。

向下打水　　　　打水结束，大腿伸直　　　　直腿上移至脚后跟出水，开始向下打水

图11-17　腿部动作

（2）陆上模仿：左手扶墙边站立，右手放于腰部，左脚站立，右脚进行单脚的模仿练习。

（3）水中练习包括池边练习、俯卧水中练习和打水板练习。

①池边练习：深水区，双手扶池边，肩部放松，双腿进行蝶泳腿练习。

②俯卧水中练习：俯卧于水面，双手先放于体侧，闭气，连续打蝶泳腿。注意头部不要入水太深，在水面附近并要保持相对稳定。

③打水板练习：双手扶打水板进行蝶泳腿练习，注意肩和头部要保持放松稳定，不能乱晃。

2. 手部动作

划水时抬头吸气。空中移臂时，伴随双臂入水，低头闭气。

（1）动作要点：如图11-18所示，双手在肩的延长线上由大拇指领先入水。入水后，双臂和肩继续前伸至腋下完全伸展，双臂高肘抱住水在身体下方划向大腿，此时随着划水的进行开始抬头呼吸。双臂沿着身体加速推水至大腿后，顺势小指先出水，肘关节保持伸直状态。两臂在水面上前移至入水。伴随双臂在空中移动，低头入水闭气。

蝶泳手部练习

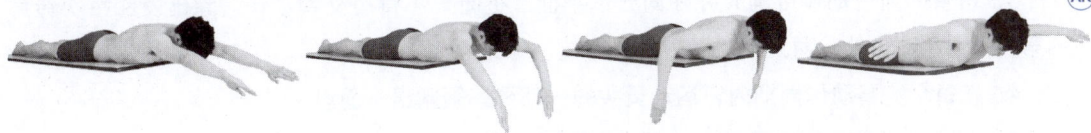

AR　图11-18　手部动作

（2）陆上模仿：站在岸上做双臂与呼吸的配合练习。

（3）水中练习包括浅水站立模仿练习和夹板辅助练习。

①浅水站立模仿练习：站在浅水区，弯腰低头，进行练习。注意体会双手划水时遇到的阻力。

②夹板辅助练习：自己双腿中间夹住一块打水板，进行练习。

3. 完整配合

抬头呼吸的时候主要是借助打腿时划水的力量，顺势抬起上身，不要刻意通过弓腰发力来抬上身。2次打腿配合1次划水、1次呼吸。

蝶泳完整配合

（1）动作要点：手入水的时候，配合第一次打腿，在肩部继续前伸的时候，大腿开始上抬。手臂划水到腹部下方时进行第二次打腿。第二次打腿通常是为了帮助身体上升便于抬头换气。

（2）陆上模仿：准备姿势为直立，两臂上举，一条腿配合划水进行蝶泳配合的模仿练习。

（3）水中练习：水中扶板练习。单手扶打水板，进行单手和腿配合的练习。双手交替进行。按照多打腿少划水的原则，由4次打腿配合1次划水和1次呼吸逐渐过渡到2次打腿配合1次划水和1次呼吸。

11.3　竞技游泳的比赛规则

本节将介绍竞技游泳比赛规则中对各项技术及比赛进程的规定，并对竞技游泳中的犯规判罚条款进行简单阐述。

11.3.1　技术规定

1. 出发的规定与犯规判罚

（1）蛙泳、自由泳、蝶泳、个人混合泳及自由泳接力的比赛必须从出发台出发。仰泳比赛、混合泳接力比赛的第一棒，必须从水中出发。

（2）运动员在"出发信号"发出前出发，应判犯规。因裁判员的失误或器材失灵而导致运动员抢跳时，不判抢跳犯规。

2. 蛙泳比赛的技术规定

（1）在出发和每次转身后，运动员可没入水中并可做一次手臂充分向后划至腿部的动作。在出发和每次转身后，运动员可在第一次蛙泳蹬腿动作前打一次蝶泳腿。

（2）从出发和每次转身后的第一次手臂动作开始，身体应保持俯卧，任何时候都不允许身体呈仰卧姿势。在出发后的整个游程中，动作周期必须是以一次划水和一次蹬腿的顺序完成的。

（3）两臂的所有动作应同时并在同一水平面上进行，不得有交替动作。除出发和每次转身后的第一次划水动作外，两只手向后划水不得超过臀线。

（4）在每个完整动作周期内，运动员头的一部分必须露出水面。

（5）两腿的所有动作应同时并在同一水平面上进行，不得有交替动作。在蹬腿过程中，两脚必须做外翻动作。

（6）在每次转身和到达终点时，两手应分开在水面、水上或水下同时触壁。在触壁前的最后一次划水动作结束后，头可以没入水中。但在触壁前最后一个完整或不完整的动作周期中，头的一部分必须露出水面。

3. 自由泳比赛的技术规定

（1）自由泳比赛中，可采用任何泳姿。但在个人混合泳及混合泳接力比赛中，自由泳指除蝶泳、仰泳、蛙泳以外的泳姿。

（2）每次转身和到达终点时，运动员身体的某一部分必须触及池壁。

（3）在整个游程中，运动员身体的某一部分必须露出水面。在出发和转身时，允许运动员身体完全没入水中；出发和每次转身后，在15米前（含15米）运动员头的一部分必须露出水面。

4. 仰泳比赛的技术规定

（1）在"出发信号"发出前，运动员应在水中面对出发端，两手抓住出发握手器。禁止两脚蹬在水槽里、水槽上或脚趾勾在水槽沿上。

（2）除转身过程外，整个游程中应始终呈仰卧姿势，允许身体做转动动作，但必须保持与水平面小于90°的仰卧姿势，头部位置不受此限。

（3）出发和每次转身后，运动员潜泳距离不得超过15米。在15米前（含15米）运动员头的一部分必须露出水面。

（4）转身过程中，运动员身体的某一部分必须触壁，运动员必须呈仰卧姿势蹬离池壁。

（5）运动员到达终点时，必须以仰卧姿势触壁。

5. 蝶泳比赛的技术规定

（1）从出发和每次转身后的第一次手臂动作开始，身体应保持俯卧，允许水下侧打腿。任何时候都不允许呈仰卧姿势。

（2）两臂同时摆动和划水，在转身和到达终点时，两手应同时触壁。打腿动作应同时进行，不得交替，不允许采用蛙泳腿动作。

（3）在出发和每次转身后，允许运动员在水下做一次或多次打腿动作和一次划水动作，这次划水动作应使身体升至水面。出发和每次转身后，在15米前（含15米）运动员头的一部分必须露出水面。运动员应使身体保持在水面上，直至下次转身或到达终点。

6. 混合泳比赛的技术规定

（1）个人混合泳必须按照蝶泳、仰泳、蛙泳、自由泳的顺序进行比赛。每种泳姿必须完成赛程1/4的距离。混合泳接力必须按照仰泳、蛙泳、蝶泳、自由泳的顺序进行比赛。

（2）在混合泳比赛中，每一泳式都必须符合有关规定。在仰泳转蛙泳过程中，运动员应呈仰卧姿势触壁。

11.3.2　比赛规定与犯规判罚

1. 比赛规定

（1）运动员应游完全程才能获得录取资格。

（2）运动员应始终在其出发的同一泳道内比赛和抵达终点。

（3）运动员转身时必须按各泳姿的规定触及池壁，不允许在池底跨越或行走，不允许拉分道线。在自由泳项目和混合泳项目的自由泳段比赛中，允许运动员在池底站立，但不得行走。

（4）比赛中，运动员不得使用或穿戴任何有利于其速度、浮力、耐力的器材和泳装，游泳镜除外。不允许在身上使用任何胶带，除非得到组织委员会（竞赛委员会）指定的医疗机构同意。

（5）在比赛场地内，不允许进行速度诱导及采用任何能起速度诱导作用的装置与方法。

2. 犯规判罚规定

（1）游出本泳道阻碍或以其他方式干扰其他运动员者，应判犯规。在所有比赛的运动员还未游完全程前，未参加比赛的运动员如果下水，应取消其原定的下一次的比赛资格。

（2）运动员抵达终点后或在接力比赛中游完自己的距离后，应尽快离池，如妨碍其他游进中的运动员，应判该运动员（接力队）犯规。

3. 接力比赛规定与犯规判罚

（1）接力比赛以队为单位，每个接力队应有4名队员，每名接力队员在一次接力比赛中只能游其中的一棒。每队可在报名参加比赛的同组运动员中任选4人参加接力比赛，在预赛、决赛中参加者可任意调换。接力队必须按提交的名单和顺序参加比赛，否则将被取消录取资格。

（2）接力比赛如前一名运动员尚未触及池壁，后一名运动员的脚已蹬离出发台，应判犯规。

（3）接力比赛中，在各队的所有运动员还未游完之前，除了应游该棒的运动员，其他接力队员如果进入水中，应判犯规。

11.4　游泳安全卫生与水上救生常识

本节将介绍游泳安全卫生常识和水上救生常识，包括游泳场地的选择、游泳前的准备、实用游泳技术、间接赴救、直接赴救、自我救护等方面的常识。

11.4.1　游泳安全卫生常识

1. 选择安全卫生的游泳场地

大学生学习游泳应选择人工游泳场馆，不要到自然水域游泳。人工游泳场馆的管理比较规范，池水经常消毒、排污和过滤，清晰度较高，深水和浅水有明显标志，安全性和卫生情况都较好。

2. 游泳前的准备

游泳前应进行身体检查，患有心脏病、高血压、癫痫、肺结核、传染性肝炎、皮肤病、红眼病、精神病、中耳炎的人，处于发烧状态的人，以及开放性创伤者，都不宜游泳。游泳前还应进行适当的热身，以提高神经系统的兴奋性，增强心血管系统和呼吸系统的功能，增加肌肉的力量和弹性，加快血液循环和新陈代谢，提高身体各关节的灵活性。热身活动对防止抽筋、拉伤也有积极的作用。

11.4.2 水上救生常识

1. 实用游泳技术

实用游泳是游泳运动的一种，主要指为了生产和生活需要而进行的游泳活动。通常意义上讲的实用游泳技术指踩水、侧泳、反蛙泳、潜泳、抬头自由泳和着装泅渡等。人们在日常生活生产中经常用到踩水、侧泳、反蛙泳、潜泳和抬头自由泳技术。

5种实用游泳技术

2. 间接赴救

间接赴救指救生员在岸上发现并经过准确判断，对发生溺水事故正在呼救挣扎的溺水者，利用现场救生器材，如救生圈、救生浮漂、救生杆和其他可用器材，在保证自身安全的前提下，对溺水者进行救助。

3. 直接赴救

直接赴救指救生员对距离游泳池边较远处发生溺水事故的溺水者，在不能采用救生器材的情况下，救生员入水与溺水者直接接触进行救助。直接赴救是由观察、入水、接近、解脱、拖带（徒手和器材）、上岸（徒手和器材）等技术环节组成的。直接赴救是与溺水者直接接触，因此带有一定的危险性，在使用直接赴救技术时，应以保证自己的安全为前提，未经过专业救生技术培训的人，不建议其对溺水者进行直接赴救。

4. 自我救护

（1）抽筋：游泳时可能出现手指抽筋、小腿与脚趾抽筋、大腿抽筋等情况。发生抽筋时，首先要保持镇静，大声呼救；其次，在水中保持静立，进行自救，主要方法是先反向牵拉抽筋的肌肉，然后进行按摩，抽筋缓解后迅速上岸休息。

（2）呛水：预防呛水较好的方法是多练习呼吸技术，在未完全掌握的时候不去深水区游泳，并且游泳的时候注意力要集中，避免过度紧张。发生呛水时，要保持冷静，采用踩水技术使身体保持平衡，缓解后上岸休息。

思考与练习

1. 竞技游泳的基本技术有哪些？各种技术的动作要点是什么？
2. 游泳前应做哪些准备工作？
3. 实用游泳技术有哪些？

第**12**章

武术

尚武崇德，修身养性。

刘晓蕾

2019. 5. 21

寄语

武术的发展伴随着我国历史与文明的推进，它不仅可以强身健体，还承载着深厚的文化内涵和民族情结。

12.1 武术概述

武术是以技击动作为主要内容，以套路和格斗为运动形式，注重内外兼修的中国传统体育项目。武术在我国有着悠久的历史和广泛的群众基础，它集健身性、技击性和艺术性于一体，是深受人们喜爱的一种体育项目。

12.1.1 武术的起源与发展

武术历史悠久，它萌发于中华民族远古时代的生产和生活实践中，产生和生存于劳动生产、养生保健和礼教戏乐等社会活动中。它是随着中华民族在各个社会历史阶段政治、经济、思想、文化和艺术等方面不断进步与发展，逐步形成的具有鲜明特色的中国传统体育项目。

12.1.2 武术的特点与作用

1. 具有独特的民族风格

武术具有独特的民族风格。中华民族有着数千年的发展历史，武术作为中华民族特有的一项传统体育项目，在长期发展过程中，受到我国各民族思想文化的影响，形成了较完整的运动技术与理论体系。

2. 既有套路演练，又有技击格斗

武术中既有套路演练，又有技击格斗。长期以来，武术一直是循着技击格斗和套路演练这两种运动形式广泛流传和发展的。就套路演练形式而言，有各种不同类别的拳术流派，内容丰富，形式多样。

3. 具有攻防技击性

武术的动作都要求具有攻防技击特点，无论是套路演练形式，还是技击格斗形式，都以踢、打、摔、拿等技击法为主要内容。

4. 具有内外合一和形神兼备的练功方法

武术运动讲究"内练一口气，外练筋骨皮"，许多拳种和流派都十分强调内外合一和形神兼备的练功方法，既有手、眼、身法、步等外在的形体活动，又有精神、气息、劲力等内在的神志活动。

5. 具有广泛的适应性

武术运动不仅有较高的健身和防身价值，而且有一定的艺术欣赏价值。武术的内容丰富，形式多样，技术要求有难有易，运动风格千姿百态，运动量有大有小，它不受年龄、性别、体质、季节以及场地和器材的限制，人们可以根据自己的条件和需要，选择合适的项目进行练习。

12.1.3 武术的内容与分类

武术内容丰富多彩，形式多种多样，现按其内容分类如下。

1. 拳术

拳术是武术中徒手套路形式的总称，包括长拳、太极拳、南拳、形意拳、八卦掌、通背拳、地躺拳和象形拳等。

2. 对练

对练是两人及两人以上按照固定动作进行攻防的套路练习。对练的主要内容有徒手对练、器械对练、徒手与器械对练。练习对练要求做到动作熟练、配合协调。

3. 集体演练

集体演练是6人以上进行徒手或持器械的集体表演，要求动作整齐划一，并有一定的队形与队形变化，可以有音乐伴奏。

4. 技击格斗

武术的技击格斗是在一定条件和比赛规则的要求下，以武术技法进行的实际格斗运动，技击格斗内容有散手、推手、短兵等。

12.2　武术的基本功和基本动作

本节将围绕7大方面来介绍武术的基本功和基本动作，具体包括手型和手法练习、步型和步法练习、肩臂练习、腿部练习、腰部练习、跳跃练习和平衡练习。

12.2.1　手型和手法练习

1. 手型

武术的手型有拳、掌、勾3种，如图12-1所示。

（1）拳：四指并拢卷握，大拇指紧扣食指和中指的第二指节。

（2）掌：四指并拢伸直，大拇指弯曲紧扣于虎口处。

（3）勾：五指第一指节捏拢在一起，屈腕。

拳　　　　掌　　　　勾

图12-1　手型

2. 手法

武术的手法有冲拳、架拳、推掌、亮掌4种。

（1）冲拳：可分为平拳和立拳两种。平拳拳心向下；立拳拳眼向上。两脚左右开立，与肩同宽，两拳抱于腰间，肘尖向后，拳心向上。挺胸、收腹、立腰，右拳从腰间向前猛力冲出，转腰、顺肩，在肘关节过腰后右前臂内旋。力达拳面，臂要伸直，高与肩平。同时左肘向后牵拉。练习时，左右拳可交替进行。

（2）架拳：两脚左右开立，与肩同宽，两拳抱于腰间，肘尖向后，拳心向上。右拳向下、向左、向上经头前向右上方划弧并在右前上方架起，拳眼

手法

向下，眼看左方。练习时，左右拳可交替进行。

（3）推掌：两脚左右开立，与肩同宽，两拳抱于腰间，肘尖向后，拳心向上。右拳变掌，前臂内旋，并以掌根为力点，向前猛力推击。推击时要转腰、顺肩，臂要伸直，高与肩平。同时左肘向后牵拉。练习时，左右手可交替进行。

（4）亮掌：两脚左右开立，与肩同宽，两拳抱于腰间，肘尖向后，拳心向上。右拳变掌，经体侧向右、向上划弧，至头部右前上方时抖腕亮掌，臂成弧形。掌心向前，虎口朝下，头随右手动作转动，在亮掌时眼注视左方。练习时，左右手可交替进行。

12.2.2 步型和步法练习

步型和步法练习主要是增进腿部的速度和力量，以提高两脚移动转换的灵活性和稳固性。

1. 步型

步型有弓步、马步、虚步、仆步、歇步、丁步6种，如图12-2所示。

（1）弓步：弓右腿为右弓步，弓左腿为左弓步。以右弓步为例，右脚向前一大步（为本人脚长的4~5倍），脚尖稍内扣，右腿屈膝半蹲，大腿接近水平，小腿与脚垂直。左腿挺膝伸直，脚尖内扣（斜向前方），两脚全脚着地。上体正对前方，眼向前平视，两手抱拳于腰间。

（2）马步：两脚平行开立（约为本人脚长的3倍），脚尖正对前方，屈膝半蹲，膝部不超过脚尖，大腿接近水平，全脚着地，身体重心落于两腿之间，两手抱拳于腰间。

（3）虚步：左脚在前为左虚步，右脚在前为右虚步。以右虚步为例，两脚前后开立，左脚外展45°，屈膝半蹲，右脚脚跟离地，脚面绷平，脚尖稍内扣，虚点地面，膝微屈，重心落于左腿上。两手叉腰，眼向前平视。

（4）仆步：仆左腿为左仆步，仆右腿为右仆步。以右仆步为例，两脚左右开立，左腿屈膝全蹲，大腿和小腿靠紧，臀部接近小腿，全脚着地，脚和膝外展，右腿挺直平仆，脚尖里扣，全脚着地。两手抱拳于腰间，眼向右方平视。

（5）歇步：左脚在前为左歇步，右脚在前为右歇步。以左歇步为例，两脚交叉靠拢全蹲，左脚全脚着地，脚尖外展，右脚前脚着地，膝部贴于前外侧，臀部坐于右脚接近脚跟处。两手抱拳于腰间，眼向右前方平视。

（6）丁步：左脚尖点地为左丁步，右脚尖点地为右丁步。以左丁步为例，两腿并拢半蹲，一只脚全脚掌着地支撑（重心落于此腿）；另一只脚脚面绷直，脚尖内扣并虚点地面，靠于支撑脚的脚弓处；两手抱拳于腰间，目视前方。

| 弓步 | 马步 | 虚步 | 仆步 | 歇步 | 丁步 |

图12-2 步型

2. 步法

步法有击步、垫步、弧形步3种。

（1）击步：两脚前后开立，同肩宽。两手可叉腰。上体前倾，后脚离地提起，前脚随即蹬地前纵。在空中时，后脚向前碰击前脚。落地时，后脚先落，前脚后落。眼向前平视。跳起至空中时，要保持上体正直并侧对前方。

（2）垫步：两脚前后开立，同肩宽。两手可叉腰。后脚离地提起，用脚掌向前脚处落步，前脚立即以脚掌蹬地向上稍跳起，将步位让于后脚，然后屈膝提腿向前落步。眼向前平视。

（3）弧形步：两脚前后开立，同肩宽。两手可叉腰。两腿半蹲，两脚迅速连续向侧前方行步。每步大小略比肩宽，走弧形路线。眼向前平视。

12.2.3 肩臂练习

肩臂练习主要是增进肩关节韧带的柔韧性，加大肩关节的活动范围，发展臂部力量，提高上肢运动的敏捷、松长、转环等能力，为学习和掌握各种拳、掌等手法提供必要的专项素质。练习方法包括压肩、绕环等。

1. 压肩

面对肋木或一定高度的物体站立，距离一大步，两脚左右分开，与肩同宽或稍宽。两手抓握肋木，上体前俯（挺胸、塌腰、收髋）并做下振压肩动作（见图12-3），也可以两人面对面站立，互相扶按肩部，做体前屈的振动压肩。

2. 单臂绕环

成右弓步站立，右手按于右膝上或叉在腰上（也可两脚开立，右手叉腰），左臂垂于体侧。向后绕环——左臂由上向后、向下、向前绕环（见图12-4）。向前绕环——左臂由上向前、向下、向后绕环。练习时，左右臂交替进行。做右臂绕环时，换左弓步站立。

图12-3 压肩

图12-4 单臂绕环

3. 双臂绕环

两脚开立，与肩同宽，两臂垂于体侧。前后绕环——左右两臂依次绕环。左臂由下向前、向上、向后做向前绕环，右臂由上向后、向下、向前做向后绕环，然后依次做反方向的绕环。

4. 左右绕环

左右两臂同时向右、向上、向左、向下划立圆绕环，或同时向左、向上、向右、向下划立圆绕环。

5. 交叉绕环

两臂直臂上举，左臂向前、向下、向后，右臂向后、向下、向前，同时于身侧划立圆绕环，练习时可左右臂交替进行。

12.2.4 腿部练习

腿部练习主要发展腿部的柔韧性、灵活性和力量等。练习方法包括压腿、劈腿和踢腿等。

1. 压腿

压腿主要是拉长腿部的肌肉和韧带，加大髋关节的活动范围。压腿的方法有正压腿、侧压腿、后压腿、仆步压腿4种，如图12-5所示。

压腿

（1）正压腿：面对肋木或一定高度的物体，并步站立。左腿提起，脚跟放在肋木上，脚尖勾起，踝关节屈紧，两手扶按膝上。两腿伸直，立腰，收髋，上体前屈，并向前、向下做压振动作。练习时左右腿交替进行。

（2）侧压腿：侧对肋木或一定高度的物体，右腿支撑，脚尖稍外撇。左腿举起，脚跟搁在肋木上，脚尖勾起、踝关节屈紧。右臂屈肘上举，左掌附于右胸前。两腿伸直，立腰、开髋，上体向左侧压振。练习时左右腿交替进行。

（3）后压腿：背对肋木或一定高度的物体并步站立，两手叉腰或扶一定高度的物体。右腿支撑，左腿向后举起，脚背搁在肋木上，脚面绷直，上体后屈并做压振动作。练习时左右腿交替进行。

（4）仆步压腿：左腿屈膝全蹲，右腿挺膝伸直，脚尖里扣。两脚全脚掌着地，两手分别抓握两脚外侧，成仆步向下压振。左右腿交替练习。

2. 劈腿

劈腿主要是加大髋关节的活动幅度，增进腿部的柔韧性。劈腿练习可结合压腿和搬腿进行。劈腿的方法有竖叉、横叉两种，如图12-6所示。

（1）竖叉：两手左右扶地或两臂侧平举，两腿前后分开成直线。左腿后侧着地，脚尖勾起，右腿的内侧或前侧着地。练习时左右腿交替进行。

（2）横叉：两臂侧平举或在体前扶地，两腿左右分成一直线，两腿内侧着地。

| 正压腿 | 侧压腿 | 后压腿 | 仆步压腿 | 竖叉 | 横叉 |

图12-5　压腿　　　　　　　　　　　　图12-6　劈腿

3. 踢腿

踢腿是腿部练习中的重要内容，也是表现基本功训练的主要方面之一，主要包括正踢腿、侧踢腿、外摆腿、里合腿、弹腿、蹬腿、侧踹腿。

（1）正踢腿：两脚并立，两手成立掌或握拳侧平举。左脚向前上半步，左腿支撑，右脚勾起脚尖向前额处猛踢。两眼向前平视。练习时左右腿交替进行。

（2）侧踢腿：右脚向前上半步，脚尖外展；左脚跟稍提起，身体略右转，左臂前伸，右臂后举。随即左腿挺膝，勾脚向左耳侧踢起；同时右臂上举亮掌，左臂屈肘立掌于右肩前。踢左腿为左侧踢，踢右腿为右侧踢。

（3）外摆腿：两脚并立，两手成立掌或握拳侧平举。右脚向右前方上半步，左脚脚尖勾紧，向右侧踢起，经面前向左侧上方外摆，直腿落在右腿旁。眼向前平视。左掌可在左侧上方击响，也可不击响。练习时左右腿交替进行。

（4）里合腿：两脚并立，两手成立掌或握拳侧平举。右脚向右前方上半步，左脚脚尖勾起里扣并向左侧踢起。经面前向右侧上方直腿里合，落于右脚外侧。右手掌在右侧上方可迎击右脚掌（击响），也可不击响。眼向前平视。练习时左右腿交替进行。

（5）弹腿：左腿支撑，右腿屈膝提起，右脚绷直，大腿与腰平，迅速挺膝，小腿猛力向前弹击，力达脚尖。大腿与小腿成一直线，高与腰平。左右腿交替练习。

（6）蹬腿：动作与弹腿相同，唯脚尖勾起，力点达于脚跟。

（7）侧踹腿：两脚左右交叉，右脚在前，微屈膝，接着右腿蹬直或稍屈支撑，左腿屈膝提起，脚尖勾起内扣，脚跟用力向左侧上方踹出，稍高于腰，上体向右侧倾，眼视左侧。左右腿交替练习。

12.2.5　腰部练习

腰是贯通上下肢体的枢纽，俗话说："练功不练腰，终究艺不高。"在手、眼、身法、步法4个要素中，腰是较集中地反映身法技巧的关键。练腰的主要方法有前俯腰、甩腰、涮腰，如图12-7所示。

1. 前俯腰

并步站立，两手手指交叉，直臂上举，手心朝上，上体前俯，两手尽量贴地。然后两手松开，抱住两脚跟逐渐使胸部贴近腿部。持续一定的时间再起立。还可以向左侧或向右侧转体，两手在脚外侧贴触地面。

2. 甩腰

开步站立，两臂上举，以腰、髋为轴上体做前后屈甩动，两臂跟着甩动，两腿伸直。

3. 涮腰

两脚开立，略宽于肩，两臂自然下垂。以髋关节为轴，上体前俯，两臂随之向左前下方伸出。然后向前、向右、向后、向左翻转绕环。

前俯腰　　　甩腰　　　涮腰
图12-7　腰部练习

12.2.6　跳跃练习

跳跃是基本功中的主要组成部分之一。跳跃练习的动作很多，大都要求腾空完成。跳跃动作对于增强腿部力量、提高弹跳能力具有很好的作用，是基本功练习中必不可缺的内容。常见的跳跃动作有腾空飞脚、旋风脚。

跳跃练习

1. 腾空飞脚

并步站立。右脚上步，左腿向前、向上摆踢，右脚蹬地跃起，身体腾空，两臂由下向前、向头上摆起，右手背迎击左手掌。在空中，右腿向前、向上弹踢，脚面绷直，右掌迎击右脚面；同时左腿屈膝，左脚收控于右腿侧，脚面绷直，脚尖向下。左手在击响的同时摆至左侧方变勾手，勾尖向下，略高于肩。上体微前倾，两眼平视前方。

2. 旋风脚

双腿并拢站立，左手推掌，右手握拳收于腰间；向前助跑，左转身右脚蹬地起跳；同时，右臂上摆，随即向下、向左、再向上摆起；左腿屈膝上提，右腿里合上摆，摆至面前时左手横击右脚底；两脚落地。

12.2.7　平衡练习

平衡动作很多，这里只介绍基本的提膝平衡和望月平衡两种，如图12-8所示。

1. 提膝平衡

右腿伸直支撑，左腿屈膝提起（过腰），脚面绷直，并垂扣于右膝前。两眼向左平视。

2. 望月平衡

右腿支撑，左腿在身后向右腿右侧上举，左腿小腿屈收，脚面绷平；上体前倾，并向右腿右侧拧腰上翻，挺胸塌腰，头部伴随向右后转，目视前方。

提膝平衡　　　　望月平衡

图12-8　平衡练习

12.3　长拳

长拳是一种姿势舒展、动作灵活、快速有力、节奏分明，并有蹿蹦跳跃、闪展腾挪、起伏转折和跌扑滚翻等动作与技术的拳术。在技法方面，长拳有8大要求，即手要快捷、眼要明锐、身要灵活、步要稳固、精要充沛、气要下沉、力要顺达、功要纯青。在套路方面，长拳套路主要有适用于普及的初级长拳套路、中级长拳套路，以及适用于比赛的规定套路和自选套路。下面着重介绍初级长拳三路。

12.3.1　初级长拳三路概述

初级长拳三路除起势、收势外，可划分为4节。

起势：并步站立、虚步亮掌、并步对拳。

第一节：弓步冲拳、弹腿冲拳、马步冲拳、弓步冲拳、弹腿冲拳、大跃步前穿、弓步击掌、马步架掌。

第二节：虚步栽拳、提膝穿掌、仆步穿掌、虚步挑掌、马步击掌、叉步双摆掌、弓步击掌、转身踢腿马步盘肘。

第三节：歇步抡砸拳、仆步亮掌、弓步劈拳、换跳步弓步冲拳、马步冲拳、弓步下冲拳、叉步亮掌侧踹腿、虚步挑拳。

第四节：弓步顶肘、转身左拍脚、右拍脚、腾空飞脚、歇步下冲拳、仆步抡劈拳、提膝挑掌、提膝劈掌弓步冲拳。

收势：虚步亮掌、并步对拳、还原。

12.3.2 动作和要领

1. 起势

起势包括并步站立、虚步亮掌、并步对拳3个动作，如图12-9所示。

（1）并步站立

两脚并步站立，两臂垂于身体两侧，五指并拢贴靠腿外侧，眼向前平视。

（2）虚步亮掌

①右脚向右后方撤步成左弓步。右掌向右、向上、向前划弧，掌心向上；左臂屈肘，左掌提至腰侧，掌心向上。

②右腿微屈，重心后移。左掌经胸前从右臂上向前穿出伸直；右臂屈肘，右掌收至腰侧，掌心向上。

并步站立　　虚步亮掌　　并步对拳

图12-9　起势

（3）并步对拳

①右脚向前上一步，两臂下垂后摆。

②左脚向右脚并步，两臂向外、向上经胸前屈肘下按，两掌变拳，拳心向下，停于小腹前。目视左侧。

2. 第一节

初级长拳三路第一节包括弓步冲拳、弹腿冲拳、马步冲拳、弓步冲拳、弹腿冲拳、大跃步前穿、弓步击掌、马步架掌8个动作，如图12-10所示。

弓步冲拳　　　弹腿冲拳　　　马步冲拳　　　弓步冲拳

AR 图12-10　初级长拳三路第一节

初级长拳三路
第一节
（含起势动作）

弹腿冲拳　　　　大跃步前穿　　　　弓步击掌　　　　马步架掌

图12-10　初级长拳三路第一节（续）

（1）弓步冲拳

①左脚向左上一步，脚尖向斜前方；右腿微屈，成半马步。左臂向上、向左格打，拳眼向后，拳与肩同高；右拳收至腰侧，拳心向上。目视左拳。

②右腿蹬直成左弓步。左拳收至腰侧，拳心向上；右拳向前冲出，高与肩平，拳眼向上。目视右拳。

（2）弹腿冲拳

重心前移至左腿，右腿屈膝提起，脚面绷直，猛力向前弹出伸直，高与腰平。右拳收至腰侧；左拳向前冲出。目视前方。

（3）马步冲拳

右脚向前落步，脚尖里扣，上体左转。左拳收至腰侧，两腿下蹲成马步；右拳向前冲出。目视右拳。

（4）弓步冲拳

右臂屈肘向右格打，拳眼向后。目视右拳。上体右转90°，同时右拳收于腰间，左拳冲出，右脚尖外撇向斜前方，成弓步。

（5）弹腿冲拳

重心前移至右腿，左腿屈膝提起，脚面绷直，猛力向前弹出伸直，高与腰平。左拳收至腰侧，右拳向前冲出。目视前方。

（6）大跃步前穿

①左腿屈膝。右拳变掌内旋，以手背向下挂至左膝外侧，上体前倾。目视右手。

②左脚向前落步，两腿微屈。右掌继续向后挂，左拳变掌，向后、向下伸直。目视右掌。

③右腿落地全蹲，左腿随即落地向前铲出成仆步。右掌变拳抱于腰侧，左掌由上向右、向下划弧成立掌，停于右胸前。目视左脚。

（7）弓步击掌

右腿猛力蹬直成左弓步。左掌经左脚面向后划弧至身后成勾手，左臂伸直，勾尖向上，右拳由腰侧变掌向前推出，掌指向上，掌外侧向前，目视右掌。

（8）马步架掌

①重心移至两腿中间，左脚脚尖里扣成马步，上体右转。右臂向左侧平摆，稍屈肘；同时左

勾手变掌，由后经左腰侧从右臂内向前上穿出，掌心均朝上。目视左手。

②右掌立于左胸前；左臂向左上屈肘抖腕亮掌于头部左上方，掌心向前。目视右方。

3. 第二节

初级长拳三路第二节包括虚步栽拳、提膝穿掌、仆步穿掌、虚步挑掌、马步击掌、叉步双摆掌、弓步击掌、转身踢腿马步盘肘8个动作，如图12-11所示。

虚步栽拳　　　　提膝穿掌　　　　仆步穿掌　　　　虚步挑掌

初级长拳三路
第二节

马步击掌　　　　叉步双摆掌　　　　弓步击掌　　　　转身踢腿马步盘肘

图12-11　初级长拳三路第二节

（1）虚步栽拳

①右脚蹬地，屈膝提起；左腿伸直，以前脚掌为轴向右后转体180°。右掌由左脚前向下经右腿外侧向后划弧成勾手，左臂随体转动并外旋，使掌心朝右。目视右手。

②右脚向右落地，重心移至右腿上。下蹲成左虚步。左掌变拳下落于左膝上，拳眼向里，拳心向后；右勾手变拳，屈肘向上架于头右上方，拳心向前。目视左方。

（2）提膝穿掌

①右腿稍伸直。右拳变掌收至腰侧，掌心向上；左拳变掌由下向左、向上划弧盖压于头上方，掌心向前。

②右腿蹬直，左腿屈膝提起，脚尖内扣。右掌从腰侧经左臂内向右前上方穿出，掌心向上；左掌收至右胸前成立掌。目视右掌。

（3）仆步穿掌

右腿全蹲，左腿向左后方铲出成左仆步。右臂不动，左掌由右胸前向下经左腿内侧，向左脚面穿出。目随左掌转视。

（4）虚步挑掌

①右腿蹬直，重心前移至左腿，成左弓步。右掌稍下降，左掌随重心前移向前挑起。

②右脚向左前方上步，左腿半蹲，成右虚步。身体随上步左转180°。在右脚上步的同

时，左掌由前向上、向后划弧成立掌，右掌由后向下、向前上挑起成立掌，指尖与眼平。目视右掌。

（5）马步击掌

①右脚落实，脚尖外撇，重心稍升高并右移，左掌变拳收至腰侧，右掌俯掌向外捋手。

②左脚向前上一步，以右脚为轴向右后转体180°，两腿下蹲成马步。左掌从右臂上成立掌向左侧击出；右掌变拳收至腰侧。目视左掌。

（6）叉步双摆掌

①重心稍右移，同时两掌向下、向右摆，掌指均向上。目视右掌。

②右脚向左腿后插步，前脚掌着地。两臂继续由右向上、向左摆，停于身体左侧，均成立掌，右掌停于左肘窝处。目随双掌转视。

（7）弓步击掌

①两腿不动。左掌收至腰侧，掌心向上；右掌向上、向右划弧，掌心向下。

②左腿后撤一步，成右弓步。右掌向下、向后伸直摆动，成勾手，勾尖向上；左掌成立掌向前推出。目视左掌。

（8）转身踢腿马步盘肘

①两脚以前脚掌为轴向左后转体180°。在转体的同时，左臂向上、向前划半立圆，右臂向下、向后划半立圆。

②上动不停，两脚不动，右臂由后向上、向前划半立圆，左臂由前向下、向后划半立圆。

③上动不停，右臂向下成反臂勾手，勾尖向上；左臂向上成亮掌，掌心向前上方。右腿伸直，脚尖勾起，向额前踢。

④右脚向前落地，脚尖里扣。右手不动，左臂屈肘下落至胸前，左掌心向下。目视左掌。

⑤上体左转90°，两腿下蹲成马步。同时左掌向前、向左平捋变拳收至腰侧，右勾手变拳，右臂伸直，由体后向右、向前平摆，至体前时屈肘，肘尖向前，高与肩平，拳心向下。目视肘尖。

4. 第三节

初级长拳三路第三节包括歇步抡砸拳、仆步亮掌、弓步劈拳、换跳步弓步冲拳、马步冲拳、弓步下冲拳、叉步亮掌侧踹腿、虚步挑拳8个动作，如图12-12所示。

歇步抡砸拳　　　仆步亮掌　　　弓步劈拳　　　换跳步弓步冲拳

初级长拳三路第三节

AR 图12-12　初级长拳三路第三节

| 马步冲拳 | 弓步下冲拳 | 叉步亮掌侧踹腿 | 虚步挑拳 |

AR 图12-12 初级长拳三路第三节（续）

（1）歇步抡砸拳

①重心稍升高，右脚尖外撇。右臂由胸前向上、向右抡直，左拳向下、向左，使臂抡直。目视右拳。

②上动不停，两脚以前脚掌为轴，向右后转体180°。右臂向下、向后抡摆，左臂向上、向前随身体转动。

③紧接上动，两腿全蹲成歇步。左臂随身体下蹲向下平砸，拳心向上，臂部微屈；右臂伸直向上举起。目视左拳。

（2）仆步亮掌

①左脚由右腿后抽出前上一步，左腿蹬直，右腿半蹲，成右弓步。上体微向右转。左拳收至腰侧，右拳变掌向下经胸前向右横击掌。目视右掌。

②右脚蹬地屈膝提起，上体右转。左拳变掌从右掌上向前穿出，掌心向上；右掌平收至左肘下。

③右脚向右落步，屈膝全蹲，左腿伸直，成仆步。左掌向下、向后划弧成勾手，勾尖向上；右掌向右、向上划弧微屈，抖腕成亮掌，掌心向前。头随右手转动，至亮掌时，目视左方。

（3）弓步劈拳

①右腿蹬地立起，左腿收回。右掌变拳收至腰侧，左勾手变掌由下向前上经胸前向左做掳手。

②右腿经左腿前方向左绕上一步，左腿蹬直成右弓步。左手向左平掳后再向前挥摆，虎口朝前。

③在左手平掳的同时，右拳向后平摆，然后向前、向上做抡劈拳，拳高与耳平，拳心向上，左掌外旋接扶右前臂。目视右拳。

（4）换跳步弓步冲拳

①重心后移，右脚稍向后移动。右拳变掌，臂内旋，以掌背向下划弧挂至右膝内侧，左掌背贴靠右肘外侧，掌指向前。目视右掌。

②右腿自然上抬，上体稍向左扭转。右掌挂至身体左侧，左掌伸向右腋下。目随右掌转视。

③右脚以全脚掌用力向下震踩，与此同时，左脚急速离地抬起。右手由左向上、向前掳盖而后变拳收至腰侧；左掌伸直向下、向上、向前屈肘下按，掌心向下。上体右转，目视左掌。

④左脚向前落步，右腿蹬直成左弓步。右拳向前冲出，拳高与肩平；左掌藏于右腋下，掌背贴靠腋窝。目视右拳。

（5）马步冲拳

上体右转90°，重心移至两腿中间，成马步。右拳收至腰侧，左掌变拳向左冲出，拳眼向上。目视左拳。

（6）弓步下冲拳

右脚蹬直，左腿弯曲，上体稍向左转，成左弓步。左拳变掌向下经体前向上架于头左上方，掌心向上，右拳自腰侧向左前斜下方冲出。目视右拳。

（7）叉步亮掌侧踹腿

①上体稍右转。左掌由头上下落于右手腕上，右拳变掌，两手交叉成"十"字。目视双手。

②右脚蹬地并向左腿后插步，以前脚掌着地。左掌由体前向下、向后划弧成勾手，勾尖向上；右掌由前向右、向上划弧抖腕亮掌，掌心向前。目视左侧。

③重心移至右腿，左腿屈膝提起，向左上方猛力踹出。上肢姿势不变，目视左侧。

（8）虚步挑拳

①左脚在左侧落地。右掌变拳稍后移，左勾手变拳由体后向左上挑，拳背向上。

②上体左转180°，微含胸前俯。左拳继续转向前向上划弧上挑，右拳向下、向前划弧挂至右膝外侧，同时右膝提起。目视右拳。

③右脚向左前方上步，脚尖点地，重心落于左脚，左腿下蹲成右虚步。左拳向后划弧收至腰侧，拳心向上；右拳向前屈臂挑出，拳眼斜向上，拳与肩同高。目视右拳。

5. 第四节

初级长拳三路第四节包括弓步顶肘、转身左拍脚、右拍脚、腾空飞脚、歇步下冲拳、仆步抡劈拳、提膝挑掌、提膝劈掌弓步冲拳8个动作，如图12-13所示。

弓步顶肘　　　转身左拍脚　　　右拍脚　　　腾空飞脚

初级长拳三路
第四节
（含收势动作）

歇步下冲拳　　　仆步抡劈拳　　　提膝挑掌　　　提膝劈掌弓步冲拳

图12-13　初级长拳三路第四节

（1）弓步顶肘

①重心升高，右脚踏实。右臂内旋，向下直臂划弧，以拳背下挂至右膝内侧，左拳不变。目视前下方。

②左腿蹬直，右腿屈膝上抬。左拳变掌，右拳不变，两臂向前、向上划弧摆起。目随右拳转视。

③左脚蹬地起跳，身体腾空，两臂继续划弧至头上方。

④右脚先落地，右腿屈膝，左脚向前落步，以前脚掌着地。同时两臂向右、向下屈肘停于右胸前，右拳变掌，左掌变拳。右掌心贴靠左拳面。

⑤左脚向左上一步，左腿屈膝，右腿蹬直成左弓步。右掌推左拳，以左肘尖向左顶出，高与肩平。目视前方。

（2）转身左拍脚

①以两脚前脚掌为轴向右后转体180°。随着转体，右臂向上、向右、向下划弧抡摆，同时左拳变掌向下、向后、向前上抡摆。

②左腿伸直向前上踢起，脚面绷平。左掌变拳收至腰侧，右掌由体后向上、向前拍击左脚面。

（3）右拍脚

①左脚向前落地，左拳变掌向下、向后摆，右掌变拳收至腰侧。

②右腿伸直向前上踢起，脚面绷平。左拳变掌由后向上、向前拍击右脚面。

（4）腾空飞脚

①右脚落地。

②左脚向前摆起，右脚猛力地跳起，左腿屈膝继续向前上摆。同时右拳变掌向前、向上摆起，左掌先上摆而后下降拍击右掌背。

③右腿继续上摆，脚面绷平。右手拍击右脚面，左掌由体前向后上举。

（5）歇步下冲拳

①左脚、右脚先后相继落地。左掌变拳收至腰侧。

②身体右转90°，两腿全蹲成歇步。右掌抓握、外旋变拳收至腰侧；左拳由腰侧向前下方冲出，拳心向下。目视左拳。

（6）仆步抡劈拳

①重心升高，右臂由腰侧向体后伸直，左臂随身体重心升高向上摆起。

②以右脚前脚掌为轴，左腿屈膝提起，上体左转270°。左拳由前向后下划立圆一周；右拳由后向下、向前上划立圆一周。

③左腿向后落一步，屈膝全蹲，右腿伸直，脚尖里扣成右仆步。右拳由上向下抡劈，拳眼向上；左拳后上举，拳眼向上。目视右拳。

（7）提膝挑掌

①重心前移成右弓步。同时右拳变掌由下向上抡摆，左拳变掌稍下落，右掌心向左，左掌心向右。

②左臂、右臂在垂直面上由前向后各划立圆一周。右臂伸直停于头上，掌心向左，掌指向上；左臂伸直停于身后成反勾手。同时右腿屈膝提起，左腿挺膝伸直独立。目视前方。

（8）提膝劈掌弓步冲拳

①下肢不动，右掌由上向下猛劈伸直，停于右小腿内侧，用力点在小指一侧；左勾手变掌，屈臂向前停于右上臂内侧，掌心向左。目视右掌。

②上动不停，左腿蹬直成右弓步。右手抓握变拳收至腰侧，左拳由腰侧向左前方冲出。目视左拳。

6. 收势

（1）虚步亮掌

①右脚扣于左膝后，两拳变掌，两臂右上左下屈肘交叉于体左前。目视右掌。

②右脚向右后落步，重心后移，右腿半蹲，上体稍右转。同时右掌向上、向右、向下划弧停于左腋下；左掌向左、向上划弧停于右臂上与左胸前，两掌心左下右上。目视左掌。

③左脚尖稍向右移，右腿下蹲成左虚步。左臂伸直向左、向后划弧成反勾手；右臂伸直向下、向右、向上划弧抖腕亮掌，掌心向前。目视左方。

（2）并步对拳

①左腿后撤一步，同时两掌从两腰侧向前穿出伸直，掌心向上。

②右腿后撤一步，同时两臂分别向体后下摆。

③左脚后退半步向右脚并拢。两臂由后向上经体前屈臂下按，两掌变拳，停于腹前，拳心向下，拳面相对。目视左方。

（3）还原

两臂自然下垂，目视正前方，如图12-14所示。

图12-14 还原

12.4 二十四式太极拳

12.4.1 二十四式太极拳概述

二十四式太极拳按行拳方向可以划分为4节。

第一节：从第一式到第五式，分别为起势、左右野马分鬃、白鹤亮翅、左右搂膝拗步、手挥琵琶，如图12-15所示。

第二节：从第六式到第九式，分别为左右倒卷肱、左揽雀尾、右揽雀尾、单鞭，如图12-16所示。

第三节：从第十式到第十五式，分别为云手、单鞭、高探马、右蹬脚、双峰贯耳、转身左蹬脚，如图12-17所示。

第四节：从第十六式到第二十四式，分别为左下势独立、右下势独立、左右穿梭、海底针、闪通臂、转身搬拦捶、如封似闭、十字手、收势，如图12-18所示。

二十四式太极拳
第一节

起势　　　　　　　　　　　　　　左右野马分鬃

白鹤亮翅　　　　　　　左右搂膝拗步　　　　　　手挥琵琶

图12-15　二十四式太极拳第一节

左右倒卷肱　　　　　　　　　　　　左揽雀尾

二十四式太极拳
第二节

右揽雀尾　　　　　　　　　　　　单鞭

AR 图12-16　二十四式太极拳第二节

云手　　　　　　　　　单鞭　　　　　　　　高探马

图12-17　二十四式太极拳第三节

右蹬脚　　　　双峰贯耳　　　　转身左蹬脚

二十四式太极拳
第三节

图12-17　二十四式太极拳第三节（续）

左下势独立　　　右下势独立　　　左右穿梭

二十四式太极拳
第四节

海底针　闪通臂　转身搬拦捶　如封似闭　十字手　收势

图12-18　二十四式太极拳第四节

12.4.2　动作和要领

1．第一式·起势

（1）左脚开立：左脚向左分开，两脚平行同肩宽。

（2）两臂前举：两臂慢慢向前举，自然伸直，两手心向下。

（3）屈腿按掌：两腿慢慢屈膝半蹲，同时两掌轻轻下按至腹前。起脚时先提脚跟，高不过足踝，落脚时前脚掌先着地，要做到点起点落、轻起轻落。上举两臂时，不可耸肩，不要出现指尖朝下的"折腕"。屈膝时松腰敛臀，上体保持正直，两掌下按时沉肩垂肘。

2．第二式·左右野马分鬃

（1）左野马分鬃

①抱球收脚：上体稍右转，右臂屈抱于右胸前，左臂屈抱于腹前，成右抱球；左脚收至右脚内侧成丁步。

②弓步分手：上体左转，左脚向左前方迈出一步，成左弓步；同时两掌前后分开，左手心斜向上，右手按至右胯旁，两臂微屈。

（2）右野马分鬃

①抱球收脚：重心稍向后移，左脚尖翘起外撇；上体稍左转，左手翻转在左胸前屈抱，右手翻转前摆，在腹前屈抱，成左抱球；重心移至左腿，右脚收至左脚内侧成丁步。

②弓步分手：同（1）中弓步分手，但左右相反。

（3）左野马分鬃

同（1）中左野马分鬃。弓步时，不可将重心过早前移，以免造成脚掌沉猛落地，后脚应有蹬碾动作。分手与弓步要协调同步。转体撇脚时，先屈后腿，腰后坐，同时两臂自旋。

3. 第三式·白鹤亮翅

（1）跟步抱球：上体稍左转，右脚向前跟步，落于左脚后；同时两手在胸前屈臂抱球。

（2）虚步分手：上体后坐并向右转体，左脚稍向前移动，成左虚步；同时右手分至右额前，掌心向内，左手按至左腿旁，上体转正；眼平视前方。

4. 第四式·左右搂膝拗步

（1）左搂膝拗步

①收脚托掌：上体右转，右手至头前下落，经右胯侧向后方上举，与头同高，手心向上，左手上摆，向右划弧落至右肩前；左脚收至右脚内侧成丁步；眼视右手。

②弓步搂推：上体左转，左脚向左前方迈出一步成左弓步；左手经膝前上方搂过，停于左腿外侧，掌心向下，指尖向前，右手经肩上向前推出，右臂自然伸直。

（2）右搂膝拗步

①收脚托掌：重心稍后移，左脚尖翘起外撇，上体左转，右脚收至左脚内侧成丁步；右手经头前划弧摆至左前肩，掌心向下，左手向左上方划弧上举，与头同高，掌心向上；眼视左手。

②弓步搂推：同（1）中弓步搂推，但左右相反。

（3）左搂膝拗步

动作与右搂膝拗步相同，但左右相反。

5. 第五式·手挥琵琶

（1）跟步展臂：右脚向前收拢半步落于左脚后；右臂稍向前伸展。

（2）虚步合手：上体稍向左回转，左脚稍前移，脚跟着地，成左虚步；两臂屈肘合抱，右手与左肘相对，掌心向左。

6. 第六式·左右倒卷肱

（1）右倒卷肱

①退步卷肱：上体稍右转，两手翻转向上，右手随转体向后上方划弧上举至肩上耳侧，左手停于体前；上体稍左转；左脚提起向后退一步，脚前掌轻轻落地；眼视左手。

②虚步推掌：上体继续左转，重心后移，成右虚步；右手推至体前，左手向后、向下划弧，收至左腰侧，手心向上；眼视右手。

（2）左倒卷肱

①退步卷肱：同（1）中退步卷肱，但左右相反。

②虚步推掌：同（1）中虚步推掌，但左右相反。

（3）右倒卷肱

同"（1）右倒卷肱"。

（4）左倒卷肱

同"（2）左倒卷肱"。

7. 第七式·左揽雀尾

（1）抱球收脚：上体右转，右手向侧后上方划弧，左手在体前下落，两手成右抱球状；左脚收成丁步。

（2）弓步掤臂：上体左转，左脚向左前方迈成左弓步；两手前后分开，左臂半屈向体前掤架，右手向下划弧按于右胯旁，五指向前；眼视左手。

（3）转体摆臂：上体稍向左转，左手向左前方伸出，同时右臂外旋，向上、向前伸至左臂内侧，掌心向上。

（4）转体后捋：上体右转，身体后坐，两手同时向下经腹前向右后划弧后捋，右手举于身体侧后方，掌心向外，左臂平屈于胸前，掌心向内；眼视右手。

（5）弓步前挤：重心前移成左弓步；右手推送左前臂向体前挤出，两臂撑圆。

（6）后坐引手：上体后坐，左脚脚尖翘起；左手翻转向下，右手经左腕上方向前伸出，掌心转向下，两手左右分开与肩同宽，两臂屈收后引，收至腹前，手心斜向下。

（7）弓步前按：重心前移成左弓步；两手沿弧线推至体前。

8. 第八式·右揽雀尾

（1）转体分手：重心后移，上体右转，左脚尖内扣；右手划弧右摆，两手平举于身体两侧；头随右手移转。

（2）抱球收脚：左腿屈膝，重心左移，右脚收成丁步；两手成左抱球状。

（3）弓步掤臂：同第七式中的弓步掤臂，但左右相反。

（4）转体摆臂：同第七式中的转体摆臂，但左右相反。

（5）转体后捋：同第七式中的转体后捋，但左右相反。

（6）弓步前挤：同第七式中的弓步前挤，但左右相反。

（7）后坐引手：同第七式中的后坐引手，但左右相反。

（8）弓步前按：同第七式中的弓步前按，但左右相反。

9. 第九式·单鞭

（1）转体运臂：上体左转，左腿屈膝，右脚尖内扣；左手向左划弧，掌心向外，右手向左划弧至左肘前，掌心转向上；视线随左手运转。

（2）勾手收脚：上体右转，右腿屈膝，左脚收成丁步；右手向上、向右划弧，至身体右前方变成勾手，腕高与肩平，左手向下、向右划弧至右肩前，掌心转向内；眼视勾手。

（3）弓步推掌：上体左转，左脚向左前方迈出成左弓步；左手经面前翻掌向前推出。

10. 第十式·云手

（1）转体松勾：上体右转，左脚尖内扣；左手向下、向右划弧至右肩前，掌心向内，右勾手松开变掌。

（2）左云收步：上体左转，重心左移，右脚向左脚收拢，两腿屈膝半蹲，两脚平行向前成小开立步；左手经头前向左划弧运转，掌心渐渐向外翻转，右手向下、向左划弧运转，掌心渐渐转向内；视线随左手运转。

（3）右云开步：上体右转，重心右转，左脚向左横开一步，脚尖向前；右手经头前向右划弧运转，掌心逐渐由内转向外，左手向下、向右划弧，停于右肩前，掌心渐渐翻转向内；视线随右手运转。

（4）左云收步：同"（2）左云收步"。

（5）右云开步：同"（3）右云开步"。

（6）左云收步：同"（2）左云收步"。

11. 第十一式·单鞭

（1）转体勾手：上体右转，重心右移，左脚跟提起；右手向上、向右划弧，至右前方掌心翻转变勾手；左手向下、向右划弧至右肩前，掌心转向内；眼视勾手。

（2）弓步推掌：同第九式中的弓步推掌。

12. 第十二式·高探马

（1）跟步翻手：后脚向前收拢半步；右手勾手松开，两手翻转向上，肘关节微屈。

（2）虚步推掌：上体稍右转，重心后移，左脚稍向前移成左虚步；上体左转，右手经头侧向前推出；左臂屈收至腹前，掌心向上。

13. 第十三式·右蹬脚

（1）穿手上步：上体稍左转，左脚提收向左前方迈出，脚跟着地；右手稍向后收，左手经右手背上方向前穿出，两手交叉，左掌心斜向上，右掌心斜向下。

（2）分手弓步：重心前移成左弓步；上体稍右转，两手向两侧划弧分开，掌心皆向外；眼视右手。

（3）抱手收脚：右脚成丁步；两手向腹前划弧相交合抱，举至胸前，右手在外，两掌心皆转向内。

（4）分手蹬脚：两手手心向外撑开，两臂展于身体两侧，肘关节微屈，腕与肩平；左腿支撑，右腿屈膝上提，脚跟用力慢慢向前上方蹬出，脚尖上勾，膝关节伸直，右腿与右臂上下相对，方向为右前方约30°；眼视右手。

14. 第十四式·双峰贯耳

（1）屈膝并手：右小腿屈膝回收，左手向体前划弧，与右手并行落于右膝上方，掌心皆翻转向上。

（2）弓步贯掌：右脚下落向右前方上步成右弓步；两手握拳经两腰侧向上、向前划弧摆至头前，两臂半屈成钳形，两拳相对，同头宽，拳眼斜向下。

15．第十五式·转身左蹬脚

（1）转体分手：重心后移，左腿屈坐，上体左转，右脚尖内扣；两拳松开，左手向左划弧，两手平举于身体两侧，掌心向外；眼视左手。

（2）抱手收脚：重心右移，右腿屈膝后坐，左脚收至右脚内侧成丁步；两手向下划弧交叉合抱，举至胸前，左手在外，两手心皆向内。

（3）分手蹬脚：同第十三式中的分手蹬脚，但左右相反。

16．第十六式·左下势独立

（1）收脚勾手：左腿屈收于右小腿内侧；上体右转，右臂稍内合，右手变勾手，左手划弧摆至右肩前，掌心向右；眼视勾手。

（2）仆步穿掌：上体左转，右腿屈膝，左腿向右前方伸出成左仆步；左手经右肋沿左腿内侧向左穿出，掌心向前，指尖向左；眼视左手。

（3）弓步起身：重心移向左腿成左弓步；左手前穿并向上挑起，右勾手内旋，置于身后。

（4）独立挑掌：上体左转，重心前移，右腿屈膝提起成左独立步；左手下落按于左胯旁，右勾手下落变掌，向体前挑起，掌心向左，高于眼平，右臂半屈成弧。

17．第十七式·右下势独立

（1）落脚勾手：右脚落于左脚右前方，脚前掌着地，上体左转，左脚以脚掌为轴随之扭转；左手变勾手向上提举于身体左侧，高与肩平，右手划弧摆至左肩前，掌心向左；眼视勾手。

（2）仆步穿掌：同第十六式中的仆步穿掌，但左右相反。

（3）弓步起身：同第十六式中的弓步起身，但左右相反。

18．第十八式·左右穿梭

（1）右穿梭

①落脚抱球：左脚向左前方落步，脚尖外撇，上体左转；两手成左抱球状。

②弓步架推：上体右转，右脚向右前方上步成右弓步；右手向前上方划弧，翻转上举，架于右额前上方，左手向后下方划弧，经肋前推至休前，高与鼻平；眼视左手。

（2）左穿梭

①抱球收脚：重心稍后移，右脚尖外撇，左脚收成丁步；上体右转，两手在右肋前上下相抱。

②弓步架推：同右穿梭中的弓步架推，但左右相反。

19．第十九式·海底针

（1）跟步提手：右脚向前收拢半步，随之重心后移，右腿屈坐；上体右转，右手下落屈臂提抽至耳侧，掌心向左，指尖向前，左手向右划弧下落至腹前，掌心向下，指尖斜向右。

（2）虚步插掌：上体左转向前俯身，左脚稍前移成左虚步；右手向前下方斜插，左手经膝前划弧搂过，按至左大腿侧；眼视右手。

20．第二十式·闪通臂

（1）提手收脚：上体右转，恢复正直；右手提至胸前，左手屈臂收举，指尖贴近右腕内侧；左脚收至右脚内侧。

（2）弓步推掌：左脚向前上步成左弓步；左手推至体前，右手撑于头侧上方，掌心斜向上，两手分展；眼视左手。

21. 第二十一式·转身搬拦捶

（1）转体扣脚：重心后移，右腿屈坐，左脚尖内扣；身体右转，右手摆至体右侧，左手摆至头左侧，掌心均向外；眼视右手。

（2）坐腿握拳：重心左移，左腿屈坐，右腿自然伸直；右手握拳向下、向左划弧停于左肋前，拳心向下，左手举于左额前；眼向前平视。

（3）踩脚搬拳：右脚提收至左脚内侧，再向前迈出，脚跟着地，脚尖外撇；右拳经胸前向前搬压，拳心向上，高与胸平，肘部微屈，左手经右前臂外侧下落，按于左胯旁；眼视右拳。

（4）转体收拳：上体右转，重心前移，右拳向右划弧至体侧，拳心向下，左臂外旋，向体前划弧，掌心斜向上。

（5）上步拦掌：左脚向前上步，脚跟着地；左掌拦至体前，掌心向右，右拳翻转收至腰间，拳心向上；眼视左掌。

（6）弓步打拳：上体左转，重心前移成左弓步；右拳向前打出，肘微屈，拳眼向上，左手微收，掌指附于右前臂内侧，掌心向右。

22. 第二十二式·如封似闭

（1）穿手翻掌：左手翻转向上，从右前臂下向前穿出；同时右拳变掌，也翻转向上，两手交叉举于体前。

（2）后坐收掌：重心后移，两臂屈收后引，两手分开收至胸前，与胸同宽，掌心斜相对；眼视前方。

（3）弓步按掌：重心前移成左弓步；两掌经胸前弧线向前推出，高与肩平，宽与肩同。

23. 第二十三式·十字手

（1）转体扣脚：上体右转，重心右移，右腿屈坐，左脚尖内扣；右手向右摆至头前，两手心皆向外；眼视右手。

（2）弓腿分手：上体继续右转，右脚尖外撇侧弓，右手继续划弧至身体右侧，两臂侧平举，手心皆向外；眼视右手。

（3）交叉搭手：上体左转，重心左移，左腿屈膝侧弓，右脚尖内扣；两手划弧下落，交叉上举成斜十字形，右手在外，手心皆向内。

（4）收脚合抱：上体转正，右脚提起收拢半步，两腿慢慢直立；两手交叉合抱于胸前。

24. 第二十四式·收势

（1）翻掌分手：两臂内旋，两手翻转向下分开，两臂慢慢下落停于身体两侧；眼视前方。

（2）并脚还原：左脚轻轻收回，恢复成预备姿势。

12.5　陈式太极拳精要十八式

陈式太极拳精要十八式可分为3节。

第一节：第一式到第六式，各式分别为太极起势、金刚捣碓、懒扎衣、六封四闭、单鞭、白鹤亮翅，如图12-19所示。

第二节：第七式到第十二式，各式分别为斜行、搂膝、拗步、掩手肱拳、高探马、左蹬一根，如图12-20所示。

第三节：第十三式到第十八式，各式分别为玉女穿梭、云手、转身双摆莲、当头炮、金刚捣碓、收势，如图12-21所示。

太极起势　金刚捣碓　懒扎衣　六封四闭　单鞭　白鹤亮翅

图12-19　陈式太极拳精要十八式第一节

陈式太极拳精要十八式第一节

斜行　搂膝　拗步　掩手肱拳　高探马　左蹬一根

图12-20　陈式太极拳精要十八式第二节

陈式太极拳精要十八式第二节

玉女穿梭　云手　转身双摆莲　当头炮　金刚捣碓　收势

图12-21　陈式太极拳精要十八式第三节

陈式太极拳精要十八式第三节

12.6 女子防身术

12.6.1 女子防身术概述

防身术是当人身受到威胁、侵害时采取的，以保护自己为目的的技击术。女性用于抗暴御侮的技击术，就叫女子防身术。

1. 女子防身术的原则

女子防身术防卫的对象通常是男性。从生理角度来说，女性的体型骨骼较小，力量、速度和耐久力都比男性差，所以需要以智取胜。总的来说，女子防身术有以下两个原则。

（1）想办法逃跑永远是第一选择。不论女性多么强壮，功夫多么高强，单独一人面对歹徒都是极其危险的。因此，当女性独自一人出行时，应该加强观察，一旦发现有可疑人员向自己走近时，就要及时逃离现场，并且拿出手机拨打报警电话。

（2）胆大心细，沉着冷静。在面对歹徒时，一般人由于心理上的恐惧而容易发抖、肌肉发僵，动作呆滞、笨拙，从而错失制服歹徒的有利时机。在这种情况下，正确的做法是沉着冷静，以巧制胜。

2. 女子防身术的特点

女子防身术是从女性身体特点出发，结合遭遇的具体情况而实施的独特的防身术。它不同于传统武术、散打、拳击等擂台上的竞技体育运动，相较之下具有一些独特之处。

（1）简单实用。女子防身术是一种以迅速摆脱危险境地为目的，尽量以一招制胜来捍卫自身安全的搏斗技术。其技术简洁明快，战术简明实用，而且打击部位明确，要求快、准、狠地击打歹徒，从而实现迅速逃脱。

（2）科学性。女性想要取得抗击暴力违法犯罪行为的胜利，必须掌握一定的知识和技巧。在模拟训练中，教师应根据女性的身体和心理特点为学生制订训练内容和方法，从学习、训练到实战对抗，循序渐进，由易到难。

（3）随机应变性。使用女子防身术是为了自我防卫、摆脱危险，因此，在实际搏斗过程中必须运用一切可能用到的技术动作和身边的物品，比如采用拳打脚踢、顶裆、掐捏、口咬等方式，利用随身携带的包、梳子、鞋、发卡、雨伞、发胶水以及现场的沙土、砖瓦、木棍等物品，尽最大限度去打击歹徒，以保证自己的安全。

（4）伪装性。伪装性指女性在搏斗过程中要掩饰自己的防卫动机，甚至利用各种假动作和表情来欺骗对方，趁其不备，出奇制胜。女性在受到侵害时多处于弱势，以硬碰硬很难取胜，如果将计就计，有效地利用女性自身的"弱"的表象，诱敌深入，让对方疏于防范，伺机接近对方，然后抓住时机采用合理、有效的方法进攻，则可能有机会实现逃脱，甚至将对方制服。

3. 女子防身术常用技法

（1）头法：以额头为武器攻击对方，在女子防身术中称为头法。头部虽然分布着大量要害薄弱部位，但头部有坚实的区域，这就是前额。

（2）拳法：手是最灵活的，在女子防身术中，手的威力最大，而手的攻击形式以拳为主，所以拳是最主要的攻击武器。常见的拳法有直拳、勾拳、劈拳、鞭拳。

（3）掌法：常见的掌法有插掌、砍掌、撩掌、推掌、平掌、虎爪、掌根。

（4）肘法：由于肘部的生理结构特点，击打力量较之其他技法（掌法、拳法等）更重、更狠。常见的肘法有顶肘、挑肘、横肘、砸肘、反手横肘。

（5）膝法：用膝攻击，距离一定要近，因为膝与腿不同，膝比大腿、小腿短了许多，不到位或勉强到位，对方稍微弯腰躬身就化解了。常见的膝法有提膝、侧撞膝。

（6）腿法：腿法可分为屈伸性腿法和直摆性腿法。直摆性腿法（如摆腿、后扫腿等）难度较大，未经长期特殊练习，不会有较大威力。考虑到女性各方面的条件，女性在自卫时用屈伸性腿法更合适。常见的屈伸性腿法有蹬腿、弹腿、踹腿。

12.6.2 危境反击技能

1. 胳膊被抓时的防卫技术

歹徒抓住女性胳膊时，一般都是向自己拉扯。此时，歹徒的手腕虎口处空虚无力，被抓者手臂应以歹徒虎口为突破点用力上挑，逃脱歹徒的掌控，如图12-22所示。

2. 头发被抓时的防卫技术

歹徒抓住女性头发往前拖曳时，一般都是身内拖曳。因此，裆部要害部位便全部暴露，并正处于被抓者面对的方向。这时，被抓者应趁被抓扯俯身向前窜而站立不稳之机，借着抓拉之力的惯性，将膝头高提，以提膝的打法猛撞歹徒裆部，如图12-23所示。若女性被歹徒抓着头发往前走，女性应以手掌自歹徒后裆猛地插入，使用掏裆法。此外，头发被抓时，女性也可以掌尖顺着歹徒的手臂猛力插击其腋窝。

3. 从身后被抱住时的防卫技术

当女性被歹徒从身后抱住时，若女性的手臂未被抱住，可抬手以反手横肘向后猛击歹徒的太阳穴，也可以反方向折其大拇指或小手指，或可用脚跟猛踩其脚面，如图12-24所示。如果手臂也一起被抱住，可伸手抓、握、提歹徒的裆部。因为是反手掏裆，所以一定要准确。歹徒抱住女性腰际时，其必然弯腰，头部较低，这时女性可猛仰头以后脑击其面部。

4. 单肩被抓时的防卫技术

女性单肩被抓时，可用右手按压住歹徒的手掌部位，左手肘部从上向下用力按压歹徒的肘关节处；也可用右手按压住歹徒的手掌部位，用左手掌拧压歹徒的肘关节处，如图12-25所示。

5. 双肩被抓时的防卫技术

女性双肩被抓时，歹徒的裆部和腋下全部暴露，女性可用掌尖猛刺歹徒的

胳膊被抓时的防卫技术

头发被抓时的防卫技术

从身后被抱住时的防卫技术

单肩被抓时的防卫技术

腋下，也可抬膝踢歹徒的裆部，还可用拳击打歹徒的肋骨处，如图12-26所示。

6. 仰卧被压时的防卫技术

当歹徒跨立于女性身体上方，俯身抓、掐、压时，女性可以抬腿蹬击其裆部。如果手臂未被控制住，在较近的距离内可以直接用手指快速戳击歹徒的眼睛，或用掌根自下而上重击歹徒的鼻子，有意想不到的效果，如图12-27所示。在手臂被控制的情况下，可以用头撞歹徒的鼻梁，抬头要猛。

双肩被抓时的防卫技术

仰卧被压时的防卫技术

图12-22 胳膊被抓时的防卫技术　图12-23 头发被抓时的防卫技术　图12-24 从身后被抱住时的防卫技术

图12-25 单肩被抓时的防卫技术　图12-26 双肩被抓时的防卫技术　图12-27 仰卧被压时的防卫技术

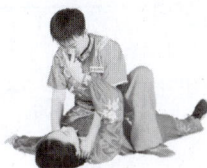

12.7　八段锦和五禽戏

八段锦是我国古代导引术，其动作古朴优雅，健身效果明显，易学且安全。因其由8个动作组成，又如丝锦般华贵，故名八段锦。

五禽戏又称"五禽操""五禽气功""百步汗戏"等，其动作模仿虎、鹿、熊、猿、鸟5种动物，仿效虎之威猛、鹿之安舒、熊之沉稳、猿之灵巧、鸟之轻捷，具有形神兼备、内外合一、疏通筋骨、防治百病、延年益寿的特点与功效。

12.7.1　八段锦

八段锦包括起势（并步、抱球桩）、第一式（两手托天理三焦）、第二式（左右开弓似射雕）、第三式（调理脾胃须单举）、第四式（五劳七伤往后瞧）、第五式（摇头摆尾去心火）、第六式（两手攀足固肾腰）、第七式（攒拳怒目增气力）、第八式（背后七颠百病消）、收势（男生左手在内，女生右手在内），如图12-28所示。

八段锦

并步　抱球桩　　两手托天理三焦　　左右开弓似射雕　　调理脾胃须单举　　五劳七伤往后瞧

摇头摆尾去心火　　两手攀足固肾腰　　攒拳怒目增气力　　背后七颠百病消　　收势

图12-28　八段锦

12.7.2　五禽戏

五禽戏包括起势（并步站立、开步站立）、虎戏（虎举、虎扑）、鹿戏（鹿抵、鹿奔）、熊戏（熊运、熊晃）、猿戏（猿提、猿摘）、鸟戏（鸟伸、鸟飞）、收势，如图12-29所示。

并步站立　开步站立　　虎举　　虎扑　　鹿抵　　鹿奔　　　**五禽戏**

熊运　　熊晃　　猿提　　猿摘　　鸟伸　　鸟飞　　收势

图12-29　五禽戏

思考与练习

1. 我国传统的经典健身方式有哪些？
2. 初级长拳三路、二十四式太极拳、陈式太极拳精要十八式的主要动作有哪些？
3. 女子防身术的原则是什么？

第**13**章

跆拳道运动

传承跆拳道精神：礼仪 廉耻 忍耐 克己 百折不屈

金鹏

2019.6.6

跆拳道是一项利用拳和脚进行搏击的对抗性运动。跆拳道是一项古老而又具有创新性的竞技体育运动，也是现代奥运会的正式比赛项目之一。练习跆拳道能促进身体素质全面发展，培养坚毅、无畏的意志，养成谦逊、尊师重道、百折不挠的优良品质。

13.1 跆拳道运动概述

本节将介绍跆拳道运动的基础知识，包括跆拳道运动的起源与发展、跆拳道运动的特点、跆拳道运动主要赛事、跆拳道运动的礼仪及等级。

13.1.1 跆拳道运动的起源与发展

跆拳道自诞生距今已有两千多年的历史。1790年，李德懋编纂的《武艺图谱通志》就是关于跆拳道的代表作。

1992年10月，中国跆拳道筹备小组成立，这标志着我国跆拳道运动正式开始。

1999年6月，在加拿大埃特蒙多举办的世界跆拳道锦标赛上，我国女运动员王朔获得女子55公斤级以下冠军。这是我国运动员获得的第一个跆拳道世界冠军。

2000年，跆拳道成为奥运会正式比赛项目。

13.1.2 跆拳道运动的特点

1. 腿法为主

跆拳道以腿法攻击为主，以拳法攻击为辅。在实战中腿法有很多，如前踢、横踢、下劈、侧踢、双飞踢、旋风踢、后踢、勾踢和后旋踢等。使用腿法是跆拳道规则大力鼓励的，得分分值也很高；而拳法只有一种，即正拳，有效击打得1分。

2. 技法简单易学

跆拳道无论是腿法还是拳法都易学习，大部分腿法技术都以提膝为基础，且难度逐步提高。在跆拳道实战中，多采用直线技术进攻或是防守，要求练习者有较好的柔韧性及爆发力，注重实效。

3. 发声扬威

在跆拳道练习中，要求在气势上给人以威严的感觉，练习者常以洪亮并带有威慑力的声音来显示自己的威力。

4. 注重礼仪

跆拳道练习者始终以礼相待，十二字精神"礼仪、廉耻、忍耐、克己、百折不屈"中，将"礼仪"放于首位。练习活动都要以礼开始、以礼结束，以养成谦虚、友好、忍让的作风。

13.1.3 跆拳道运动主要赛事

跆拳道运动主要的国际赛事有奥运会、世界跆拳道锦标赛（世锦赛）、世界跆拳道大满贯冠军系列赛、跆拳道团体世界杯锦标赛（世界杯）；主要的国内赛事有全运会跆拳道赛、全国跆拳道锦标赛、全国青年跆拳道锦标赛等。

13.1.4　跆拳道运动的礼仪及等级

1．跆拳道运动的礼仪

跆拳道的礼仪是跆拳道基本精神的具体体现。

如图13-1所示，敬礼时，身体成立正姿势，身体前倾弯腰成约30°，头部前屈45°鞠躬敬礼，双手置于体侧，停顿1~2秒，然后还原成立正姿势。两人相互敬礼时面对面站立，保持适当距离，相互敬礼。

2．跆拳道运动的等级

图13-1　跆拳道礼仪姿势

（1）十级：以道带颜色区分，从白带至红黑带。由低到高具体级别如下：初学者（白带）、九级（白黄带）、八级（黄带）、七级（黄绿带）、六级（绿带）、五级（绿蓝带）、四级（蓝带）、三级（蓝红带）、二级（红带）、一级（红黑带）。一级以后进入黑带，黑带分为九段。

（2）九段：段位称号由低至高依次分为一段、二段、三段、四段、五段、六段、七段、八段、九段。黑带一段以上选手有资格参加国际比赛。

13.2　跆拳道运动的基本技术

跆拳道运动的基本技术包括拳法、步法和腿法。基本技术的合理化、规范化是学习跆拳道的基础，只有基本技术扎实才能学好高难度技术与战术。

跆拳道品势是练习者以技击为主要内容，通过攻守进退的动作编排，达到强身健体、培养意志的一种练习形式。跆拳道品势共有17个标准型，其中太极一至八章为基本型。

品势
（太极一至八章）

13.2.1　拳法

正拳也称平冲拳或直拳，如图13-2所示。正拳在跆拳道比赛中只能用于攻击对方胸口和胸腹部。

正拳的握法：将手的四指并拢握紧，大拇指屈曲于食指和中指的第二节上，拳面要平，如图13-3所示。使用正拳时，用拳的正面直拳击打。

正拳

图13-2　正拳

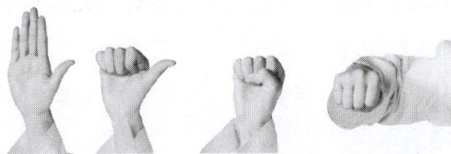

图13-3　正拳的握法

13.2.2　步法

步法

1. 准备姿势（格斗势）

准备姿势也称实战姿势或预备姿势，是跆拳道比赛中双方开始时的基本站立姿势。准备姿势应便于进攻、防守反击及步法的移动。

（1）立正姿势准备。

（2）右脚向右后方撤一步，两脚间距离略宽于肩，使身体侧对对方，同时两手握拳，屈肘自然放于体前（左脚在后是左架准备姿势，右脚在后是右架准备姿势），如图13-4所示。

（3）重心落在两脚之间，膝部略弯曲，目视前方。

图13-4　准备姿势

2. 上步

（1）右架准备姿势（以下简称"右架"）站立。

（2）以左脚前脚掌为轴，右脚蹬地快速向前上一步，成为左架准备姿势（以下简称"左架"），如图13-5所示。反之左架亦然。

图13-5　上步

3. 后撤步

（1）右架站立。

（2）以右脚前脚掌为轴，左脚蹬地快速向后撤一步，成为左架，如图13-6所示。反之左架亦然。

4. 前跃步

（1）右架站立。

（2）两脚同时向前跃进一步，保持右架，如图13-7所示。反之左架亦然。

5. 后跃步

（1）右架站立。

（2）两脚同时向后跃一步，保持右架，如图13-8所示。反之左架亦然。

图13-6　后撤步　　　　　　图13-7　前跃步　　　　　　图13-8　后跃步

6. 原地跳换步

（1）右架站立。

（2）两脚原地前后交换，由右架换成左架，如图13-9所示。反之左架亦然。

7. 前垫步

（1）左架站立。

（2）左脚向右脚内侧上步，同时右腿迅速抬起，腿略弯曲，如图13-10所示。

图13-9 原地跳换步

图13-10 前垫步

13.2.3 腿法

跆拳道运动主要以腿法为主，被誉为"踢的艺术"。跆拳道运动的腿法主要有前踢、横踢、下劈、侧踢、双飞踢、旋风踢、后踢、勾踢和后旋踢等。

1. 前踢

前踢的动作分解如图13-11所示，具体动作介绍如下。

（1）右架站立，重心移至左腿。

（2）右脚蹬地，向前上提右膝至腰部或胸腹部，同时髋部略向左转，大腿与小腿夹紧，脚背稍绷直。

（3）快速向前弹收小腿，用脚背击打目标。

（4）落地成左架，后撤右腿，还原成右架。

图13-11 前踢

前踢

2. 横踢

横踢的动作分解如图13-12所示，具体动作介绍如下。

（1）右架站立，重心移至左腿。

（2）右脚蹬地，向前上提右膝至腰部或胸腹部，同时髋部略向左转，大腿与小腿夹紧，脚背稍绷直。

（3）继续将右大腿向前抬高，左脚以前脚掌为轴向前转至130°～180°，髋内扣，右膝盖朝左，右小腿快速弹收。

（4）落地成左架，后撤右脚，还原成右架。

横踢

图13-12 横踢

3. 下劈

下劈的动作分解如图13-13所示，具体动作介绍如下。

（1）右架站立，重心先移至左腿。

（2）右脚蹬地，向前上提右膝至胸部高度，同时髋部向左、向上送，身体重心尽量向上送。

图13-13　下劈

（3）向上弹出小腿，高举过头，右腿伸直贴紧上体，重心向上送。

（4）右腿快速下劈（如劈木块一样），用脚掌或脚后跟向下砸对方的头部，身体重心前移至右腿上，身体要稍后仰来控制重心。

（5）落地成左架，后撤右脚，还原成右架。

4. 侧踢

侧踢的动作分解如图13-14所示，具体动作介绍如下。

（1）右架站立，将重心移至左腿。

（2）右脚蹬地，提右膝同时左脚以前脚掌为轴脚跟前旋，右腿弯曲向左转髋，勾右脚，身体右侧侧对对方，脚底向前。

（3）大腿带动小腿展髋，直线平蹬出右腿，用脚掌外侧攻击对方。

（4）落地成左架，后撤右腿，还原成右架。

下劈

侧踢

图13-14　侧踢

5. 双飞踢

双飞踢的动作分解如图13-15所示，具体动作介绍如下。

（1）右架站立，重心移至左腿。

（2）提起右大腿使用横踢，然后在右脚未落下时，立即跳起，提左腿使用横踢，也就是连续两个横踢。

（3）两脚自然落下，还原成右架。

双飞踢

图13-15　双飞踢

6. 旋风踢

旋风踢的动作分解如图13-16所示，具体动作介绍如下。

（1）右架站立，重心移至左腿。

（2）右腿蹬地，左脚以前脚掌为轴，左脚跟外旋，右腿随着向右后方转动，转约360°。

（3）身体稍后仰，右腿下落的同时左脚蹬地使用左腿横踢技术。

（4）落地成右架。

旋风踢

图13-16　旋风踢

7. 后踢

后踢的动作分解如图13-17所示，具体动作介绍如下。

（1）右架站立，重心移至左腿。

（2）左脚以前脚掌为轴，左脚跟外旋，身体向右后方转动，同时提起右大腿，大腿与小腿夹紧，勾右脚至左大腿内侧膝关节以上，头部稍向右后方转动。

（3）右腿向后平伸（或稍高）蹬出，髋内扣。

（4）落下成左架，后撤右脚，还原成右架。

后踢

图13-17　后踢

8. 勾踢

勾踢的动作分解如图13-18所示，具体动作介绍如下。

（1）右架站立，重心移至左腿。

（2）左脚以前脚掌为轴，左脚跟内旋，同时提起右大腿向前，大小腿折叠，勾脚，脚底朝前。

（3）右腿蹬摆，由外向内有一定弧度地摆动并伸小腿，身体随之侧倾。

（4）用脚掌向右横向鞭打对方面部。

（5）落地成左架，后撤右腿，还原成右架。

勾踢

图13-18　勾踢

9. 后旋踢

后旋踢的动作分解如图13-19所示，具体动作介绍如下。

（1）右架站立，重心移至左腿。

（2）左脚以前脚掌为轴，左脚跟外旋，身体向后方转动，同时提起右大腿向斜后方蹬伸，头部向右后方转动。

（3）身体继续旋转，右腿借旋转的力，向后划半圆形的弧线，快速屈膝用脚掌击打对方头部。

（4）击打后，身体重心依然在左腿上，右脚自然落下，还原成右架。

图13-19　后旋踢

13.3　跆拳道运动的比赛规则

本节将介绍跆拳道运动的比赛规则，包括场地、设备、允许技术及攻击部位、有效得分、犯规行为、获胜方式等方面内容。

13.3.1　场地及设备

跆拳道比赛场地为10米×10米，比赛区域是在 8米×8米区域的基础上切掉直角边长为2.4米的4个角，变为八角形区域，区域总面积为 52.48平方米。

跆拳道的比赛设备一般指护具，包括护腿、护臂、护胸、护头、护手、护脚、护裆、护齿。

13.3.2　允许技术及攻击部位

1. 允许的技术

（1）拳的技术：紧握拳头并使用直拳进行正面攻击的技术。

（2）脚的技术：使用踝关节以下脚的部位进行攻击的技术，主要通过腿法来体现。

2. 允许击打的部位

（1）躯干：允许使用拳的技术和脚的技术攻击被护具包裹的躯干部位，但禁止攻击后背脊柱。

（2）头部：指锁骨以上的部位，只允许使用脚的技术进行攻击。

13.3.3　有效得分

1. 得分部位

（1）躯干：护胸的蓝色或红色区域。

（2）头部：头盔底边上方的所有头部区域。

2. 得分分值

（1）有效直拳技术正面击打护胸得1分。

（2）有效腿法技术击打护胸得2分。

（3）有效腿法技术击打头部得3分。

（4）有效转身腿法技术击打护胸得4分。

（5）有效转身腿法技术击打头部得5分。

（6）选手犯规，对方选手得1分。

13.3.4　犯规行为

以下属于犯规行为，将给予扣分判罚。

（1）越出边界线。

（2）倒地。

（3）故意回避或消极比赛。

（4）抓或推对方运动员。

（5）抬腿阻碍和/或踢对方运动员腿部以阻挡其进行腿部进攻；抬腿或空踢超过 3 秒以阻碍对方运动员的可能进攻动作；瞄准对方腰以下部位攻击。

（6）攻击对方运动员腰部以下部位。

（7）在主裁判发出分开口令后攻击对方运动员。

（8）用手攻击对方运动员头部。

（9）用膝部顶撞或攻击对方运动员。

（10）攻击已倒地的对方运动员。

（11）在贴靠状态下，运动员膝部向外，用脚两侧或脚底击打对方躯干部位的护具。

（12）运动员或教练员有不良言行。

13.3.5　获胜方式

跆拳道获胜方式包括对方失去资格胜、对方弃权胜、主裁判终止比赛胜、主裁判判罚犯规胜、最终得分胜、分差胜、黄金得分胜、比分或优势胜、不道德行为失格胜。

13.4　跆拳道运动的常见损伤及预防

本节将介绍跆拳道运动的常见损伤及预防方面的知识。

13.4.1 跆拳道运动的常见损伤

跆拳道属于技能主导类格斗项目，在实战中主要通过腿和拳的技术击打对方有效部位得分，是一项对抗性很激烈的运动项目。在跆拳道训练和比赛中易出现受伤的情况，常见损伤主要有以下5种。

1. 擦伤

擦伤主要是因皮肤与护具摩擦导致皮肤表皮破损，表现为表皮剥脱、有血痕、渗血或有出血斑点，继而可出现轻度炎症反应，局部会产生红肿和疼痛。

2. 扭伤

扭伤指四肢关节或躯体部位的软组织（如肌肉、肌腱、韧带等）损伤，无骨折、脱臼、皮肉破损等。

3. 挫伤

挫伤是闭合性损伤，其实质是软组织内较小的静脉或小动脉破裂出血。

4. 休克

休克是机体遭受强烈的致病因素侵袭后，由于有效循环血量锐减，组织血流灌注广泛、持续、显著减少，致全身微循环功能不良，人体重要器官出现严重障碍的综合征。

5. 运动系统慢性损伤

运动系统慢性损伤是临床常见病损，人体对长期、反复、持续的姿势或职业动作在局部产生的应力是以组织的肥大、增生为代偿的，超越代偿能力即形成轻微损伤，累积、迁延而成慢性损伤。

13.4.2 跆拳道运动损伤的预防

跆拳道训练和比赛中难免会出现损伤的情况，跆拳道练习者要掌握跆拳道运动的特点，了解发生损伤的原因及易出现的部位，进而有效地预防损伤的发生。

1. 充分做好准备活动

跆拳道运动动作幅度大，有突然性爆发式的发力，需要有较好的柔韧性和较灵活的关节。因此，在正式练习跆拳道技术前要做好热身活动，各个关节要活动充分，尤其是大小腿的韧带牵拉，以保证高难度腿法的完成，并避免受伤。

2. 合理安排训练

在跆拳道训练中，要根据跆拳道项目的特点、练习者的年龄和水平，合理安排运动负荷，制订相应的训练方案。在对抗练习中，练习者要穿戴好护具，特别是护头和护裆。击靶和击护具练习中注意动作的准确性和规范性，持靶或护具者也要注意动作的规范性，以免误伤。

3. 严格执行规则

跆拳道练习要严格按照规则进行。跆拳道练习是两人的对抗练习，要求练习者态度严谨，注意力始终集中在对方身上，不可嬉戏打闹，要认真对待每一个环节，避免损伤事故发生。

> **思考与练习**
>
> 1. 跆拳道运动如何划分等级？
> 2. 跆拳道运动的基本腿法包括哪些？
> 3. 跆拳道运动的犯规行为有哪些？

第 **14** 章

冰雪运动

让我们相约冰雪运动,
挥洒青春丽豪迈。

令了

2019. 3.23

寄语

冰雪运动具有鲜明的运动特色和锻炼价值，随着人民生活水平和社会科技水平的提高，冰雪运动逐渐打破了地域和季节的限制，吸引越来越多的爱好者参与进来。

14.1 冰雪运动概述

冰雪运动指在天然或人工的冰雪场地上，借助各种装备、器具进行的体育运动。冰雪运动项目可分为冰上运动和雪上运动两大类。

14.1.1 冰雪运动的起源与发展

1. 冰上运动的起源与发展

冰上运动是人们借助冰刀或其他器材在冰面上进行的一种运动。它包括速度滑冰、短道速滑、花样滑冰、冰球和冰壶等项目。人们所提及的滑冰运动指速度滑冰、短道速滑和花样滑冰。据考证，滑冰起源于荷兰。1676年，在荷兰的运河上出现了最早的速滑比赛。冰上运动是冬季运动的重要组成部分。国际滑冰联盟于1892年正式成立。

2. 雪上运动的起源与发展

据考证，滑雪运动起源于北欧。1719年世界上第一支滑雪队伍成立。1910年，国际滑雪委员会成立，并于次年通过了最早的滑雪规则。现代雪上运动包括高山滑雪、自由式滑雪、雪橇等项目。

14.1.2 冰雪运动的特点与作用

1. 冰上运动的特点和作用

冰上运动可增强人的身体素质，促进人体骨骼生长发育，改善和提高人体中枢神经系统、内脏器官的功能，提高人体的抗寒适应能力，调节人的心理，磨炼人的意志。

2. 雪上运动的特点和作用

雪上运动可提高人体各系统的机能，充分挖掘人体潜能，挑战人体极限。雪上运动项目繁多，运动形式多样，适合不同爱好者。滑雪场大都远离城市，因此参与雪上运动的人可以呼吸到清新的空气，消除因快节奏的现代生活而产生的疲劳。

14.1.3 冰雪运动主要赛事

1. 冰上运动的主要赛事

冰上运动的主要赛事包括世界速滑锦标赛、欧洲速滑锦标赛、世界短距离速滑锦标赛、国际短道速滑锦标赛、冬季奥林匹克运动会、世界花样滑冰锦标赛。

2. 雪上运动的主要赛事

雪上运动的主要赛事包括冬季奥林匹克运动会、世界高山滑雪锦标赛、世界杯高山滑雪系列赛、世界冬季大学生比赛、世界高山滑雪青年锦标赛。

2022年2月4日，第24届冬季奥林匹克运动会在北京开幕。"双奥之城"北京再次为世界献上了一场精彩绝伦的奥运会开幕式。以冬奥筹办为契机，中国冰雪运动发展呈现新的局面，在短短几年内完成了"全项目训练"布局。冬奥带动三亿人参与冰雪运动，群众体育与竞技体育协调发展、相互促进，厚植大众参与的土壤，冰雪运动发展将迈上新台阶，体育强国建设也将收获源源不断的动力。

14.2　短道速滑

14.2.1　短道速滑概述

短道速滑是以冰刀为工具，在短跑道速滑跑道上进行的争先竞速类的运动项目。1969年，第33届国际滑冰联盟代表大会正式发布了《短道速度滑冰规则》。在1992年的冬奥会上，短道速滑被列为正式比赛项目。

14.2.2　短道速滑的基本技术

1. 直道滑行技术

直道滑行技术指在直道基本姿势的基础上，两腿交替连续完成蹬冰、收腿、下刀、支撑滑行，并配合摆臂而形成的完整直道滑跑动作。

（1）基本姿势：采用流线型蹲屈姿态，上体前倾，髋、膝、踝呈屈曲状态。髋角为45°～75°，膝角为90°～110°，踝角为50°～90°，如图14-1所示。

（2）蹬冰技术：蹬冰基本动作以展髋、伸髋和伸膝动作为主，包括3个动作阶段：开始蹬冰阶段、最大用力蹬冰阶段和结束蹬冰阶段，如图14-2所示。

图14-1　直道滑行的基本姿势　　　　图14-2　蹬冰技术

（3）收腿技术：蹬冰腿结束蹬冰后，将腿收至支撑腿后位，主要借助蹬冰结束的反弹力和自然回摆的惯性完成，如图14-3所示。

（4）下刀技术：收腿动作后，浮脚冰刀在触及冰面前，起到确定滑行方向、调节蹬冰时机、协调配合蹬冰动作、建立和保持平衡的作用。下刀技术可分为向前摆腿动作阶段和冰刀着冰动作阶段，如图14-4所示。

图14-3　收腿技术　　　　　　　图14-4　下刀技术

（5）自由滑行技术：蹬冰结束后，摆动腿积极着地支撑滑行道，再次蹬冰滑行。这一过程中，从滑行开始，到再次准备蹬冰，身体重心由外逐渐向内移动，直至建立蹬冰角，如图14-5所示。

图14-5　自由滑行技术

（6）摆臂技术：两臂以肩关节为轴摆动，辅以屈伸肘关节，手半握前摆至颌下，后摆至与躯干平行，臂腿配合动作是蹬冰腿的同侧臂向前、异侧臂向后摆动，如图14-6所示。

图14-6　摆臂技术

（7）配合技术：配合技术在滑跑过程中起着动作之间联结、协调、促进和带动的重要作用，由两腿间动作配合、上体与腿的动作配合和臂与腿的动作配合组成。

2. 弯道滑行技术

弯道滑行是短道速滑最重要的技术部分，需在保持高速滑行的同时，紧紧扣住半径8米的弯道。

（1）基本姿势：上体前倾，髋、膝、踝关节保持屈曲状态，在弯道滑行过程中，身体始终向圆心倾斜，并保持鼻、支撑腿的膝关节和刀尖都处在同一运动面（即支撑面）上，倾斜幅度较大，如图14-7所示。

图14-7　弯道滑行的基本姿势

（2）蹬冰技术：左腿蹬冰动作以髋关节伸展和内收、膝关节伸展为主；右腿蹬冰动作以髋关节伸展和内收、膝关节伸展为主，踝关节跖屈为辅，如图14-8所示。

左腿图示　　　　　　　　　　　　　右腿图示

图14-8　弯道滑行的蹬冰技术

（3）收腿技术：左腿的收腿动作以屈髋、屈膝动作为主，以踝关节跖屈为辅，膝关节领先，左腿向左上方做提拉腿的动作，将左腿收至右腿的左侧；右腿的收腿动作以髋关节内收和屈曲、膝关节屈曲为主，以踝关节跖屈为辅，膝关节领先，右脚冰刀贴近冰面向左侧平移，跨过左脚冰刀，如图14-9所示。

左腿图示

右腿图示

图14-9 弯道滑行的收腿技术

（4）下刀技术：左腿下刀是在左腿收腿动作结束后，左脚踝关节背屈，使冰刀尖微翘起，在右脚冰刀的前内侧位置着冰；右腿下刀是在右腿收腿动作结束后，利用右侧踝关节背屈动作使冰刀后部在左脚冰刀前内侧适宜位置顺势着冰，如图14-10所示。

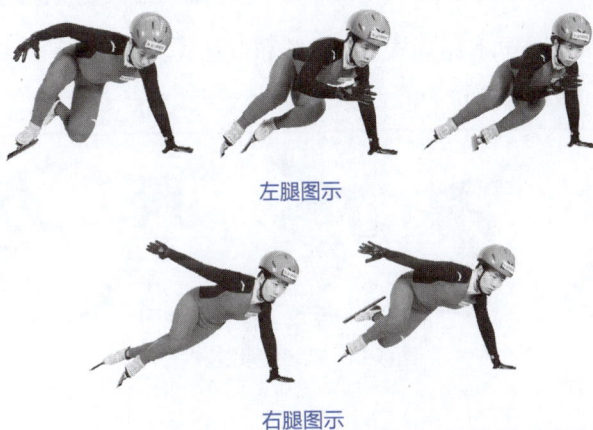

左腿图示

右腿图示

图14-10 弯道滑行的下刀技术

（5）摆臂技术：弯道滑行时摆臂动作多以单臂摆动为主，以肘关节屈伸为主，以肩关节屈伸为辅，配合蹬冰动作前后摆动，左臂自然下垂，用手指轻触冰面，摸冰滑动，如图14-11所示。

图14-11 弯道滑行的摆臂技术

（6）配合动作：双腿配合最好是在一侧腿蹬冰最大用力后，浮腿冰刀着冰；各个环节间动作要连贯，下刀与蹬冰动作不出现停顿；摆臂与蹬冰动作需同时开始和结束。

3. 起跑技术

起跑是获得滑跑速度及实现战术的重要因素，要求在最短的时间内，完成从静止到移动，并获得较高速度的过程。一般包括起跑预备姿势、起动和疾跑3个阶段。

（1）起跑预备姿势：正面点冰是常用的起跑姿势之一，发令员发出预备口令后，运动员迅速向前移动，越过起跑预备线站在起跑线后，完成前腿冰刀刀尖的点冰动作，后腿冰刀用内刃支撑压住冰面并保持与起跑线接近平行，慢慢下蹲的同时，将重心放在两脚之间偏前的位置；靠近起跑线一侧手臂屈曲后自然下垂，异侧手臂肩关节外展，适度屈肘，在体侧抬起；面部朝向滑跑方向，身体相对静止，如图14-12所示。

（2）起动：前点冰腿快速抬离冰面，髋关节外展，踝关节外旋，后腿向后方做快速用力蹬伸；蹬冰腿和同侧手臂屈曲后向前快速摆动，异侧手臂快速向后摆动，如图14-13所示。

图14-12　起跑预备姿势　　　　图14-13　起跑的起动技术

（3）疾跑：常见疾跑方式有踏切式、跺冰式和滑跑式。其中踏切式易于掌握，起动速度也较快，一般向前跑8～10步，如图14-14所示。

图14-14　起跑的疾跑技术

4. 冲刺技术

当临近终点时，以送刀式冲刺为例，将身体重心落在有利于克制对方的一侧腿上，将另一侧腿迅速前伸，保持平衡冲过终点，如图14-15所示。

图14-15　起跑的冲刺技术

14.2.3　短道速滑的基本战术

按照实施战术人数来分，短道速滑战术分为个人战术和集体配合战术。个人战术又分为出发抢位、跟滑、领滑、变速滑行和冲刺滑行。出发抢位是运动员利用起跑技术抢占领先和有利位置，从而有效控制比赛主动权和避免其他因素干扰；跟滑指尾随同组或其他队员后面滑行，可通过减少空气阻力和调整呼吸来节省体力，保持良好的状态和后半程发力；领滑指领先同组队员的滑行，可使自己不受其他滑行队员在技术、战术和心理等方面的影响，并可选择最佳滑跑路线，减少体力消耗；变速滑行多指在长距离比赛中，领滑运动员有目的、有计划地一次或多次改变滑行速度，消耗对方的体力或摆脱跟滑队员；冲刺滑行指在终点线前一段距离内，充分发挥自己的体能和技术特点，以最快的速度冲过终点线的滑行方法。

集体战术分为变速滑行、纵队滑、并队滑和起跑掩护。其中，变速滑行战术是在中长距离比赛中，同队两名及两名以上队员在比赛过程中，采用一名或两名队员先后多次变速滑行，干扰或消耗对方的体力；纵队滑指同队两名队员在高速滑行中，有目的、有计划地成纵队滑行，迫使企图超越的对方延长滑行距离，消耗体力；并队滑指两名队员有目的、有计划地并队滑行，干扰或控制对方技术的发挥；起跑掩护指相邻站位的两个队员中，一人在起跑后和进入弯道前，有目的地选择自身起跑动作和路线，干扰或控制对方起跑技术的发挥，竭力掩护同伴的方法。

14.2.4　短道速滑的比赛规则

1. 比赛场地和器材

（1）比赛场地：短道速滑正式比赛的跑道为椭圆形，周长为111.12米，直道宽不小于7米，弯道半径为8米，直道长为28.85米。使用短跑道速度滑冰技术委员会批准的跑道标志块，两边弯道处各设置7块黑色标志块。

（2）器材：短道速滑的冰刀、头盔、护目镜、防切割护颈、护踝、护胫板和防切割手套。

2. 分类

短道速滑比赛分为个人项目和集体项目。其中，个人项目包括男子/女子500米、1 000米、1 500米、3 000米比赛和个人追逐赛，集体项目包括成年女子3 000米接力、成年男子5 000米接力、青年男子3 000米接力、青年女子3 000米接力。

3. 违规情况

（1）缩短距离：以一只或两只冰刀滑跑到以跑道标志块标示的弯道左侧。

（2）碰撞：故意用身体任何部位妨碍、推拉、撞击、阻挡其他运动员；在跑道上不合理地横向滑行，或用任何方式干扰其他运动员，导致身体接触。

（3）援助：运动员在比赛中应作为个体滑行，在比赛中给予或接受体力援助的行为，即为援助，但不包括在接力比赛中运动员推同队队员的行为。

（4）危险动作：在比赛中故意踢、碰其他运动员的冰刀，以及在终点冲刺时将冰刀竖起或将整个身体摔过终点线等，均被视为危险动作。

14.2.5 短道速滑的常见损伤及防护

（1）短道速滑的常见损伤有扭伤及挫伤、骨折及脑震荡。

（2）为防止和减少运动损伤的发生，安全防护尤为重要，常规的防护措施如下。

①冰场需要严格的规则。

②练习者必须严格遵守短道速滑比赛规则的规定，佩戴装备。

③自我保护方法：养成抬头观察的习惯；摔倒瞬间迅速收腹团身抱头；掌握快速躲闪技术；适度降低重心；将冰刀置于安全位置；尽量利用背部撞击保护垫，并学会撞击时的缓冲。

思考与练习

1. 短道速滑的基本技术有哪些？
2. 短道速滑如何防止运动损伤？

第15章

15

健美操

清正值青春年华的你和我一起，
感受健美操带给我们心快乐和无限
活力吧！

惠尚丹

2019.5.20

寄语

健美操是一项将体操、音乐、舞蹈有机融合，追求人体健康与美的运动项目，集艺术性、观赏性及竞技性于一体。健美操以有氧练习为基础，以健、力、美为特征，可以徒手或手持器械进行练习。

15.1 健美操概述

15.1.1 健美操的起源与发展

现代健美操于1968年起源于美国。1980年，世界健美操冠军联合会成立。1983年，国际健美操联合会成立。1992年，中国健美操协会正式成立，之后健美操在我国得到大力推广。健美操以其鲜明的韵律感、全面的协调性、广泛的适用性、显著的实效性风靡全球。

15.1.2 健美操的概念与分类

（1）健美操的概念：健美操是在音乐伴奏下，以身体练习为基本手段，以有氧运动为基础，达到增进健康、塑造形体和娱乐目的的一项体育运动。

（2）健美操的分类：根据练习的主要目的和任务，可将健美操分为竞技健美操、健身健美操、表演健美操；根据练习形式，可将健美操分为徒手健美操、器械健美操和特殊场地健美操；根据性别特征，可将健美操分为女子健美操和男子健美操；根据年龄特征，可将健美操分为幼儿健美操、儿童健美操、少年健美操、青年健美操、中年健美操和老年健美操；根据锻炼部位，可将健美操分为颈部健美操、肩部健美操、臂部健美操、胸部健美操、腹部健美操、腰部健美操、髋部健美操、腿部健美操等。

15.1.3 健美操的特点与作用

（1）健美操具有以下特点：适用于各类人群；健身美体实效性强；具有鲜明的节奏感和韵律感；健身安全性高；在创新中不断发展。

（2）健美操的作用包括：增进健康、增强体质；塑造健美形体，提高审美能力；缓解精神压力，娱乐身心。

大众健美操展示

15.2 健美操的基本动作

15.2.1 上肢动作

1. 手型

健美操中，手掌随臂的姿态而灵活变化，一般而言，手臂伸展时，手指和手腕随之伸展，手背呈反弓形；手臂弯曲时，手指、手腕放松，从肩至手指成一柔和弧线。恰当地运用各种手型，能使手臂动作丰富多彩、生动活泼。健美操常见手型有以下9种（见图15-1）。

（1）并拢式：四指伸直并拢，大拇指微屈，指关节贴于食指旁。

（2）分开式：五指用力伸直，充分张开，手腕保持一定的紧张程度。

（3）一指式：握拳，食指或大拇指伸直。

（4）芭蕾手式：五指微屈，后三指并拢、稍内收，大拇指内扣。

（5）拳式：握拳，大拇指在外，指关节弯曲，紧贴于食指和中指。

（6）立掌式：五指伸直，手掌用力上翘。

（7）西班牙舞手式：五指用力，小指、无名指、中指自掌指关节处依次屈曲，大拇指稍内扣。

（8）花式：在分开式的基础上小指伸直向掌心回弯到最大限度，无名指会随小指回弯。

（9）剑指：大拇指与无名指、小指相叠，中指、食指并拢伸直。

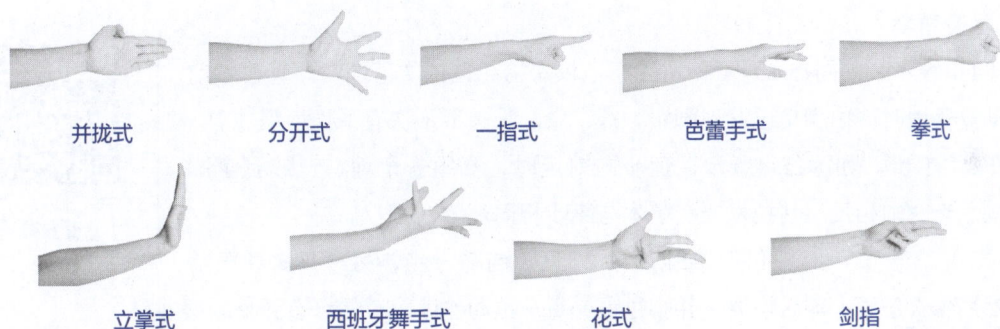

并拢式　　　　　分开式　　　　　一指式　　　　　芭蕾手式　　　　　拳式

立掌式　　　　西班牙舞手式　　　　　花式　　　　　剑指

图15-1　手型

2. 手臂动作

健美操的手臂动作包括举、屈、绕、绕环等，如表15-1所示。

手臂动作组合

表15-1　健美操手臂基本动作

动作分类	动作界定	动作变化
举（摆、提、拉）	以肩为轴，臂伸直向某方向抬起并停止在某一部位，活动范围不超过180°	单或双臂的前、后、侧举。其中，双臂既可做相同动作，又可做不同动作；既可同时，又可依次，还可交叉
屈	肘关节产生一定的弯曲角度	包括胸前平屈、肩侧屈、肩上侧屈、肩下侧屈、肩上前屈、腰间屈、头后屈。既可一臂做动作，又可两臂同时做相同动作，还可两臂依次做相同动作
绕、绕环	以肩关节为轴，手臂在180°～360°的运动为绕；大于360°的圆周运动为绕环	单或双臂的前、后、内、外绕（环绕），小绕、中绕、大绕。两臂动作既可以同时，又可以依次

15.2.2　躯干动作

健美操的躯干动作主要包括颈部、肩部、胸部、腰部、髋部的动作，如图15-2所示。综合运用各部位的动作，可以完成躯干的波浪动作。躯干的波浪动作可向前、后、左、右依靠身体各部位依次完成，动作要协调、连贯。

颈　　肩　　胸　　腰　　髋

躯干动作组合

AR 图15-2　躯干动作

15.2.3　基本步法

健美操的基本步伐有5类：交替类、点地类、迈步类、抬腿类和双腿类。

1. 交替类

（1）踏步。如图15-3所示，两腿原地依次抬起，依次落地，两臂自然前后摆动。落地时，由脚尖过渡到脚跟，踝、膝、髋关节依次有弹性地缓冲。

（2）走步。如图15-4所示，迈步向前走时，脚跟先落地，过渡到全脚掌；向后走时则相反。其技术要点基本与踏步相同。

交替类

（3）"一"字步。如图15-5所示，一只脚向前一步，另一只脚并于前脚，然后依次还原。前后均要有并脚过程；每一拍动作膝关节始终有弹性地缓冲。

（4）"V"字步。如图15-6所示，一只脚向前侧方迈一步，另一只脚随之向另一侧方迈一步，成两脚开立，屈膝，然后依次退回原位。两脚间距离略比肩宽，重心落于两腿之间。

（5）漫步。如图15-7所示，一只脚向前迈出，屈膝，重心随之前移，另一只脚稍抬起，然后原地落下；或向后撤一步，重心后移，另一只脚稍抬起，然后原地落下。动作要富有弹性，身体重心随之前后移动。

（6）后踢腿跑。如图15-8所示，两腿依次腾空后，一只脚落地缓冲，另一条腿的小腿后屈，两臂前后自然摆动。膝、踝关节有弹动地缓冲，落地时由前脚掌过渡到全脚掌着地。

AR 图15-3　踏步　AR 图15-4　走步　AR 图15-5　"一"字步　AR 图15-6 "V"字步　AR 图15-7　漫步　AR 图15-8　后踢腿跑

2. 点地类

（1）脚尖点地。如图15-9所示，一条腿稍屈膝站立，另一条腿伸出（向前、向后、向一侧），脚尖点地，然后还原到并腿姿势。支撑腿始终保持屈膝站立，并随动作有弹性地屈伸。

点地类

（2）脚跟点地。如图15-10所示，一条腿稍屈膝站立，另一条腿伸出，脚跟点地，然后还原到并腿姿势。只可做向前和向侧的脚跟点地。

AR 图15-9　脚尖点地　　　　　　　　AR 图15-10　脚跟点地

3. 迈步类

（1）并步。如图15-11所示，一只脚迈出，另一只脚随之并拢屈膝点地，再向反方向迈步。两膝保持弹动，重心随之移动，动作幅度和力度可随风格而定。

（2）并步跳。如图15-12所示，以右脚起步为例，右脚迈出，随之蹬地跳起，左脚并右脚，并腿落地。身体重心随身体迅速移动，落地时注意缓冲。

（3）侧交叉步。如图15-13所示，一只脚向侧迈一步，另一只脚在其后交叉，随之再向侧迈一步，另一只脚并拢，屈膝点地。第一步脚跟先落地，屈膝缓冲，身体重心随脚步快速移动。

（4）侧交叉步跳。如图15-14所示，一只脚向侧迈一步，另一只脚在其后交叉，随之第一只脚再向侧迈一步，另一只脚并拢，同时两脚轻轻跳起，落地屈膝缓冲。第一步脚跟先着地，身体重心快速随着脚步移动而移动，保持膝、踝关节的弹动。

（5）迈步点地。如图15-15所示，一只脚向侧迈一步，经两膝弯曲，随之身体重心移至一侧腿，另一腿伸直，脚尖或脚跟点地。重心移动明显，两膝有弹性地屈伸，上体不要扭转。

（6）小马跳。如图15-16所示，左腿蹬地跳起，同时右腿向侧迈步落地，随之左腿并右脚点地，随后反方向做一次，动作相同，但方向相反。两脚轻快蹬跳、落地，身体重心随之平稳移动，注意膝、踝关节的弹动。

（7）迈步吸腿。如图15-17所示，一只脚迈出一步，另一条腿屈膝抬起，然后向反方向迈步。支撑腿保持屈膝弹动，大腿上抬超过水平，小腿自然下垂绷脚尖，上体保持正直。

（8）迈步吸腿跳。如图15-18所示，右脚向前迈出一步，之后身体重心跟进，同时左腿抬起，抬起90°时，两脚起跳。跳起时，上体保持正直，收腹立腰。

（9）迈步后屈腿。如图15-19所示，一只脚迈出一步，另一条腿后屈，然后向相反方向迈步。经过屈膝半蹲，支撑腿保持有弹性地屈伸，后屈腿的脚后跟向着臀部。

（10）迈步后屈腿跳。如图15-20所示，一条腿侧迈一步，另一条腿向后屈膝，同时两脚起跳，缓冲落地。两腿跳起时，屈膝脚尖绷直，落地时，两腿膝关节微屈，不宜伸直。

图15-11　并步　　图15-12　并步跳　　图15-13　侧交叉步　　图15-14　侧交叉步跳　　图15-15　迈步点地　　图15-16　小马跳

图15-17　迈步吸腿　　图15-18　迈步吸腿跳　　图15-19　迈步后屈腿　　图15-20　迈步后屈腿跳

4. 抬腿类

（1）吸腿。如图15-21所示，一条腿屈膝抬起，落地还原。上体保持正直，大腿用力上提超过水平，小腿自然下垂。

（2）吸腿跳。如图15-22所示，一条腿屈膝抬起，落下还原；另一只脚离开地面，向上跳起。支撑腿保持屈膝弹动，大腿上抬至水平，上体保持正直，注意身体的稳定性。

（3）摆腿。如图15-23所示，一条腿稍屈膝站立，另一条腿做摆动。摆腿时，上体顺势前倾、后倾或侧倾。

（4）摆腿跳。如图15-24所示，一条腿自然摆动，另一条腿向上跳起，落地时两腿屈膝缓冲。保持上体正直；支撑腿屈膝缓冲，摆动腿抬起时幅度不要过大，且要有控制。

抬腿类

图15-21　吸腿　　图15-22　吸腿跳　　图15-23　摆腿　　图15-24　摆腿跳

（5）踢腿。如图15-25所示，一条腿稍屈膝站立，另一条腿抬起向上踢，然后还原。踢腿时，加速用力且有控制，上体保持正直。

（6）踢腿跳。如图15-26所示，一只脚蹬地跳起，另一条腿抬起向前或向侧，然后还原。抬起腿不需要很高，但要有控制，保持上体正直。

（7）弹踢。如图15-27所示，一条腿站立（蹬跳），另一条腿先向后屈，再向前下方弹踢，还原。腿弹出时要有控制，两膝盖紧靠，弹踢腿的脚尖要绷直，上体保持正直。

（8）弹踢腿跳。如图15-28所示，两脚起跳，单脚落地，另一条腿小腿后屈，然后小腿前踢伸直。腿弹出时要有控制，保持上体正直。

（9）后屈腿跳。如图15-29所示，一条腿站立蹬地跳起，另一条腿向后屈膝折叠，放下腿还原。后屈腿脚跟靠近臀部，支撑腿有弹性地缓冲落地，两膝并拢。

图15-25 踢腿	图15-26 踢腿跳	图15-27 弹踢	图15-28 弹踢腿跳	图15-29 后屈腿跳

5. 双腿类

（1）并腿跳。如图15-30所示，两腿并拢跳起。落地缓冲且有控制。

（2）开合跳。如图15-31所示，由并腿跳起，分腿落地，再由分腿跳起，并腿落地。分腿屈膝蹲时，两脚自然外开，膝关节沿脚尖方向弯曲。落地时，屈膝缓冲，脚跟着地。

双腿类

（3）弓步跳。如图15-32所示，并腿向上跳起，成前后分腿姿势落地，接着再向上跳起，并腿落地。落地时，膝关节有弹性地缓冲，分腿落地时双脚尖朝前方，并且基本都在一条线上。

（4）分腿半蹲跳。如图15-33所示，分腿分立，屈膝半蹲（大、小腿夹角不小于90°），向上跳起，分腿落地屈膝缓冲。

（5）膝弹动。如图15-34所示，两腿并拢，膝关节有弹性地屈伸。膝关节由弯曲到还原，还原时膝关节应处于微屈状态。

图15-30 并腿跳	图15-31 开合跳	图15-32 弓步跳	图15-33 分腿半蹲跳	图15-34 膝弹动

（6）踝弹动。如图15-35所示，两腿伸直或屈膝，踝关节有弹性地屈伸。脚尖或脚跟抬起时，保持身体的稳定性和踝关节的弹性。

（7）半蹲。半蹲分为并腿半蹲和分腿半蹲，不论哪种，两腿均有控制地同时屈和伸。如图15-36所示，分腿半蹲时，两腿左右分开稍大于肩，脚尖稍外展，膝关节角度不小于90°，与脚尖方向一致，上体保持直立。

（8）弓步。如图15-37所示，两脚前后分开，平行站立，一条腿屈膝，脚尖与膝垂直，另一条腿伸直，重心落于两脚之间。也可两膝皆屈，后腿的大腿垂直于地面。

（9）移重心。如图15-38所示，以两脚开立为初始动作，两腿屈膝下蹲之后，身体向右侧移动重心，右脚全脚掌着地，左脚脚尖点地。身体重心的移动要保持平稳。

图15-35　踝弹动　　　图15-36　半蹲　　　　图15-37　弓步　　　　图15-38　移重心

15.3　健美操设计

15.3.1　健美操动作设计

健美操的动作设计指根据不同种类健美操的目的、特定要求以及相应的规则和规程，创编健美操成套动作。

15.3.2　健美操音乐设计

通常情况下，健美操由动作和音乐两部分组成，它们有着自己独特的规律，同时又相互依存、彼此交融。这里所谈及的健美操音乐，仅针对传统有氧健身操及竞技健美操。

（1）健身操音乐：健身操音乐是在遵循健身操运动规律的基础上产生的。健身操的音乐结构基本保证乐句、乐段的完整，很少出现过渡与连接，通常会把几段不同的音乐结合串联在一起，使其在段落、速度等方面基本保持一致。

（2）竞技健美操音乐：为了体现运动员的竞技能力并增加艺术的效果，激荡感染裁判和观众的心灵，竞技健美操音乐在结构上较为复杂，通常起伏较大。

15.3.3　健美操舞美设计

健美操舞美设计是交叉性的综合艺术，它几乎包罗万象，又融为一体。健美操舞美设计通过舞台、布景、音效、灯光、服装、道具、化妆设计等艺术传达手段体现出来。

15.4　健身性健美操的比赛规则

15.4.1　规则概述

（1）比赛内容：规定动作比赛（全国健美操大众锻炼标准）、自选动作比赛。

（2）参赛人数：规定动作每队5人，性别不限，或按比赛规程执行；自选动作可分为个人、双人和集体项目等，性别按规程执行。

（3）成套动作时间：规定动作的成套动作时间按《全国健美操大众锻炼标准》规定时间执行；自选动作的成套动作时间为2分钟~2分钟15秒，计时从动作开始到动作结束。

（4）音乐伴奏：主办单位提供《全国健美操大众锻炼标准》规定动作音乐并统一播放；自选动作音乐由参赛队自备，音乐必须录在磁带A面或光盘的开头，必须准备2份，其中1份报到后交大会放音组；自选动作音乐允许有2×8拍的前奏，音乐速度不限。

15.4.2　成套动作的评分

1. 规定动作评分（10分制）

规定动作的评分情况如表15-2所示。

表15-2　规定动作评分表

评分因素	内容	一般扣分	较差扣分	不可接受扣分
表演和团队精神（4分）	表现力与热情	0.1~0.2	0.3~0.4	0.5或更多
	队形	0.1~0.2	0.3~0.4	0.5或更多
	一致性（每次）	0.1	0.2	0.3
动作完成（6分）	动作的正确性	0.1~0.2	0.3~0.4	0.5或更多
	动作不熟练、漏做动作	0.1~0.2	0.3~0.4	0.5或更多
	身体的协调性	0.1~0.2	0.3~0.4	0.5或更多
	动作连接	0.1~0.2	0.3~0.4	0.5或更多
	改变动作或附加动作	0.1~0.2	0.3~0.4	0.5或更多
	动作充分表现音乐的情绪	0.1~0.2	0.3~0.4	0.5或更多
	动作和音乐节奏配合准确	0.1~0.2	0.3~0.4	0.5或更多

2. 自选动作评分（10分制）

自选动作的评分情况如表15-3所示。

表15-3　自选动作评分表

评分因素	内容	一般扣分	较差扣分	不可接受扣分
动作设计（集体3分/个人4分）	主题健康、充满活力	0.1~0.2	0.3~0.4	0.5或更多
	风格突出、富有创意	0.1~0.2	0.3~0.4	0.5或更多
	动作类型丰富，动作的转换自然流畅	0.1~0.2	0.3~0.4	0.5或更多
	服饰选择美观协调	0.1~0.2	0.3~0.4	0.5或更多
	音乐的选择与动作风格相一致并配合协调，录音质量高、清晰	0.1~0.2	0.3~0.4	0.5或更多

续表

评分因素	内容	一般扣分	较差扣分	不可接受扣分
动作设计（集体3分/个人4分）	充分利用场地和空间	0.1~0.2	0.3~0.4	0.5或更多
	安全性	0.1~0.2	0.3~0.4	0.5或更多
	每出现一个不安全动作	0.2		
动作完成（集体4分/个人4分）	动作完成轻松、准确、流畅	0.1~0.2	0.3~0.4	0.5或更多
	动作完成能体现所选择主题的风格和特点	0.1~0.2	0.3~0.4	0.5或更多
	动作与音乐协调一致	0.1~0.2	0.3~0.4	0.5或更多
	基本姿态和技术正确，动作优美	0.1~0.2	0.3~0.4	0.5或更多
集体表演和团队精神（3分）	表现力与热情	0.1~0.2	0.3~0.4	0.5或更多
	队形	0.1~0.2	0.3~0.4	0.5或更多
	一致性（每次）	0.1	0.2	0.3
个人表演（2分）	表现力与热情	0.1~0.3	0.4~0.5	0.6或更多

15.4.3　违例动作

违例动作包括各种竞技体操和技巧运动的翻转与抛接动作；过度背弓；无支撑体前屈；仰卧翻臀；头绕环和过度头后仰；膝转；足尖起；仰卧直腿起坐、仰卧直腿举腿、仰卧两头起；臀部低于膝关节的深蹲；高难度托举动作。不鼓励做竞技健美操中的难度动作，否则不仅不予加分，对错误动作还会减分。

15.4.4　特殊情况

运动员在遇到以下特殊情况时，应立即停止做动作并向裁判长反映，在问题解决后重做，在成套动作结束后提出的要求将不被接受：播放错音乐；由于音响设备而出现的音乐问题；由于设备问题而出现的干扰——灯光、舞台、会场；其他任何异物进入比赛场地；运动员责任外的特殊情况而引起的弃权。

思考与练习

1. 健美操有哪些作用？
2. 简述健美操的上肢基本动作。

第16章

体育舞蹈与
其他操舞

舞动青春，健美身姿！

2019.3.16

寄语

体育舞蹈通常是指国际标准交谊舞，分为标准舞和拉丁舞2个舞系，每个舞系各有5个舞种。随着大学舞蹈活动的丰富，街舞、排舞、啦啦操等时尚舞蹈和操类运动也得到越来越多的同学的喜爱。大学生学习这些舞蹈和操类运动，可以很好地提高身体素质和艺术修养，培养优雅的气质。

16.1 体育舞蹈

16.1.1 体育舞蹈概述

1. 体育舞蹈的发展概况

体育舞蹈始于12世纪的欧洲，人们以宫廷文化为基础，汲取民间舞蹈的精华并加以规范，形成了在宫廷之中广为盛行的"宫廷舞"。

经历了岁月的洗礼，体育舞蹈不断汲取各类舞蹈的精华，逐渐形成了各种流派。其中，标准舞、拉丁舞、团体舞被称为"现代国际标准舞"，由于它们兼有文化娱乐的内涵和体育竞技的双重特点，再加上它们的表演性和技艺性，西方舞蹈界称它们为"体育舞蹈"，很多国家将它们纳入了体育竞技范畴。

2. 体育舞蹈的特点

（1）规范性。体育舞蹈之所以能在全球推广，得益于其规范、完整的舞蹈体系。它是在舞姿、舞步和跳法的基础上加以系统化、规范化、统一化，经过数百年历史的锤炼，经过一代又一代人的加工，最终形成的完整的体系。

（2）艺术性与观赏性。体育舞蹈是一项融技术与艺术于一体的运动项目，在体育舞蹈的发展历程中，体育舞蹈以其独特的方式向人们展示着它的艺术魅力。体育舞蹈融合舞蹈、音乐、服装、体态美于一体，具有很强的观赏性，是一门真正的艺术。

（3）竞技性和健身性。体育舞蹈的竞技性表现在其有着高水平的赛事，全球各地的广大舞蹈爱好者互相竞争，用体育舞蹈为国争光。除此之外，体育舞蹈对人体的能量代谢、能量消耗和心率变化都有积极影响，是塑造健康体魄的很好的锻炼方式。

（4）娱乐性。体育舞蹈是由交际舞发展而来的，它能够不断陶冶人们的心灵，增强人们之间的交流与沟通，同时能够抒发个人的内心情感，给人以身心愉悦的享受。

16.1.2 体育舞蹈的基本知识

体育舞蹈按照舞蹈风格和技术结构划分可分为标准舞和拉丁舞，按照比赛项目可分为标准舞、拉丁舞和团体舞。除了分类，学习者还应了解舞程线、方位、角度等基本概念。

1. 标准舞

标准舞由华尔兹舞、维也纳华尔兹舞、探戈舞、狐步舞和快步舞5个舞种组成，如图16-1所示。其特点是持握规范，步法精确，沿舞程线逆时针方向绕场行进。

标准舞赏析

华尔兹舞　　维也纳华尔兹舞　　探戈舞　　狐步舞　　快步舞

图16-1　5种标准舞

（1）华尔兹舞。华尔兹舞也称慢三步舞，它是从维也纳华尔兹舞演变而来的。舞曲节奏为3/4拍的中慢版，舞曲速度为每分钟28～30小节。每小节3拍为一组舞步，第一拍为重拍，第二、三拍为弱拍。结合身体的升降、倾斜、摆荡带动舞步的移动，舞步起伏延绵，整个动作高端大气、华丽典雅。

（2）维也纳华尔兹舞。维也纳华尔兹舞即"快三步"，也被称为"圆舞"，起源于奥地利。舞曲节奏为3/4拍，速度为每分钟56～60小节。每小节为3拍，第一拍为重拍。基本步伐是6拍走6步，两小节为一循环，一小节为一次起伏。基本动作是左右快速旋转步，完成反身、倾斜、摆荡、升降等技巧。舞曲旋律流畅华丽，节奏轻松明快，动作舒展大方，热情奔放，翩跹回旋。

（3）探戈舞。探戈舞被称为"舞中之王"，起源于阿根廷。探戈舞曲节奏为2/4拍，速度为每分钟30～34小节。每小节4拍，第一拍为重拍。舞步有快步（Quick，Q）和慢步（Slow，S），快步为半拍，慢步为一拍，基本节奏为S、S、Q、Q、S。舞曲以切分音为主，带有附点和停顿。舞步顿挫有力，潇洒豪放，身体动作无起伏、无升降、无旋转；表情严肃，有左顾右盼的头部闪动动作。

（4）狐步舞。狐步舞也称"福克斯"，起源于美国。舞曲节奏为4/4拍，速度为每分钟28～30小节，每小节为4拍，第一拍为重拍，第三拍为次重拍。基本步伐是4拍走3步，每4拍为一循环。舞步也分快、慢步，基本节奏为S、S、Q、Q。以脚踝、脚底、掌趾的动作完成升降起伏。舞步流畅平滑，平稳大方，舞态优雅飘逸，富于流动感。

（5）快步舞。快步舞起源于英国。舞曲节奏为4/4拍，速度为每分钟48～52小节，每小节4拍，第一拍为重拍，第三拍为次重拍。舞步分快、慢步，快步占半拍，慢步占1拍，基本节奏为S、S、Q、Q，S、Q、Q、S。舞步组合有跳步、荡腿、滑步等动作。舞曲逍遥，节奏明快，舞态轻松，步法快速多变、轻快灵动，充满活力。

2. 拉丁舞

拉丁舞由伦巴舞、恰恰舞、桑巴舞、牛仔舞和斗牛舞5个舞种组成，如图16-2所示。其特点是持握相对自由，注重人体曲线的展示；步法灵活多变；舞曲节奏感强烈，热情奔放；舞态婀娜多姿；着装浪漫洒脱，男方着上短下长的紧身或宽松装，女方着紧身短裙。

拉丁舞赏析

伦巴舞　　　恰恰舞　　　桑巴舞　　　牛仔舞　　斗牛舞

图16-2　5种拉丁舞

（1）伦巴舞。伦巴舞起源于古巴，16世纪传入拉丁美洲，有着"拉丁舞之魂"的美誉。舞曲节奏为4/4拍，速度为每分钟28小节左右。每小节4拍，从第四拍起跳，由一个慢步和两个快步组成，基本节奏为Q、Q、S。伦巴舞音乐缠绵抒情，舞态柔媚动人，动作舒展优美，充满浪漫的情调。

（2）恰恰舞。恰恰舞起源于墨西哥，后传入拉丁美洲，在古巴得到发展。舞曲节奏为4/4拍，舞曲速度为每分钟30~32小节。每小节4拍，重拍在第一拍，4拍走5步，基本节奏是S、S、Q、Q、S。舞曲热情奔放，舞蹈风格活泼，舞步风趣俏皮，动作利落、紧凑。

（3）桑巴舞。桑巴舞起源于巴西，是巴西一年一度的狂欢节舞蹈，被称为巴西的"国舞"。舞曲节奏为2/4拍或4/4拍，每分钟52~54小节。重拍在每小节的第二拍或第四拍。每小节完成一个基本舞步。基本节奏可以是2步（S、S）、3步（S、Q、Q）、4步（Q、Q、Q、Q）等多种。桑巴舞流动性大，律动感强，起伏强烈，舞步奔放、敏捷，富有强烈的感染力。

（4）牛仔舞。牛仔舞起源于美国，原是美国西部牛仔跳的踢踏舞，后由于爵士乐的流行，演变成了如今的牛仔舞。舞曲节奏为4/4拍，舞曲速度为每分钟42~44小节。牛仔舞由基本舞步——踏步、并合步结合跳跃、旋转等动作组合而成。牛仔舞的舞曲节奏快速兴奋，舞姿轻松、热情、欢快，步法自由多变。

（5）斗牛舞。斗牛舞起源于法国，盛行于西班牙。舞曲节奏为2/4拍，速度为每分钟60~62小节。音乐雄壮，舞态威猛、挺拔，舞步坚定，发力迅速，动静鲜明，收步敏捷、顿挫。

3. 舞程线

跳舞中为避免互相碰撞，规定跳舞者必须按逆时针方向围绕舞池中央进行，这个行进线路被称为舞程线。

4. 方位

以舞场正前方（多为乐队演奏台）为基点，定为"1点"，每顺时针移动45°则变动一个方位，以此类推，分别称为2~8号位。

5. 角度

交谊舞中，舞者旋转的方向有左转和右转，旋转的角度一般分为45°、90°、135°、180°、225°、270°、315°和360°。

16.1.3　标准舞的基本技术

1. 姿态与握持

（1）男女单人基本姿势。男女单人基本姿势如图16-3所示。

正面（男）　　侧面（男）　　正面（女）　　侧面（女）

图16-3　男女单人基本姿势

站立的基本要领是身体必须保持垂直。

站立时，身体重心保持在一条腿上（单腿重心），这条腿称为支撑腿。动作腿在无重心状态下与支撑腿并拢。如从侧视，身体的垂直线通过头部（耳）、肩部、胯部、膝盖和脚掌中央。

女方的重心垂直线落地点比男方稍后，在脚弓位。

（2）双人位置。双人位置有闭式位置（右对右）、侧行位置、并退位置3种。

①闭式位置（右对右）。这是一个基础位置，通常被用在舞蹈的开始。在闭式位置中，女方中段的右侧接触男方中段的右侧，男方和女方的左侧不接触，肩和胯保持平行，如图16-4所示。

②侧行位置。这个位置的接触点是男方的右侧和女方的左侧，制造出一个"V"形。当双方都需要朝同一方向向前运动（向着"V"形的开口）时会用到这个位置。不同舞种的侧行位置有所区分，如图16-5所示。

③并退位置。这个位置的接触点是男方的右侧和女方的左侧，制造出一个"V"形。当双方都需要朝同一方向向后运动（向着"V"形的关闭处）时会用到这个位置，如图16-6所示。

华尔兹舞　　探戈舞

AR 图16-4　闭式位置　　　　AR 图16-5　侧行位置　　　　AR 图16-6　并退位置

2. 常用技术

（1）升降。升降包括上升和下降两种技术。

①上升。上升指脚跟抬离地面，膝关节由曲到直和身体中轴靠舞者内力向上延伸的过程。上

升可以分为慢上升和快上升。慢上升可用于华尔兹舞，快上升多用于狐步舞和快步舞，如图16-7所示。

②下降。下降指支撑腿脚跟落地后延续屈膝动作以便于下一步行进的动作过程。即通过下降可产生前进与后退等动作。在下降前，身体处于上升的位置，下降时，支撑腿脚跟先与地面接触，同时动作腿开始向下一步行进方向运动，支撑腿膝关节开始弯曲，带动身体继续下降，同时动作腿继续按动作要领进行或前或后或侧的运动，如图16-8所示。

图16-7　上升　　　　　　　　图16-8　下降

（2）摆荡。摆荡是升降和旋转过程中身体横轴在空间位置的弧线移动。身体横轴成左右方向，在人体中部，与身体纵轴互相垂直。身体横轴是人赖以获得身体平衡的重要部位。在舞蹈中，身体横轴在对抗离心力、防止身体前倾或后仰、重心转移及旋转中发挥着重要作用。

摆荡的目的：使身体引带运动脚定位，运动脚在身体摆荡中跟随身体到达指定的位置。因此，运动脚的运行在身体摆荡时与地面没有实际的摩擦，运行快速而稳定，如图16-9所示。

图16-9　摆荡

摆荡技巧产生的条件如下。

①摆荡要借助支撑腿的膝、踝、趾的屈伸所产生的身体升降过程实现身体横轴在空间位置的移动。

②摆荡要借助腰胯的推力和支撑腿向脚底方向用力，实现身体重心从一点到达另一点的弧线转移过程。因此，腰胯及支撑腿的推动力量将决定身体的摆荡幅度。

（3）倾斜。倾斜指身体的倾斜（侧屈），可以被定义为是在朝向或离向动作腿做出的动作。它可以用于实现不同的目的，包括保持平衡、启动、加速、提升舞步的美感等。

倾斜可分为3种类型，即技术倾斜、释放倾斜（或断位倾斜）、修饰倾斜，如图16-10所示。

（4）反身动作。反身动作是一种身体相对于移动腿产生反向运动，以便引导旋转的身体技术。也就是说，不论是前进或后退，身体异侧向移动腿同方向移动，如图16-11所示。

图16-10　倾斜　　　　　　　　　　　　图16-11　反身动作

16.1.4　拉丁舞的基本技术

1. 姿态与握持

（1）基本姿势。不同的舞种基本姿势也不一样，下面进行具体介绍。

①伦巴舞和恰恰舞的基本姿势：如图16-12所示，两腿自然轻松地靠拢站好；挺胸、脊椎骨伸直，不可耸肩；任意一条腿向外侧跨出一步，支撑重心的另一条腿伸直，并将体重全部移到这条腿上面，以使骨盆可往旁后方移动，因而感觉上重量在支撑腿的脚跟，其膝关节要向后锁紧，至于骨盆移动的幅度要以不影响上身的姿势为原则。

②桑巴舞和牛仔舞的基本姿势：如图16-13所示，两脚自然轻松地靠拢站好；挺胸、腰杆伸直，不可耸肩；任意一条腿向外侧跨出一步，支撑重心的另一条腿伸直，并将体重全部移到这条腿上面，使重量前移至前脚掌，而后脚跟仍不离地板，并且支撑腿的膝盖不可向后锁紧。

③斗牛舞的基本姿势：如图16-14所示，骨盆向前微倾；重量由两个脚掌均匀地承受；当脚伸直时，膝关节不可向后锁紧。

正面　　　　　　侧面

图16-12　伦巴舞和恰恰舞的基本姿势

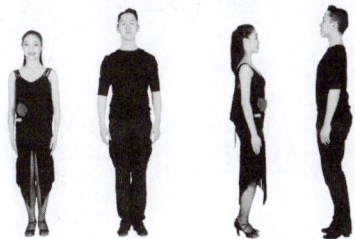

正面　　　　　　侧面

图16-13　桑巴舞和牛仔舞的基本姿势

（2）双人位置。双人位置包括闭式位置、分式位置、扇形位置3种，如图16-15、图16-16、图16-17所示。

①闭式位置。伦巴舞、桑巴舞和恰恰舞中闭握式男女方约相距15厘米，且女方略靠男方的右侧。身体重量可以落在任一脚，女方承受体重的腿通常与男方相反。男方右手五指并拢，放于女方肩胛骨处。男方的右手臂轻柔而微屈地拥住女方，其手肘的高度约与女方的胸部相齐。女方的左臂则顺此曲线轻轻地靠在男方右臂的上方，而左手也轻轻置于男方的右肩之上。

图16-14　斗牛舞的基本姿势　　图16-15　闭式位置

图16-16　分式位置

图16-17　扇形位置

②分式位置。分式位置有3种握手方法。男女分开约一个手臂的距离，互相对视。重心可落在任意一条腿上，女方承受体重的腿与男方相反。双腿正确的位置因进行不同的舞步而有所不同。

握手的方式会因接下来要跳的舞步而异，有下列3种握手方式：男左女右、男右女左、男右女右且男右女左（双手互换）。

③扇形位置。扇形位置被用在伦巴舞和恰恰舞中。女方在男方的左侧相隔一个手臂的距离，女方的身体与男方的身体成直角形排列，左腿向后踏出一整步，重心落在左腿上。男方右腿向右侧并稍微向前跨出，以支撑全身的重量。女方的右腿向前投射的一条假想线约在男方身体前方的15厘米处。

2. 常用技术

（1）前进抑制步。伦巴舞和恰恰舞前进走步时要用前进抑制步来改变方向（可能略转或不转）。前进抑制步跟一般的前进走步相似但不完全相同。一般的前进走步在动作结束时，重心已落在前脚，同时准备好往下一步移动，在下一步移动时，停顿的那一步即为前进抑制步，如图16-18所示。

正面　　　　　　　　侧面

图16-18　前进抑制步

（2）延迟走步。在跳伦巴舞和恰恰舞时，延迟走步是一种很特别的走步动作，其使用的目的在于改变上身和腿部的速度，用来突显旋律的美感。延迟走步有3种，即屈膝式延迟前进走步、直膝式延迟前进走步和屈膝式延迟后退走步，如图16-19所示。

屈膝式延迟前进走步　　　　直膝式延迟前进走步　　　　屈膝式延迟后退走步

图16-19　延迟走步

（3）前进转步。在向前跳而要以转动来改变下一步前进或后退的方向，且不影响原来的上身或臀部动作的情况下，要使用前进转步。前进转步的方向变换是在跳一般的前进走步时逐渐而平均地变换的，如图16-20所示。

（4）拉丁交叉步。在跳拉丁舞时，一条腿从另一条腿的前方或后方交叉，所完成的腿部位置都是相同的。这种腿部的位置就是所谓的拉丁交叉步，如图16-21所示。

图16-20　前进转步　　　　　　　　　　　图16-21　拉丁交叉步

16.1.5　体育舞蹈的比赛规则

1. 体育舞蹈规则简介

体育舞蹈的比赛场地一般为23米×15米，比赛场地的地面应当平整、光滑。体育舞蹈比赛主要分为锦标赛、公开赛、邀请赛。

2. 竞技舞蹈评判标准

（1）基本规则

①裁判工作自选手进入比赛位置时开始，只有当音乐停止时方告结束。在整个舞蹈表演过程中，裁判员必须不断地给选手打分并在必要时修正分数，但不得在舞蹈表演结束后修改分数。

②如果音乐尚未结束而选手停止表演，则其该项舞蹈的分数列最后一位。如果在决赛中发生这种情况，处理同上。

③必须在规定的时间内对选手的特定舞蹈表演进行单独评判。考虑任何其他因素，如选手的名气，选手以往的表现，或选手在其他舞种中的表现，都是不允许的。

④裁判员无须向选手解释评分结果。在比赛过程中或两轮比赛之间，不允许裁判员和任何人讨论参赛选手或他们的表现。

⑤对于所有舞种，选手的时值和基本节奏是裁判员打分的首要因素。因此，如果选手重复犯此错误，那么其该项舞蹈的分数列最后一位。

（2）评判内容

①时值和基本节奏。裁判员必须确定选手是否按时值和基本节奏进行表演。时值指每一舞步的时间值正好与音乐合拍，基本节奏指舞步在规定的时间内完成并且保持舞步之间正确的时间关系。

②身体线条。身体线条指两位选手作为一个整体，在运动中身体各部位构成的整体效果，应表现出优美的舞姿。

③整体动作。裁判员必须确定选手是否准确掌握该舞蹈的风格特点，并且评估选手动作的起伏、倾斜和平衡。

④节奏表现力。裁判员必须评估选手的舞蹈节奏表现力。这揭示出选手对舞蹈节奏的感受、理解与适应能力和在舞蹈中对音乐的理解与表现。

⑤步法技巧。裁判员必须评估选手是否正确表现舞步的脚法，如每一步足着点是脚掌、脚跟或脚趾等，以及脚步移动的控制和表达力。

16.2 啦啦操

16.2.1 啦啦操概述

啦啦操是在音乐伴奏下，要求队员集体完成复杂、高难度的基本舞蹈动作，通过项目特有的难度动作，以及过渡配合等动作内容，充分展示团队的高度一致性和高超的运动技术，并体现运动员青春活力、积极向上的团队精神，努力追求团队最高荣誉感的一项体育运动。

16.2.2 啦啦操的起源与发展

啦啦操起源于美国，最早源于球迷为美式足球呐喊助威。啦啦操借助美国职业篮球赛逐渐在全球范围内广泛传播，至今已有100多年的历史。

20世纪80年代初，啦啦操开始向世界传播，并建立了统一的啦啦操标准。啦啦操运动于2002年正式引入我国。

现代啦啦操以团队的形式出现，结合了舞蹈、口号、舞伴特技、技巧、叠罗汉、跳跃等动作技术，并配合音乐、服装、队形变化及标示物品（如彩球、口号板、喇叭与旗帜）等要素。2009年，国家体育总局正式批准开展全国啦啦操联赛官方赛事。自2013年起，我国啦啦操联赛开始实行A级赛区和B级赛区制。

16.2.3 啦啦操的类型

啦啦操按照活动目的分为竞技性啦啦操、表演性啦啦操。竞技性啦啦操又可分为舞蹈啦啦操和技巧啦啦操。

舞蹈啦啦操是一项在音乐的伴奏下，运用多种舞蹈元素的动作组合，结合转体、跳步、平衡与柔韧等难度动作以及舞蹈的过渡连接技巧，通过空间、方向与队形的变化表现出不同的舞蹈风格特点，强调速度、力度与运动负荷，展示运动舞蹈技能以及团队风采的体育项目。舞蹈啦啦操包括花球舞蹈啦啦操、爵士舞蹈啦啦操、街舞舞蹈啦啦操和自由舞蹈啦啦操。

技巧啦啦操是在音乐的伴奏下，以跳跃、托举、叠罗汉、筋斗、抛接等技巧性难度动作为主要内容，配合口号、啦啦操基本手位、舞蹈动作及过渡连接等，充分展示运动员高超的技能技巧的团队比赛项目。

16.2.4　啦啦操的技术特点

（1）啦啦操上肢的发力点在前臂，手臂的36个基本手位均在肩关节前制动，发力速度快，制动时间短，制动之后没有延伸，身体控制精确，位置准确。

（2）啦啦操的动作内容丰富，所有的手臂动作都必须严格按照36个基本手位的标准来完成，没有固定的基本步法。

（3）啦啦操的动作重心较低，在做动作的过程中膝关节不完全伸直，保持微微弯曲的状态，重心稳定，移动平稳。

（4）啦啦操动作的完成干净利落，具有清晰的开始和结束，肢体运动中直线动作曲直分明，弧线动作蜿蜒流畅，具有较高的欣赏价值和艺术价值。

（5）啦啦操队形变化多样，能够充分利用场地空间。

（6）啦啦操的音乐风格多样，旋律优美，气氛热烈，节奏快慢有致、强弱有别。

（7）啦啦操的服装款式各异，绚丽多姿。

16.2.5　啦啦操的基本动作

1. 啦啦操的基本手型

啦啦操的基本手型有6种，如图16-22所示。

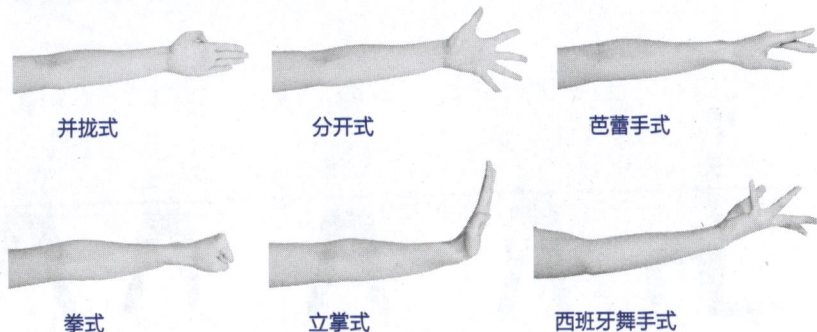

并拢式　　　　　分开式　　　　　芭蕾手式

拳式　　　　　　立掌式　　　　　西班牙舞手式

图16-22　啦啦操的基本手型

（1）并拢式：五指伸直，相互并拢；大拇指微屈，指关节贴于食指旁。

（2）分开式：五指用力伸直，充分张开。

（3）芭蕾手式：五指微屈，后三指并拢、稍内收，大拇指内扣。

（4）拳式：握拳，大拇指在外，指关节弯曲，紧贴于食指和中指。

（5）立掌式：五指伸直，手掌用力上翘。

（6）西班牙舞手式：五指用力，小指、无名指、中指自掌指关节处依次屈，大拇指稍内扣。

2. 啦啦操的手位

啦啦操共有36个基本手位，如图16-23所示。

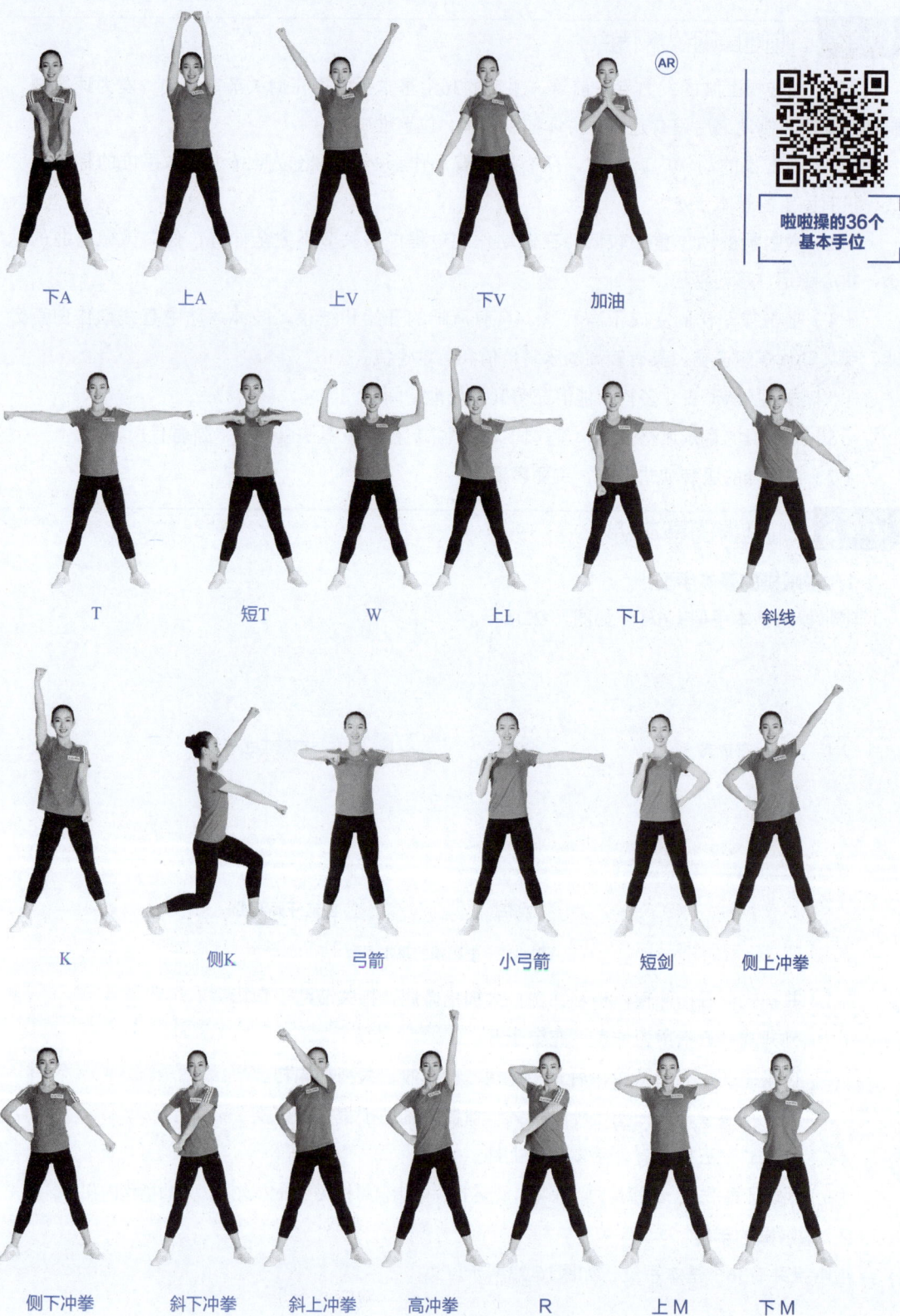

啦啦操的36个
基本手位

下A　　　　上A　　　　上V　　　　下V　　　　加油

T　　　　短T　　　　W　　　　上L　　　　下L　　　　斜线

K　　　　侧K　　　　弓箭　　　　小弓箭　　　　短剑　　　　侧上冲拳

侧下冲拳　　　斜下冲拳　　　斜上冲拳　　　高冲拳　　　R　　　　上 M　　　　下 M

AR 图16-23　啦啦操的36个基本手位

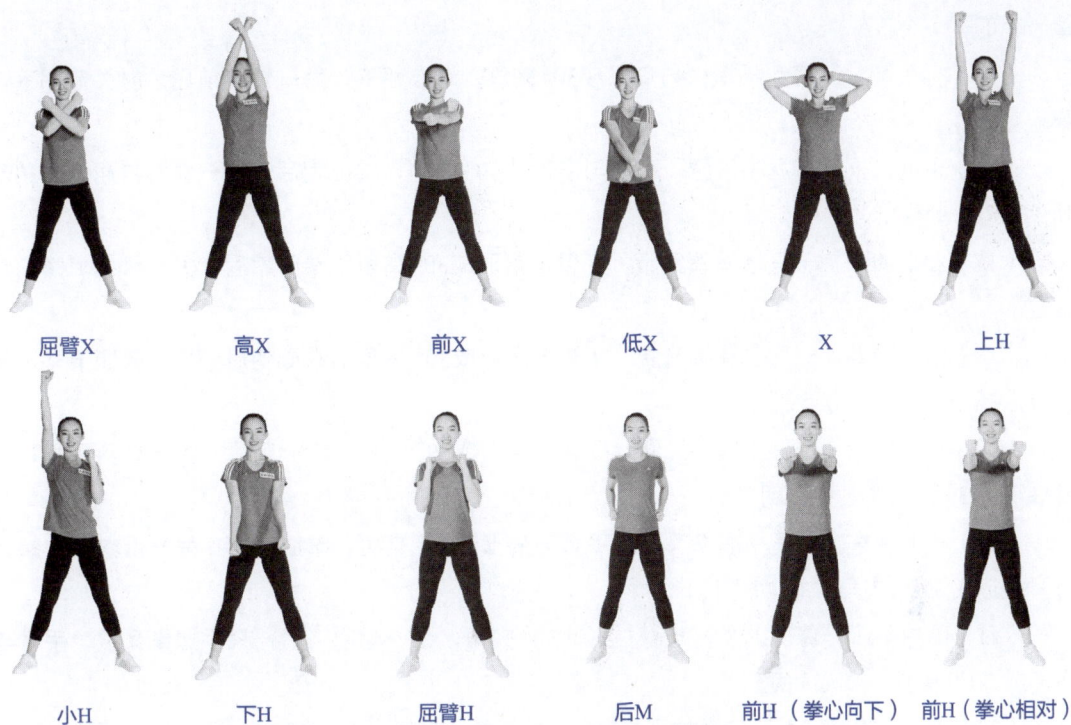

| 屈臂X | 高X | 前X | 低X | X | 上H |

| 小H | 下H | 屈臂H | 后M | 前H（拳心向下） | 前H（拳心相对） |

图16-23　啦啦操的36个基本手位（续）

（1）下A：双臂斜下举，分别与脊柱形成30°夹角，拳心紧贴相对。

（2）上A：双臂斜上举，分别与脊柱形成30°夹角，拳心紧贴相对。

（3）上V：双臂侧上举，分别与脊柱形成45°夹角，但不能完全张开，应置于双耳斜前方45°，拳心朝外。

（4）下V：双臂侧下举，分别与脊柱形成45°夹角，且与肩形成45°夹角，拳心朝下。

（5）加油：双手握拳式胸前击掌，肘关节朝下，双拳略低于下颚。

（6）T：双臂侧平举，但没有完全张开，分别与肩形成30°夹角，拳心朝下。

（7）短T：双臂侧平举，于胸前平屈，小臂略低于肩，两拳相对，拳心朝下。

（8）W：双臂侧上举，于肩上平屈，大小臂成90°夹角，拳心相对。

（9）上L：一臂前上举，与脊柱形成30°夹角，拳心朝内；另一臂侧平举，与肩形成30°夹角，拳心朝下。

（10）下L：一臂前平举，略低于肩，拳心朝内；另一臂侧平举，与肩形成30°夹角，拳心朝下。

（11）斜线：一臂侧上举，与脊柱形成45°夹角，拳心朝外；另一臂侧下举，与脊柱形成45°夹角，拳心朝下。

（12）K：一臂前上举，与脊柱形成45°夹角，拳心朝内；另一臂前下举，与脊柱形成45°夹角，拳心朝内，两拳拳眼相对。

（13）侧K：手臂动作同K，身体向一侧转动，成后腿弯曲弓步。

（14）弓箭：一臂胸前平屈，肘关节朝外，小臂略低于肩；另一臂侧平举，与肩形成30°夹角，拳心朝下。

（15）小弓箭：一臂侧平举，与肩形成30°夹角，拳心朝下；另一臂胸前屈，肘关节朝下，拳心朝内。

（16）短剑：一只手握拳叉腰，手臂与肩形成30°夹角，拳心朝后；另一臂胸前屈，肘关节朝下，拳心朝内。

（17）侧上冲拳：一只手握拳叉腰，手臂与肩形成30°夹角，拳心朝后；另一臂侧上举，与脊柱形成45°夹角，拳心朝前。

（18）侧下冲拳：一只手握拳叉腰，手臂与肩形成30°夹角，拳心朝后；另一臂侧下举，与脊柱形成45°夹角，拳心朝下。

（19）斜下冲拳：一只手握拳叉腰，手臂与肩形成30°夹角，拳心朝后；另一臂斜下举，与脊柱形成30°夹角，拳心朝下。

（20）斜上冲拳：一只手握拳叉腰，手臂与肩形成30°夹角，拳心朝后；另一臂斜上冲拳，与脊柱形成30°夹角，拳心朝外。

（21）高冲拳：一臂前上举，与脊柱形成30°夹角，拳心朝内；另一只手握拳叉腰，手臂与肩形成30°夹角，拳心朝后。

（22）R：一臂斜下举，与脊柱形成30°夹角，拳心朝下；另一臂侧上举，头后屈肘，肘关节朝外，拳心紧贴后脑勺。

（23）上M：双臂侧上举，于肩上平屈，肘关节朝外，手腕向下屈，指尖触肩。

（24）下M：双手握拳叉腰于髋部，双臂与肩形成30°夹角，拳心朝后。

（25）屈臂X：双臂屈肘交叉于胸前，拳心朝内。

（26）高X：双臂交叉斜上举于额头前上方，分别与脊柱形成30°夹角，拳心朝前。

（27）前X：双臂交叉前平举，略低于肩，拳心朝下。

（28）低X：双臂交叉斜下举，分别与脊柱形成30°夹角，拳心朝下。

（29）X：双臂侧上举，于头后平屈，肘关节朝外，两拳相对，拳心紧贴后脑勺。

（30）上H：双臂前上举与肩同宽，分别与脊柱形成30°夹角，拳心相对。

（31）小H：一臂前上举，与脊柱形成30°夹角，拳心朝内；另一臂胸前平屈，肘关节朝下，拳心朝内。

（32）下H：双臂前下举，分别与脊柱形成30°夹角，拳心相对。

（33）屈臂H：双臂屈肘平行收于胸前，拳心相对。

（34）后M：双臂屈肘平行向身后伸展，双手握拳收于腰侧，拳心相对。

（35）前H（拳心向下）：双臂前平举，与肩同宽，双手握拳，拳心向下。

（36）前H（拳心相对）：双臂前平举，与肩同宽，双手握拳，拳心相对。

16.2.6 啦啦操的基本套路与编排

1. 啦啦操的基本套路

目前国内的啦啦操规定动作标准是《2016版全国啦啦操规定动作》。

2．啦啦操编排的原则

（1）统一性原则。啦啦操编排的统一性原则指在动作、音乐、服装及道具等方面与啦啦操的主题风格、思想一致。

（2）安全性原则。在编排啦啦操时，必须根据每一个队员的真实水平，基于安全角度进行考虑，在队员能力范围之内组织编排适合其完成的动作，尽可能避免发生伤害事故。

（3）创新性原则。创新性原则要求啦啦操在编排过程中要标新立异，突出风格，不但要体现出前瞻性，还要表现出时代感。

3．啦啦操的编排方法

（1）变换新颖的队形。啦啦操中常用的队形有几何图形、"十"字形、弧形、直线形及字母形等。

（2）动作与音乐配合。动作的快慢、强弱、幅度大小及不断变换的队形空间都应紧密联系音乐的节奏。

（3）创编工作要有主次。在动作编排的初级阶段，要根据队伍的真实情况及表演目标进行创编。编排要掌握主次，按照音乐的快慢、节奏进行编排。

（4）设计啦啦操口号。设计的口号内容要呼应表演目标与主题思想。

（5）服装道具的设计与选择。在对啦啦操的服装款式进行设计时，要保证服装、音乐与动作之间的一致性。

16.3　街舞

街舞诞生于20世纪60年代末期，它经历了旧派嘻哈舞蹈和新派嘻哈舞蹈两个阶段。街舞以其动感的节奏、漂亮的翻腾、极具个性的着装，成为一种集音乐、舞蹈和娱乐于一体的新兴运动，它具有极强的参与性、表演性和竞技性。

5种街舞赏析

街舞是一项自由、随性的运动，有多种不同类别和风格的舞种，目前国际上还没有形成统一的街舞动作技术规范。常见的街舞类型有嘻哈舞、霹雳舞、机械舞、锁舞、爵士舞，如图16-24所示。

| 嘻哈舞 | 霹雳舞 | 机械舞 | 锁舞 | 爵士舞 |

图16-24　常见的街舞类型

16.4　排舞

　　排舞是一项将音乐和固定舞步融合在一起，一人或多人通过风格各异的舞步循环来愉悦身心的国际性体育运动。它以音乐为核心，通过风格迥异的舞步组合循环，来展现世界各国民间舞蹈的多元素的文化魅力。它对培养音乐素养、提高身体素质、了解世界文化、培养礼仪行为有着重要意义。

　　排舞共有26种步法：平衡步、恰恰步、海岸步、藤步、爵士盒步、踢换脚、锁步、曼波步、摇摆步、摇椅步、伦巴盒步、水手步、桑巴步、剪刀步、趾踵步、闪亮步、查尔斯顿步、桃乐茜步、夜总会二步、纺织步、糖果步、开关步、苹果杰克、定轴转、蒙特利转、三连步转。主要步法如图16-25所示。完整的步法及节奏演示请扫描二维码，对照视频进行学习。

26种排舞步法

踢换脚　　　曼波步　　　伦巴盒步　　　闪亮步　　　查尔斯顿步

夜总会二步　　　糖果步　　　苹果杰克　　　蒙特利转

图16-25　排舞的主要步法

思考与练习

1. 体育舞蹈的分类有哪些？
2. 简述体育舞蹈对大学生的学习与生活有怎样的意义和影响。
3. 啦啦操如何分类？

第17章

户外运动

不积跬步，无以致千里。不攀高峰，无以炼志望。

畅享户外，促团队协作。挑战自我，展勇士风范。

庞志涵

2019年5月15日

寄语

户外运动常指在自然环境中进行的带有探险或体验探险性质的运动项目群。常见的户外运动包括攀岩、定向运动和拓展训练等。党的二十大报告要求促进群众体育和竞技体育全面发展。在充分掌握安全知识的前提下参与户外运动项目，能和传统运动项目形成有效的互补，对培养大学生的运动素养、增进心理健康具有不可替代的作用。

17.1 户外运动概述

本节通过对户外运动的起源、分类与健身价值的探讨，以及对户外绳结、户外运动装备等基础知识的介绍，使学生初步了解户外运动，帮助学生打好理论基础。

17.1.1 户外运动的起源与发展

户外运动于18世纪在欧洲诞生，最早的运动项目是登山运动。1857年，世界上最早的户外运动俱乐部在德国诞生，这个以登山、徒步为主要运动项目的组织是现代户外运动俱乐部的雏形。18世纪90年代，高山滑雪运动的出现吸引了一大批冒险旅游者，同时爬山和登山也受到人们欢迎。登山者为了能够登上难度更大的高山，不仅开始注意登山技术的研发，而且逐渐重视登山装备的应用。20世纪40年代，登山技术得到了进一步发展，攀岩和野营等项目也应运而生，越来越多的户外运动项目发展起来，户外运动由探险旅游逐渐演变为拥有众多单项运动的体育运动项目群。

17.1.2 户外运动的定义与分类

1. 户外运动的定义

户外运动是指人们为了满足增进健康、愉悦身心、亲近自然、挑战自我、寻求刺激和冒险等需求，在陆地、水域和空中等特定的自然环境中，以体育运动的方式进行的具有探索性、挑战性、休闲性和健身性的户外体验活动。

2. 户外运动的分类

户外运动主要有4种分类方法，如表17-1所示。

表17-1 户外运动分类

分类依据	大项	系列或项目（举例）
按照目的性质划分	休闲时尚类户外运动	漂流、扎筏、宿营、滑沙、滑雪等
	探险越野类户外运动	洞穴探险、翼装飞行、定向运动等
	野外生存类户外运动	沙漠生存、戈壁生存
按照组织形式划分	竞技比赛类户外运动	定向、越野、攀岩
	大众健身类户外运动	登山、徒步、穿越
	教育培训类户外运动	拓展训练
按照身体能力划分	体能主导类户外运动	沙漠穿越、戈壁穿越、登山等
	技能主导类户外运动	定向、探险、丛林急救等

续表

分类依据	大项	系列或项目（举例）	
按照地理条件和自然场地划分	陆地户外运动	山地户外	露营、攀岩等
		荒漠户外	沙漠生存、穿越等
		海岛户外	救援、负重、滑沙等
		高原户外	滑雪、登山、徒步等
	空中户外运动	滑翔、跳伞、热气球、翼装飞行等	
	水上户外运动	漂流、扎筏、泅渡等	

17.1.3 户外运动的组织机构与赛事

在我国，户外运动的组织管理机构主要有国家体育总局登山运动管理中心和中国登山协会。国际上户外运动的组织管理机构有国际登山联合会。

户外运动赛事主要有都市越野挑战赛、大众性探险越野赛、野外生存技能大赛、露营大会、徒步大会。

17.1.4 户外结绳技术

结绳技术是户外运动必须掌握的基本技能之一。户外运动常用的结绳技术如下。

（1）单结：如图17-1所示，单结比较简单，只需将活动端绳头穿过绳圈即可。

结绳技术

（2）双套结：双套结是较常见的连接开放性固定点（如树桩、铁锁等）的绳结，如图17-2所示。双套结在使用时一定要打紧，否则绳索会滑动。

（3）布林结：如图17-3所示，布林结一般用于绑在绳索或保护点上，布林结最后一定要打绳尾结。

（4）平结：如图17-4所示，平结可用于捆扎行李、包裹或包扎伤口，也可作为垂降用绳结（注意两端绳头必须打上防脱结固定）。

（5）水结：如图17-5所示，水结的端点在不受力时很容易松动，所以打结时尾端要留长一点，并在使用前要用身体的重量去拉拉看，以确保不会一拉就开。

（6）渔人结：渔人结主要用于两条主绳的连接，一般是连接直径相同且小于8毫米的圆绳。在做成绳套时，绳尾应留绳子直径的8～10倍长，并且用胶布缠好。渔人结有单、双之分，这里以双渔人结为例，如图17-6所示。

图17-1 单结　图17-2 双套结　图17-3 布林结　图17-4 平结　图17-5 水结　 图17-6 渔人结

（7）"8"字结："8"字结分为单"8"字结、双"8"字结、编式"8"字结，是连接固定点的结，常用于户外攀岩运动保护连接之中，如图17-7所示。

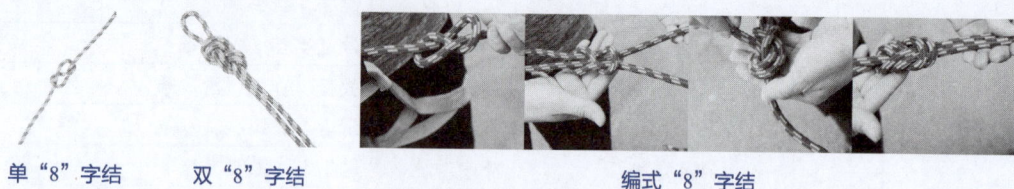

单"8"字结　　　双"8"字结　　　　　　　　编式"8"字结

图17-7　"8"字结

（8）抓结：如图17-8所示，抓结可用于快速地建立一套依附绳索而上攀或下降的系统，从而替代上升器或下降器在行进、上升、下降中起到自我保护作用，它也是救援时滑轮系统的组成部分。

（9）意大利半扣：如图17-9所示，意大利半扣可用来代替下降器或在多段攀登中起到保护作用，尤其适合确保先锋攀登者或下降攀登者的安全。

（10）蝴蝶结：蝴蝶结可承受任何一端或绳圈的拉力而不会松开，可以用有锁钩环穿过绳圈与安全带或其他物体连接。打完结后两个绳头要成一直线，如图17-10所示。

（11）接绳结：接绳结是一种用于连接两条粗细及材质不同的绳索的结，如图17-11所示。将一条粗绳的末端对折，把另一条细绳从对折绳圈的下方穿过，然后将细绳压在它自己和粗绳的中间，形成"X"形，最后将绳子收紧，就可以做成一个非常坚固的接绳结了。

图17-8　抓结　　　图17-9　意大利半扣　　　图17-10　蝴蝶结　　　图17-11　接绳结

（12）盘绳：盘绳分为场地盘绳和野外盘绳，如图17-12所示。场地盘绳一般是一只手拿着绳子的一端，另一只手将绳子同臂展后，将绳子交替往返放在握绳端的手中，然后分别做两个半绳环，用末端绳子并排缠绕绳4～6圈后，将绳头压在半绳环中，抽出半绳环成整绳环即可，最后进行绳子末端的处理。野外盘绳是先握两个绳头，将顺并检查绳子，找到绳子的中间，然后一只手握绳的中部，另一只手将绳搭在肩膀上，两手交替折叠绳子于肩上，绳环与臂同长，最后卸下绳子，缠绕4～6圈后从绳眼掏绳形成绳环套上即可；留出足够的末端绳长，可以将绳子背负在身上。

盘绳技术

场地盘绳　　　　　　　　　　　野外盘绳

图17-12　盘绳

17.2　攀岩运动

攀岩运动是一项集智力、体力、技术于一体的体育项目。本节将主要介绍攀岩运动的起源与发展、场地与装备、基本技术与训练等。

17.2.1　攀岩运动概述

1. 攀岩运动的起源与发展

攀岩运动兴起于20世纪中期的欧洲，1974年，攀岩被列入世界比赛项目。20世纪80年代后，现代竞技攀岩比赛开始兴起，法国、意大利和美国先后举办了各种形式的攀岩比赛。

我国的攀岩运动始于20世纪80年代。1987年，中国登山协会派人到日本学习攀岩运动的相关攀爬技术与规则，并于当年10月在北京怀柔举办了第一届全国攀岩比赛，这标志着攀岩运动正式引入我国。1993年国家体委（现为国家体育总局）将攀岩运动列为正式比赛项目，同年9月在长春举办了第一届全国攀岩锦标赛。2001年，在云南昆明举办了首届亚洲杯攀岩比赛。在竞技攀岩水平快速提高的同时，我国的群众性攀岩运动也得到了蓬勃发展。许多高校成立了相应的攀岩俱乐部或专门的攀岩队伍，越来越多的公园、商场、宾馆等建成了各种各样的人工攀岩壁或天然岩壁，攀岩运动在我国不仅成了正式的竞技体育比赛项目，还是一项时尚休闲运动。

2. 攀岩运动的特点

攀岩运动的特点主要表现为场地的特殊性、攀登的危险性、动作的创造性、人体的挑战性、安全的保护性等。

17.2.2　攀岩运动的场地与装备

1. 攀岩运动的场地

（1）自然场地：指在野外登山或攀岩时遇到的各种大岩壁、峭壁或大石头等。

（2）人工场地：一般建在室内或运动场周围，由钢筋混凝土材料或玻璃钢面构成。攀岩场地的高度一般不低于6米，有4～6条路线。

2. 攀岩运动的主要装备

（1）攀岩绳：攀岩绳是攀爬者的生命绳，是由高强度的尼龙按特殊的方法纺织而成的，如图17-13所示。攀岩绳有较大的延展性，可以吸收脱落时所产生的大部分冲击力而减小对攀爬者的伤害。攀岩绳主要分为主绳（动力绳、静力绳）和辅绳两类，主绳的主要用途如表17-2所示。

静力绳　　动力绳
图17-13　攀岩绳

表17-2　各种主绳及其主要用途

直径	种类	主要用途
8毫米	静力绳	远征型攀登固定绳及人工攀登用吊拉绳
8毫米	动力绳	攀岩或攀冰用的双绳系统的一部分

续表

直径	种类	主要用途
9毫米	动力绳	攀岩或攀冰用的半绳系统的一部分；简单的冰河健行所使用的轻量单绳
10毫米	动力绳	攀岩、攀冰或冰河健行使用的轻级单绳
10.5毫米	动力绳	攀岩、攀冰或冰河健行使用的中级单绳
11毫米	动力绳	攀岩、攀冰或冰河健行使用的较耐久单绳
12毫米	静力绳	洞穴探险或搜救绳（非攀登用）

（2）安全带：安全带为攀爬者和保护者提供一种舒适、安全的固定，可以把坠落的冲击力分散到腰和腿上。安全带通常包括腰带、腿环和前方的附加连接系统，如图17-14所示。根据用途，可以把安全带分为可调式安全带（多用于登山、攀冰、攀岩场馆）和不可调式安全带（多用于个人攀岩）；根据形状，可以把安全带分为半身式安全带（坐式安全带—下半身、胸式安全带—上半身）和全身式安全带。

图17-14　安全带

（3）扁带：又称为绳套或扁带套，是软性带状物，如图17-15所示。扁带通过机械缝合或手工打结成为一定长度的闭合圈，在保护系统中用作软性连接。扁带有机缝式和打结式两种，扁带的长有60厘米、120厘米等规格。

（4）铁锁：又称为钩环或扣环，用来连接绳子与保护点、安全带与保护器等，如图17-16所示。在保护系统中，铁锁用作刚性连接。铁锁的正确使用方法是保持锁门闭合且纵向受力。

（5）快挂：如图17-17所示，在扁带的两端分别连接一个铁锁成为快挂。使用时一端扣入保护点，另一端连接人体安全带或主绳。快挂能使攀登操作便利。

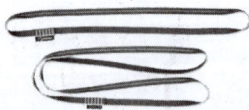

图17-15　扁带

图17-16　铁锁

图17-17　快挂

（6）"8"字环：如图17-18所示，"8"字环是攀岩中常用的保护设备和下降器，通过绳子与环产生的摩擦力来保障攀爬者的安全。

（7）上升器（攀升器）：上升器在攀岩过程中起到借力和保护的作用，主要解决在单绳技术中向上运动的问题，如图17-19所示。上升器分为手式上升器（左手式和右手式）、胸式上升器和脚式上升器。

（8）头盔：如图17-20所示，头盔是保护头部的装备，既可防止上方落石或攀爬者掉下时对头部造成伤害，又可避免各种非安全脱落姿态或突然碰撞到坚硬岩面等情况下伤及头部。

图17-18　"8"字环　　　　图17-19　上升器示意　　　　图17-20　头盔

此外，攀岩运动的常用装备还有攀岩鞋、镁粉、镁粉袋、岩点、攀石垫等。

17.2.3　攀岩运动的基本技术与训练

1. 攀岩运动的基本技术

攀岩运动是以力量为主的人体攀爬运动，其基本技术由攀岩手法、攀岩脚法、身体技巧、技术动作、混合技术组成。

（1）攀岩手法：手在攀登中是抓住支点、维持身体平衡的关键，手臂力量的大小直接影响攀登的质量和效果。一名优秀的攀岩运动员必须拥有足够的指力、腕力和臂力，要能根据支点的不同分别运用握、抓、抠、压、捏、摁、撑、搂、戳、反提、搭等手法，如图17-21所示。

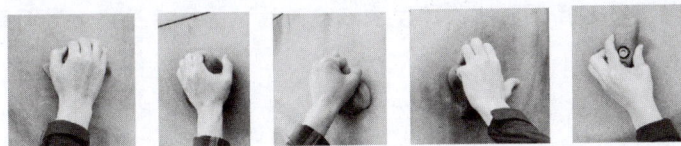

握　　　抓　　　抠　　　压　　　捏

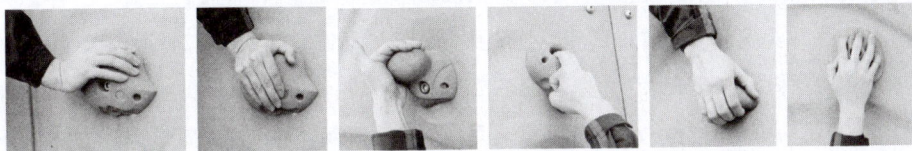

摁　　　撑　　　搂　　　戳　　　反提　　　搭

图17-21　攀岩手法

（2）攀岩脚法：脚是攀岩运动中支撑人体重量的主要受力部位。在攀岩过程中，合理、巧妙地用脚承受自身重量是衡量一名攀岩运动员水平高低的重要指标。攀岩运动员要能够根据岩点的不同特征，分别使用正蹬、脚尖外侧踩点、脚尖内侧踩点、踩摩擦点、脚尖勾点、脚跟挂点等脚部动作（见图17-22），以实现较好的攀登效果。

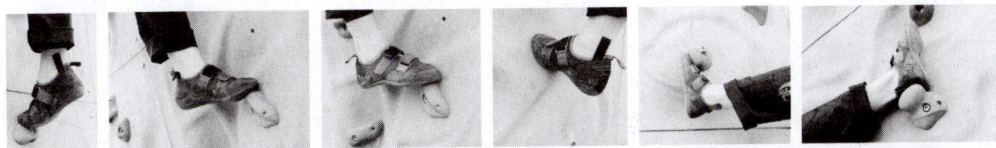

正蹬　　脚尖外侧踩点　　脚尖内侧踩点　　踩摩擦点　　脚尖勾点　　脚跟挂点

图17-22　攀岩脚法

（3）身体技巧：攀岩运动中的身体技巧主要有转腰、推胯、转胯、压胯、挺胯、转脚、摆膝、折膝。

8种身体技巧

①转腰：目的是让身体靠近作用力手，从而省力。做转腰动作时，身体重心要在两脚中间平均分配，单手直臂抓点，双脚踩点。双肩微平，拧动作用力手的对侧腰至极限，左右手轮换抓点，转腰练习，如图17-23所示。

②推胯：即胯部侧向移动技术。预备式起，双手抓点，始终保持直臂，大腿和膝关节横向移动，去推动胯关节横向移动，完成推胯动作，如图17-24所示。

③转胯：预备式起，先推胯至极限，然后旋转异侧腰胯。在转胯之前，先调整作用力手异侧脚的踩点部位，然后转胯，完成转胯动作，如图17-25所示。

图17-23　转腰　　　　　　图17-24　推胯　　　　　　图17-25　转胯

④压胯：压胯技术一般用于单脚大跨度踩点结束后，为了使身体上升而采用压胯动作，如图17-26所示。

⑤挺胯：挺胯技术是攀岩重要的发力技术之一，分为正面挺胯和侧面挺胯，一般用于推胯结束之后进行。正面挺胯技术的要点：双脚踩点，重心平均分配，正面抬胯，单手抓点，直臂，松肩，直腰，松胯，然后胯部前后摆动起势，使身体迅速靠近岩壁，抬胯，托腰，使重心上移，完成抬胯动作。如作用力手顺势旋肩、屈臂，则完成整个身体的移动动作，如图17-27所示。

⑥转脚：攀登踩点时，脚尖在岩点上左右旋转的动作叫作转脚。转脚经常和转胯、折膝技术一起使用。通常在转脚前，先移动重心至另一只脚，然后转动脚尖，转脚时脚不需要离开岩点，如图17-28所示。

　　　　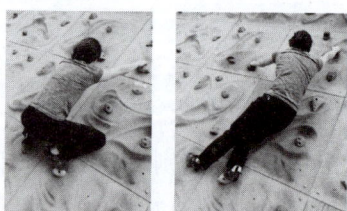

图17-26　压胯　　　　　　图17-27　挺胯　　　　　　图17-28　转脚

⑦摆膝：它是攀岩技术中最简单实用的动作，是推胯的前奏。在发力抓点之前，先来回摆动膝盖，带动身体，然后抓点，如图17-29所示。

⑧折膝：在攀爬中，推胯的目的是让膝盖横向移动，但有时膝关节反方向旋转移动可能平衡效果更好，这就是"折膝"技术。折膝之前，双脚踩点，先把重心移到一只脚，然后向内旋转

另一膝关节，至其反方向，这一动作称为常规折膝。进行常规折膝时，当膝关节旋转至关节朝下时，身体重心平均分配到两脚之间，这就是深度折膝，也称落膝，这一技术多用于屋檐、双脚大跨度和大斜壁攀登，如图17-30所示。

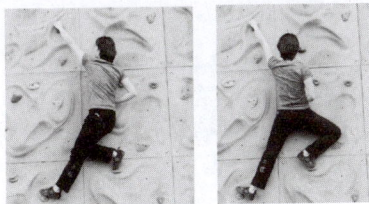

图17-29　摆膝

图17-30　折膝

（4）技术动作：攀岩运动中的技术动作有直臂钩挂、单臂锁定、对角线运动、侧身技术、交叉手、交叉脚、换手、换脚、换脚上高点、脚上手点。

①直臂钩挂：预备式起，直臂状态抓点，通过旋转作用力于肩关节完成重心移动，如图17-31所示。

②单臂锁定：屈臂状态去抓点，通过单臂锁定，完成重心移动。另外，单臂锁定技术经常在直臂钩挂旋肩结束后使用，使身体重心继续移动，如图17-32所示。

③对角线运动：在攀登过程中，身体异侧手脚配合使用，即左手抓点和右脚踩点配合，形成身体的对角线运动方式，称为对角线运动，也称为对角线技术，如图17-33所示。对角线运动经常和内侧踩点及单臂锁定技术一起使用。

10种技术动作

图17-31　直臂钩挂

图17-32　单臂锁定

图17-33　对角线运动

④侧身技术：身体侧向岩壁，以身体对侧手脚接触岩点，另一条腿伸直来调节身体平衡，主要依靠单腿，配合同侧腰胯把身体顶起，从而抓握上方支点，如图17-34所示。

⑤交叉手：在攀爬过程中，当下一手点在作用力手外侧方向且距离适中时，可考虑使用交叉手动作。抓点时，手臂从作用力手上方通过形成的交叉，叫作上交叉；手臂从作用力手下方通过形成的交叉，叫作下交叉。交叉手动作属于身体重心横向移动技术，肩关节的柔软度很重要。交叉手是攀岩中较难的动作，当脚点较小时，通过摆膝、膝盖横向移动来完成交叉动作，如图17-35所示。

图17-34　侧身技术

图17-35　交叉手

⑥交叉脚：攀爬过程中，当下一脚点在作用力脚点外侧且距离适中时，可使用交叉脚技术。在交叉脚前，手臂伸直，膝盖旋转作用力脚，使异侧脚从作用力脚横向交叉通过。交叉脚可分为内交叉脚和外交叉脚，如图17-36所示。

内交叉脚　　　　　　　　　外交叉脚

图17-36　交叉脚

⑦换手：在作用力手点完成换手动作，叫作换手，如图17-37所示。换手可分为常规换手和空中换手。常规换手常用于中、小号手点换手。当手点较大且动作较平衡时，可考虑空中换手。

⑧换脚：当岩壁上支点数目较少时，可能会经常用到换脚技术。以右脚踩支点换左脚为例，首先，右脚应逆时针旋转，将支点靠近左侧的部分空出来留给左脚，然后左脚趁势踩住右脚旋转时空出的部位，这时左脚已经可以承受一部分身体的重量，最后右脚慢慢向下滑出，左脚则逐渐踩住整个支点，取代右脚的位置，完成整个换脚动作，如图17-38所示。

图17-37　换手　　　　　　　　　　　　　　图17-38　换脚

⑨换脚上高点：当脚点位置较高且较远时，需要抬脚踩点或需要跳跃才能踩到，然后将重心迅速移至该脚点，这种技术叫作换脚上高点，如图17-39所示。

⑩脚上手点：脚上手点是当一些手点在腰间位置时，把同侧脚踩到此点，身体向上、向前压，把重心移到脚上，发力蹬起，伸手抓握下一支点，另一只手用来保持平衡的一种技术动作，如图17-40所示。

图17-39　换脚上高点　　　　　　　　　图17-40　脚上手点

（5）混合技术：混合技术是攀岩运动中简单的身体整体协调配合技术，包括手侧拉、混合侧拉、躯干支撑法、侧身法等。

2. 攀岩运动训练

攀岩运动训练是培养运动员具有良好的思想道德和意志品质、全面发展运动员的身体机能和专项素质、提高运动员攀岩运动技术与能力的专门教育过程。

（1）攀岩运动技术训练：攀岩运动技术指攀爬者合理地运用自己的运动能力，完成各种攀登动作的有效方法。攀岩运动技术训练的主要内容包括攀岩手法训练、攀岩脚法训练、综合技术训练。

①攀岩手法训练：手在抓握支点时，依手指弯曲的角度可分为抠、勾、搭3种抓法。"抠"是通过手指指尖及各指关节弯曲抠入支点用力，适用于支点较小但有小凹槽的情况。"勾"是把手指弯曲成钩形来勾住支点。当支点较小时，用力点在中指尖；当支点较大时，用力点落在第二指节，第二指节张开的角度越大，所需的力量越大。"搭"是把手指稍微弯曲，搭在支点上发力。当两手抓同一支点时，前手可先放弃最好的抓握处，让给后手，以免换手的麻烦；抓握支点水平用力时，受力臂的位置要低，靠向下的拉力加大水平摩擦力以保持身体的稳定。

②攀岩脚法训练：把脚放在脚点的最佳位置，集中注意力观察下一个脚点；平稳流畅地将身体重心转移到另一只脚上；不管是站在支点上还是在支点上攀爬，都要保持脚的稳定，同时体会把上体的动作与脚的动作分开；在转移重心及攀爬时保持动作流畅。

③综合技术训练：训练时，首先要练好手脚配合。初学者或技术不熟练的运动员，如果上肢力量差，攀登时就容易疲劳，甚至逐渐失去抓握能力而脱攀，所以学习攀岩首先要练习增强上肢的力量。综合技术训练口诀：侧爬易，正爬难；侧身贴墙跨度大；上点下点要贴岩，"人"字点往外拉；先移重心再抓点，重心带体抓点易；脚踩点，掌前掌内或外侧腿成120°为最佳，最好多做反向拉。

（2）攀岩体能训练：体能指攀岩运动员机体的基本运动能力，是攀岩竞技能力的重要组成部分。攀岩体能训练主要包括力量训练、耐力训练、速度训练等。

①力量训练：力量可用徒手、负重、变小支点等方法练习，主要训练手指手腕力量、手臂力量、大腿力量、小腿力量、脚踝脚趾力量、躯干力量。

力量训练的要求：注意处理好身体各部位力量发展与全面发展的关系；注意把握好关键力量和薄弱力量的训练；注意力量训练方法的多样性与有效性的紧密结合；注意力量训练负荷的合理安排；注意力量训练后的放松与恢复等。

②耐力训练：耐力的训练方式有大屋檐爬、线路训练、12分钟跑、5 000米跑、10 000米跑、持续跑、越野跑、6~8分钟爬墙练习、跳绳练习等。

耐力训练的要求：每周可以安排一次耐力训练，并贯彻于全年训练中；在耐力训练中，要注重培养吃苦耐劳的精神和坚持不懈的品质；要重视心肺功能的增强；要进行科学合理的设计，把多样性、有效性、趣味性等有机结合起来。

③速度训练：速度的训练方式有30米加速跑、30米加速踩点跑、跑楼梯、跑格子、减负速度

爬、速度爬肋木、速度跑上下坡等。

速度训练的要求：在速度训练中，应注意一般速度素质训练与专项速度素质训练相结合；注意以发展力量和柔韧性等来促进速度素质的发展；发展速度素质应重视肌肉放松；要抓住速度敏感期发展速度素质。

（3）攀岩战术训练：攀岩战术指在攀岩比赛中，根据对方和外部条件，充分发挥自身特长，争取获得最佳比赛成绩的方法。攀岩战术训练指培养攀岩运动员合理地运用攀岩战术原则和战术方法的训练。常用的攀岩战术训练方法有减难与加难训练法、模拟实战训练法、想象训练法、程序训练法、实战法等。

（4）攀岩心智能力训练：心智能力指攀岩运动员观察问题、分析问题、解决问题的能力以及良好的意志品质等，是运动员在攀岩过程中以心理和智能为基础，运用多种专业知识指导攀岩运动训练和比赛，提高攀岩竞技水平的能力。攀岩心智能力训练包括心理训练和智能训练两方面。心理训练应该贯穿于日常训练的始终，常用的训练方法有意念训练、诱导训练、模拟训练等。智能训练一般安排在运动员拥有一定的技术战术基础之后进行，常用的训练方法有观察力训练、记忆力训练、思维与想象力训练、观点模仿练习、2分钟观点镜面练习、观点盲爬、省点集体爬等。

17.3 拓展训练

本节将介绍拓展训练的起源，阐述学校拓展训练的特点，概括拓展训练的流程。针对大学生协作能力、沟通能力、创新能力的培养，本节选取有代表性的拓展训练项目进行详细讲解。

17.3.1 拓展训练概述

1. 拓展训练的起源

户外拓展训练的奠基人是库尔特·哈恩，他创办了"阿伯德威海上学校"，旨在培养年轻海员在海上的生存能力和触礁后的生存技巧及团队精神。20世纪50年代后，拓展训练的独特创意和训练方式逐渐被教育学家、心理学家、社会学家、管理学家所推崇，培训对象由海员扩大到学生、工商界人士等群体，训练目标也由单纯的体能训练、生存训练扩展到心理训练、人格训练和管理训练等。

2. 拓展训练的特点

就本质而言，拓展训练主要有6个特点：亲身体验性、综合活动性、挑战极限性、集体协作性、高峰成就性、自我发展性。

17.3.2 拓展训练的流程

拓展训练的流程包含5个步骤：亲历、感受、分享、总结、应用。

（1）亲历。亲历也就是亲身体验。任何一个训练项目的开始都是学生在教师的指引下去经历一种模拟场景，去完成一项任务。

（2）感受。通过置身其中，学生才能得到最真切的、全方位的、印象深刻的感受。学生在经历的过程中，会产生一些想法、观点，意识到自己的"症结"所在。

（3）分享。"三人行必有我师"，完成任务的过程，也是磨合切磋、交流共进的过程。分享感受、畅所欲言的同时，每个人都会获得更多的经验，这也正是拓展训练的魅力所在。

（4）总结。通过实践、观察、交流和讨论，每个人都会有所心得，每个人的认识亦由感性上升到理性。

（5）应用。这个过程是训练之后的个人收获。认识由实践获得，之后再用来指导实践，这也是拓展训练的终极意义所在。

17.3.3 常见的拓展训练项目

常见的拓展训练项目及其分类、简介如表17-3所示。

表17-3 常见的拓展训练项目

分类	项目	目标	人数与时间	场地与器材
破冰、沟通类	进化论（见图17-41）	加强交流，活跃气氛，增添趣味性	人数不限；20分钟左右	宽阔平整的室外场地；粉笔（或白灰粉）
	超音速（见图17-42）	培养沟通能力、协作能力、科学思维方式、制订战略计划能力，发展奔跑能力	10~15人；30分钟左右	平整开阔的场地；扑克牌
个人挑战与领导力类	信任背摔（见图17-43）	培养挑战自我的信心与勇气；增强责任感和信任感；提高团队凝聚力	不少于11人，其中男性不少于5人；90分钟左右	宽阔平整、地面无尖利石头的场地；1.5米背摔架，背摔绳
	盲人方阵（见图17-44）	理解领导力在团队中的影响与作用；体会决策时个人的心理变化；理解团队活动中的角色认定与完成本职工作的重要性	14人左右；70分钟左右	相对平坦空旷的场地；宽1~1.5厘米、长25米左右的长绳，眼罩，整理箱
团队合作类	蛟龙出海（见图17-45）	培养竞争意识、勇往直前的精神和百折不挠、精益求精的意志品质；了解个人与团队节奏一致的重要性	15人左右；30分钟左右	宽阔平整、无尖利石头的场地；捆脚带，秒表
	不倒森林（见图17-46）	培养团结协作、互相补位的意识和积极心态；提高执行力	10人左右；20分钟左右	平整宽阔的场地；秒表，长杆

"进化论"项目

图17-41 进化论

"超音速"项目

图17-42 超音速

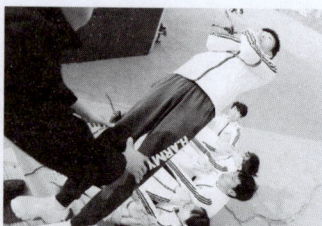

图17-43　信任背摔

图17-44　盲人方阵

图17-45　蛟龙出海

图17-46　不倒森林

思考与练习

1. 谈谈你对户外运动的理解。
2. 如果你是团队的领导者，你如何带领团队克服困难，走向胜利？
3. 攀岩运动提倡的是"探险"，而不是"冒险"。谈谈你对攀岩风险的认识。
4. 攀岩运动的安全关乎生命，请归纳攀岩运动的安全保护操作。

第18章

瑜伽

享受瑜伽，健康生活。动静之间，
平衡身心。轻盈灵动，内外皆美。

2020. 12. 20

寄语

瑜伽是一种古老的健身术，现在已经成为在世界范围内广泛传播的身心锻炼方法，瑜伽因其对身体健康的保健作用和对心理的显著减压作用而备受推崇。

18.1 瑜伽概述

本节将介绍瑜伽的基本知识，包括瑜伽的起源、发展、特点、作用、呼吸与注意事项。

18.1.1 瑜伽的起源与发展

瑜伽发源于印度河流域，至今已有数千年的历史，它比较注重"结合""平衡""统一"。在漫长的发展历程中，瑜伽逐渐传播到世界范围内，如今已成为一种健康的时尚运动，并演化出各种运动分支，如传统瑜伽、高温瑜伽等。

18.1.2 瑜伽的特点与作用

现代瑜伽能够帮助练习者在宁静的环境下，排除杂念、放松肌肉、舒展肢体。瑜伽的一系列姿势都是在运用古老而又易于掌握的技巧的基础上，来改善人的生理与心理状态。

瑜伽有5个基础作用：一是提高身体的柔韧性，改善不良体态；二是通过推、拉、扭、挤、伸等姿势对内脏器官起到按摩的作用；三是调节内分泌，促进人体新陈代谢；四是培养注意力集中的能力，提高工作和学习的效率；五是释放精神压力，维持心理健康。

18.1.3 呼吸方式与注意事项

瑜伽练习者一般采用胸式呼吸、腹式呼吸和完全呼吸等方式，常规练习多采用腹式呼吸，动作与呼吸保持协调。初学者如不习惯腹式呼吸，练习瑜伽时应以呼吸放松为准则，不必强求，以免引起紧张，适得其反。

瑜伽练习中的冥想是非常专业、严肃的项目，必须跟随专业老师学习。其他主要注意事项如下。

练习时间：饭后 2~4 小时空腹练习。

练习地点：室内练习时，应选择空气清新、流通，环境干净、舒适，空间能够充分伸展身体的地方；室外练习时，可以选择舒适的自然环境，如花园、草坪等，要避免在大风、寒冷、强光直射或有空气污染的环境中练习。

服装：瑜伽服宜宽松柔软，保证透气性，且练习时身体不受拘束，以棉麻质地者为佳。练习瑜伽时，应脱去鞋、袜（天冷时，脚部须注意保暖），不佩戴手表、眼镜、腰带及其他饰品。

饮食：练习时，可以少量饮用清水以帮助身体排出毒素。瑜伽练习结束1小时后再摄取食物，但应避免食用油腻、辛辣或导致胃酸过多的食品。

意念：将意念放在动作及身体的变化上，感受身体及心灵的变化，保持身体放松、心境平和，任何过重的意念引导都是有害的。

其他提醒：瑜伽练习一定要以自身舒适为原则，不能过于用力，每一步都要量力而行，不可操之过急，若身体过于疼痛，则应停下来放松。

18.2　瑜伽的基本动作

本节将讲解瑜伽的常见基本动作，包括战士一式、战士三式、船式、顶峰式、海狗式。

18.2.1　战士一式

动作要领：两脚分开，吸气，双手侧平举（注意不要耸肩），右脚向右侧打开，左脚内扣（注意不要扭髋，髋部朝前），呼气，手臂带动身体向右侧扭转，稍稍调整一下左脚的位置，胯部下压，保持身体的稳定。双手胸前合掌，吸气展胸抬头，双手慢慢向上推送直到手臂伸直，如图18-1所示。保持自然呼吸。

图18-1　战士一式

功效：纠正骨盆前倾问题，伸展背部、胸部和脊椎；舒缓腰背痛及坐骨神经痛；加强身体的柔软度和腿部力量。

18.2.2　战士三式

动作要领：站立，手臂向上伸展，举过头顶，与地面垂直；躯干前倾，同时抬起左腿离地，右腿伸直；身体继续前倾，手臂向前伸展，与躯干、左腿成一条直线；保持平衡的同时，右腿完全绷直，与地面保持垂直，左腿完全伸展，整个身体与地面平行，如图18-2所示。

图18-2　战士三式

功效：收缩和加强腹部器官，使腿部肌肉更为匀称和强健，增强平衡力和专注感。

18.2.3 船式

动作要领：坐在垫子上，屈膝，双手置于体侧，贴近前脚掌（或脚踝附近），吸气，脚跟抬离地面，呼气，缓慢伸展双膝，向上延展两腿，稳定身体后，再次吸气，背部延展向上，收紧腹部，保持身体的稳定，如图18-3所示。

图18-3　船式

功效：强化腹直肌和腰直肌，挤压、按摩腹部器官，促进消化。

18.2.4 顶峰式

动作要领：跪坐于地，两手放于大腿上，自然呼吸。上身躯干前俯，两手掌心在膝盖前方撑地，与肩同宽，抬高臀部，两手、两膝着地，跪在地板上。吸气，两腿膝盖伸直，脚跟贴地，将臀部升高，放松颈部，头部自然下垂，处于两臂之间，身体呈倒"V"形，自然呼吸，如图18-4所示。

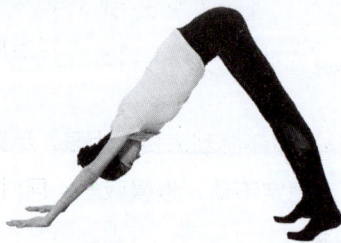

图18-4　顶峰式

功效：在颈部不承受压力的状态下，让头部适当增大血流量，快速消除疲劳，恢复精力。

18.2.5 海狗式

动作要领：坐在地板上，腰背挺直，两腿在体前自然打开。右腿弯曲，脚跟靠近身体，左腿自然弯曲。吸气，用双手抬起左脚，左臂绕过左脚，与右手在体前交握，呼气。吸气，双手保持交握状态，右手手肘绕到头后，右大臂和右侧腰部感到被拉伸，腰背挺直，如图18-5所示。保持自然呼吸。

图18-5　海狗式

功效：伸展背部、胸部和脊椎，打开胯部，舒缓腰背疼痛和坐骨神经痛。

18.3　瑜伽的组合动作

瑜伽练习有很多动作组合，各种组合不但能增加练习的趣味性，更可以实现不同的锻炼效果。下面介绍向太阳致敬式。

18.3.1　向太阳致敬式概述

据说向太阳致敬式是练习者为表达对太阳的感激之情而创编的动作组合，经常练习此式能够促进血液循环，稳固身心状态。

18.3.2　向太阳致敬式演示

向太阳致敬式有多种版本，较为普遍的动作分解如图18-6所示，具体动作要领如下。

（1）挺身站立，放松，两脚靠拢。两手在胸前合十，正常呼吸。

（2）随着两臂高举到头上，缓慢而深长地吸气，上身自腰部起向后方弯曲。在这个过程中，两腿、两臂都伸直。

（3）呼气，慢慢向前弯曲身体，以不感到太费力为限，尽量使头部靠近双膝。

（4）保持两手和左脚在地板上稳定不动，慢慢吸气，同时把右脚向后伸展。慢慢把头向后弯曲，胸部向前方挺出，背部成凹拱形。

（5）慢慢呼气，把左脚向后移，使两脚靠拢，臀部向上方抬起。两脚脚跟尽量压向地面，两臂和两腿伸直。

（6）吸气，臀部微微向前方移动，一直到两臂垂直于地面为止。

（7）蓄气不呼，弯曲两肘，膝盖着地，把胸部朝着地板方向放低，保持胸部略高于地面，一边慢慢呼气，一边把胸部向前移。

（8）直到腹部和两条大腿接触地面，吸气，同时慢慢伸直两臂，上身从腰部向上升起。背部应成凹拱形，头部应向后仰起。

（9）呼气，同时臀部升高到空中。

（10）吸气，右腿弯曲并向前迈一大步，右脚脚趾与两手指尖方向平行。向上看，胸部向前挺，脊柱成凹拱形。

（11）慢慢呼气，把左脚收回与右脚并拢，伸直两腿，尽量使头部靠近双膝。

（12）吸气，两臂伸直慢慢抬高，同时慢慢抬起身体，两臂和背部向后弯曲。

（13）呼气，手臂收回，两手在胸前合十，恢复到开始的姿势。

向太阳致敬式

图18-6　向太阳致敬式

思考与练习

1. 瑜伽练习者常用的呼吸方式包括哪几种？

2. 练习向太阳致敬式后，身心有什么变化？

第**19**章

大学生体质
健康

体质反映人体健康情况，它是人体在遗传性和获得性基础上表现出来的人体形态结构、生理功能和心理因素的综合的、相对稳定的特征。体质包含身体形态、身体机能、身体素质、心理素质、适应能力5大方面，其中，身体形态、身体机能和身体素质是当前体质数据采集的3大指标群。本章从体质的5大方面详细介绍体质健康评价指标的结构构成、相关内涵及评价。

19.1 《国家学生体质健康标准》及其解读

本节将简要介绍《国家学生体质健康标准》，并对其进行解读。

19.1.1 《国家学生体质健康标准》概要

1. 说明

（1）《国家学生体质健康标准》（以下简称《标准》）是国家学校教育工作的基础性指导文件和教育质量基本标准，是评价学生综合素质、评估学校工作和衡量各地教育发展的重要依据，是《国家体育锻炼标准》在学校的具体实施，适用于全日制普通小学、初中、普通高中、中等职业学校、普通高等学校的学生。

（2）本标准的修订坚持健康第一，落实《国家中长期教育改革和发展规划纲要（2010—2020年）》《国务院办公厅转发教育部等部门关于进一步加强学校体育工作若干意见的通知》（国办发〔2012〕53号）和《教育部关于印发〈学生体质健康监测评价办法〉等三个文件的通知》（教体艺〔2014〕3号）有关要求，着重提高《标准》应用的信度、效度和区分度，着重强化其教育激励、反馈调整和引导锻炼的功能，着重提高其教育监测和绩效评价的支撑能力。

（3）本标准从身体形态、身体机能和身体素质等方面综合评定学生的体质健康水平，是促进学生体质健康发展、激励学生积极进行身体锻炼的教育手段，是国家学生发展核心素养体系和学业质量标准的重要组成部分，是学生体质健康的个体评价标准。

（4）本标准将适用对象划分为以下组别：小学、初中、高中按每个年级为一组，其中小学为6组、初中为3组、高中为3组。大学一、二年级为一组，三、四年级为一组。

（5）小学、初中、高中、大学各组别的测试指标均为必测指标。其中，身体形态类中的身高、体重，身体机能类中的肺活量，以及身体素质类中的50米跑、坐位体前屈为各年级学生的共性指标。

（6）本标准的学年总分由标准分与附加分之和构成，满分为120分。标准分由各单项指标得分与权重乘积之和组成，满分为100分。附加分根据实测成绩确定，即对成绩超过100分的加分指标进行加分，满分为20分；小学的加分指标为1分钟跳绳，加分幅度为20分；初中、高中和大学的加分指标为男生引体向上和1 000米跑，女生1分钟仰卧起坐和800米跑，各指标加分幅度均为10分。

（7）根据学生学年总分评定等级：90.0分及以上为优秀，80.0～89.9分为良好，60.0～79.9分为及格，59.9分及以下为不及格。

（8）每个学生每学年评定一次，记入《〈国家学生体质健康标准〉登记卡》。特殊学制的学校，在填写登记卡时可以按规定和需求相应地增减栏目。学生毕业时的成绩和等级，按毕业当年学年总分的50%与其他学年总分平均得分的50%之和进行评定。

（9）学生测试成绩评定达到良好及以上者，方可参加评优与评奖；成绩达到优秀者，方可获体育奖学分。测试成绩评定不及格者，在本学年度准予补测一次，若补测仍不及格，则学年成绩评定为不及格。普通高中、中等职业学校和普通高等学校学生毕业时，《标准》测试的成绩达不到50分者按结业或肄业处理。

（10）学生因病或残疾可向学校提交暂缓或免予执行《标准》的申请，经医疗单位证明、体育教学部门核准，可暂缓或免予执行《标准》，并填写《免予执行〈国家学生体质健康标准〉申请表》，存入学生档案。确实丧失运动能力、被免予执行《标准》的残疾学生，仍可参加评优与评奖，毕业时《标准》成绩需注明免测。

（11）各学校每学年开展覆盖本校各年级学生的《标准》测试工作，《标准》测试数据经当地教育行政部门按要求审核后，通过"中国学生体质健康网"上传至"国家学生体质健康标准数据管理系统"。测试和数据上传时间由教育行政部门确定。

（12）本标准由教育部负责解释。

2. 单项指标与权重（大学）

各单项指标与权重如表19-1所示。

表19-1　单项指标与权重

测试对象	单项指标	权重 / %
大学各年级学生	体重指数	15
	肺活量	15
	50米跑	20
	坐位体前屈	10
	立定跳远	10
	引体向上（男）/1分钟仰卧起坐（女）	10
	1 000米跑（男）/800米跑（女）	20

注：体重指数＝体重（千克）/身高^2（米^2）。

3. 评分表（大学）

体重指数评分标准如表19-2所示，其他各项指标评分标准如表19-3所示，加分指标评分标准如表19-4所示。

表19-2　体重指数评分表（单位：千克/米^2）

等级	单项得分/分	大学男生	大学女生
正常	100	16.9～23.9	16.2～23.9
低体重	80	≤16.8	≤16.1
超重		24.0～27.9	24.0～27.9
肥胖	60	≥28.0	≥28.0

表19-3　大学各年级评分表

等级	单项得分/分	男生肺活量/毫升 大一、大二	男生肺活量/毫升 大三、大四	女生肺活量/毫升 大一、大二	女生肺活量/毫升 大三、大四	男生50米跑/秒 大一、大二	男生50米跑/秒 大三、大四	女生50米跑/秒 大一、大二	女生50米跑/秒 大三、大四	男生坐位体前屈/厘米 大一、大二	男生坐位体前屈/厘米 大三、大四	女生坐位体前屈/厘米 大一、大二	女生坐位体前屈/厘米 大三、大四
优秀	100	5 040	5 140	3 400	3 450	6.7	6.6	7.5	7.4	24.9	25.1	25.8	26.3
	95	4 920	5 020	3 350	3 400	6.8	6.7	7.6	7.5	23.1	23.3	24.0	24.4
	90	4 800	4 900	3 300	3 350	6.9	6.8	7.7	7.6	21.3	21.5	22.2	22.4
良好	85	4 550	4 650	3 150	3 200	7.0	6.9	8.0	7.9	19.5	19.9	20.6	21.0
	80	4 300	4 400	3 000	3 050	7.1	7.0	8.3	8.2	17.7	18.2	19.0	19.5
	78	4 180	4 280	2 900	2 950	7.3	7.2	8.5	8.4	16.3	16.8	17.7	18.2
	76	4 060	4 160	2 800	2 850	7.5	7.4	8.7	8.6	14.9	15.4	16.4	16.9
	74	3 940	4 040	2 700	2 750	7.7	7.6	8.9	8.8	13.5	14.0	15.1	15.6
	72	3 820	3 920	2 600	2 650	7.9	7.8	9.1	9.0	12.1	12.6	13.8	14.3
及格	70	3 700	3 800	2 500	2 550	8.1	8.0	9.3	9.2	10.7	11.2	12.5	13.0
	68	3 580	3 680	2 400	2 450	8.3	8.2	9.5	9.4	9.3	9.8	11.2	11.7
	66	3 460	3 560	2 300	2 350	8.5	8.4	9.7	9.6	7.9	8.4	9.9	10.4
	64	3 340	3 440	2 200	2 250	8.7	8.6	9.9	9.8	6.5	7.0	8.6	9.1
	62	3 220	3 320	2 100	2 150	8.9	8.8	10.1	10.0	5.1	5.6	7.3	7.8
	60	3 100	3 200	2 000	2 050	9.1	9.0	10.3	10.2	3.7	4.2	6.0	6.5
不及格	50	2 940	3 030	1 960	2 010	9.3	9.2	10.5	10.4	2.7	3.2	5.2	5.7
	40	2 780	2 860	1 920	1 970	9.5	9.4	10.7	10.6	1.7	2.2	4.4	4.9
	30	2 620	2 690	1 880	1 930	9.7	9.6	10.9	10.8	0.7	1.2	3.6	4.1
	20	2 460	2 520	1 840	1 890	9.9	9.8	11.1	11.0	−0.3	0.2	2.8	3.3
	10	2 300	2 350	1 800	1 850	10.1	10.0	11.3	11.2	−1.3	−0.8	2.0	2.5

等级	单项得分/分	男生立定跳远/厘米 大一、大二	男生立定跳远/厘米 大三、大四	女生立定跳远/厘米 大一、大二	女生立定跳远/厘米 大三、大四	男生引体向上/个 大一、大二	男生引体向上/个 大三、大四	女生1分钟仰卧起坐/个 大一、大二	女生1分钟仰卧起坐/个 大三、大四	男生1 000米跑 大一、大二	男生1 000米跑 大三、大四	女生800米跑 大一、大二	女生800米跑 大三、大四
优秀	100	273	275	207	208	19	20	56	57	3'17"	3'15"	3'18"	3'16"
	95	268	270	201	202	18	19	54	55	3'22"	3'20"	3'24"	3'22"
	90	263	265	195	196	17	18	52	53	3'27"	3'25"	3'30"	3'28"
良好	85	256	258	188	189	16	17	49	50	3'34"	3'32"	3'37"	3'35"
	80	248	250	181	182	15	16	46	47	3'42"	3'40"	3'44"	3'42"
	78	244	246	178	179			44	45	3'47"	3'45"	3'49"	3'47"
	76	240	242	175	176	14	15	42	43	3'52"	3'50"	3'54"	3'52"
	74	236	238	172	173			40	41	3'57"	3'55"	3'59"	3'57"
	72	232	234	169	170	13	14	38	39	4'02"	4'00"	4'04"	4'02"
及格	70	228	230	166	167			36	37	4'07"	4'05"	4'09"	4'07"
	68	224	226	163	164	12	13	34	35	4'12"	4'10"	4'14"	4'12"
	66	220	222	160	161			32	33	4'17"	4'15"	4'19"	4'17"
	64	216	218	157	158	11	12	30	31	4'22"	4'20"	4'24"	4'22"
	62	212	214	154	155			28	29	4'27"	4'25"	4'29"	4'27"
	60	208	210	151	152	10	11	26	27	4'32"	4'30"	4'34"	4'32"
不及格	50	203	205	146	147	9	10	24	25	4'52"	4'50"	4'44"	4'42"
	40	198	200	141	142	8	9	22	23	5'12"	5'10"	4'54"	4'52"
	30	193	195	136	137	7	8	20	21	5'32"	5'30"	5'04"	5'02"
	20	188	190	131	132	6	7	18	19	5'52"	5'50"	5'14"	5'12"
	10	183	185	126	127	5	6	16	17	6'12"	6'10"	5'24"	5'22"

表19-4　大学加分指标评分表

加分/分	男生引体向上/个		女生1分钟仰卧起坐/个		男生1 000米跑		女生800米跑	
	大一、大二	大三、大四	大一、大二	大三、大四	大一、大二	大三、大四	大一、大二	大三、大四
10	10	10	13	13	−35"	−35"	−50"	−50"
9	9	9	12	12	−32"	−32"	−45"	−45"
8	8	8	11	11	−29"	−29"	−40"	−40"
7	7	7	10	10	−26"	−26"	−35"	−35"
6	6	6	9	9	−23"	−23"	−30"	−30"
5	5	5	8	8	−20"	−20"	−25"	−25"
4	4	4	7	7	−16"	−16"	−20"	−20"
3	3	3	6	6	−12"	−12"	−15"	−15"
2	2	2	4	4	−8"	−8"	−10"	−10"
1	1	1	2	2	−4"	−4"	−5"	−5"

注：引体向上、1分钟仰卧起坐均为高优指标，学生成绩超过单项评分100分后，以超过的次数所对应的分数进行加分；1 000米跑、800米跑均为低优指标，学生成绩高于单项评分100分后，以减少的秒数所对应的分数进行加分。

19.1.2　《国家学生体质健康标准》解读

1. 社会背景

体质健康及其评价指标已被世界大多数国家的相关专家认同，并被广泛地应用于学生体质健康评价之中。2007年，教育部、国家体育总局联合印发《国家学生体质健康标准》，并开始在全国各级各类学校全面实施。《国家学生体质健康标准》规定，要把"达标"的锻炼过程和测试结果与综合评定学生的学业成绩和升学体育考试结合，并使体育课教学和"达标"活动既各有侧重，又恰当结合，逐渐形成了有效增强学生体质并激励学生主动、积极锻炼的新机制。《国家学生体质健康标准》适用于全日制小学、中学、中等职业学校和普通高等学校的在校学生。

2. 意义

《国家学生体质健康标准》的实施有利于减轻学生、教师和学校测试工作的负担，避免教师不必要的重复劳动；有利于督促学生积极参加体育锻炼；有利于保证体育课教学活动的正常进行；有利于全面实现体育课程的总目标；有利于教育行政部门的管理，把学生培养成德、智、体、美全面发展的高素质人才。

3. 特点

《国家学生体质健康标准》有3大特点：一是评价内容比较全面；二是充分考虑了学生的个体差异；三是有利于学生进行自我评价。

4. 实施建议

第一，高校应该强化《国家学生体质健康标准》在学生学业中的重要地位，进一步贯彻落实实施方案和体质测试成绩的管理办法，发挥其对公共体育教学的补充作用。第二，积极干预和引导学生运动参与动机和运动方式，发展学生体育核心素养，让更多的学生参与到"走下网络、走出宿舍、走向操场"的活动中。第三，创新与发展学生体质健康与运动锻炼信息系统建设，全面落实"以学校为主导、以学生为中心"的学生体质健康工作保障制度，加大资金投入，积极开发促进学生体质健康与运动锻炼的信息系统，让学生通过移动终端便捷、实时地了解自身体质健康状况，获得相关运动信息和指导方案，使学生的体质锻炼具有科学性、趣味性和时效性。

19.2 体质健康评价

体质健康评价的常用指标包括身体形态、身体机能、身体素质、心理状态、适应能力等。

19.2.1 身体形态的评价

身体形态指人体在一定条件下的表现形式，包括人体各部分大小、人体重量、性征、骨骼、体型及身体姿态等。在大学生健康领域，常用的身体形态评价指标有体格、体型、身体成分和身体姿势，常用的测试指标有身高、体重、胸围、皮褶厚度等。

1. 体格评价

体格指身体各环节的长度、宽度、围度、厚度和质量。一般通过观察或测量身体各部分的大小、形状、匀称度，以及身高、体重、胸围、肩宽、骨盆宽、皮肤和皮下软组织等情况来判断。常用的体格评价指标包括：长度评价指标（身高、坐高）；宽度、厚度评价指标（肩宽、骨盆宽、胸宽、胸厚）；围度评价指标（上臂围、胸围、腰围、臀围）；体重。

2. 身体成分评价

身体成分指组成人体各组织器官的总成分，它是评价健康的重要依据。身体成分评价方法主要有两种：一是通过身体质量指数进行评价，身体质量指数=实际体重（千克）／身高^2（米^2），成年人正常值为19~25，小于17.5为体重偏轻，大于26为超重，大于28为肥胖；二是通过体脂百分比进行评价，体脂百分比指体脂质量占体重的百分比，成年男性的理想体脂百分比为6%~15%，成年女性为10%~20%。

3. 体型评价

体型是对人体某个阶段形态结构及组成成分的定量描述。体型不仅影响形体美观，还与人的体质健康有比较密切的关系。体型的主要分类依据是肌肉、骨骼的发达程度和脂肪的储存程度。根据身体某部分器官发达的程度和身体外表的特征，可将体型分为3类：内胚层型（肥胖型）、中胚层型（强壮型）、外胚层型（瘦削型）。

4. 身体姿势评价

身体姿势在一定程度上反映骨骼、肌肉、内脏器官与神经系统等各组织的力学关系，良好的身体姿势使身体处于稳定状态，保证身体各器官的功能正常，减轻肌肉、韧带的紧张程度。常用的身体姿势评价指标有4个，即脊柱形状、胸廓形状、腿形、足形。

19.2.2 身体机能的评价

身体机能指人体新陈代谢水平以及各器官系统的效能。身体机能的评价方式主要有心血管机能评价和心肺功能评价。心血管机能评价指标包括脉搏、血压、哈佛台阶试验、布兰奇心功指数、改良台阶试验；心肺功能评价指标主要有最大摄氧量和肺活量。

19.2.3　身体素质的评价

身体素质指人体在运动中表现出的速度、力量、耐力、灵敏及柔韧等方面的机能能力，也是人体的基本活动能力，是体质的重要组成部分，反映了人的体质差异。身体素质评价指标体系如图19-1所示。

19.2.4　心理状态的评价

心理健康是体质健康的重要方面，主要指人的基本心理活动的过程内容完整、协调一致，即认识、情感、意志、行为、人格完整和协调，能适应社会，与社会保持同步。目前在体质健康评价中，心理状态测评是比较薄弱的环节，一般选择可信度较高的量表来测评人的心理，如症状自评量表，也常用一些测量仪器来测定人的时间知觉、空间知觉、操作思维和平衡感觉，将动作反应的速度及准确性等作为评价心理机能的指标。

19.2.5　适应能力的评价

人体适应能力指人维持身体与内外环境间平衡的能力，具体包括个体维持自身与其生存的自然环境、社会环境及生理环境间协调的能力，以及最大限度保持自身健康的能力。适应能力常用"人体适应能力评价量表"进行测量。

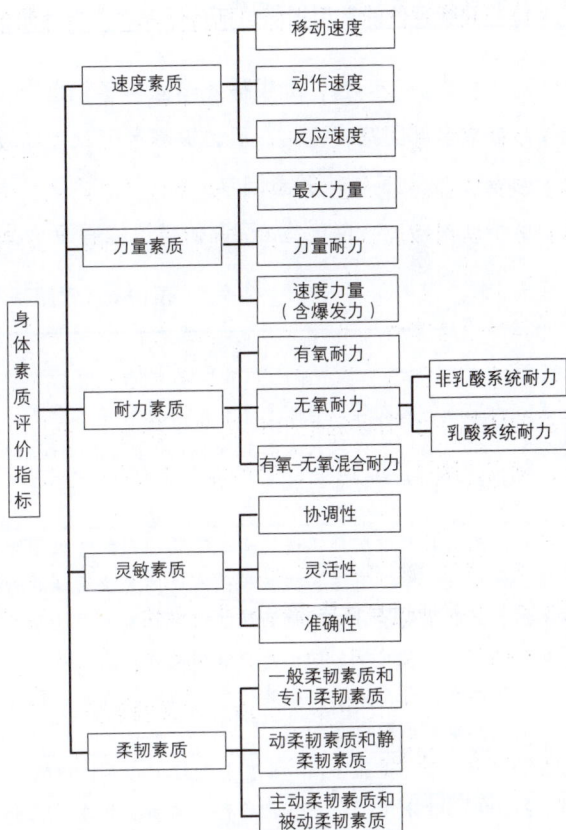

图19-1　身体素质评价指标体系

19.3　运动前健康筛查

运动前进行健康筛查可以帮助大学生判断自己是否存在心血管疾病或其他疾病风险，使心血管事件发生的可能性降到最低。大学生进行体育锻炼或运动前可使用自我筛查方法进行健康筛查，可借助以下问卷进行。

问卷1：体力活动准备问卷

如果大学生计划参加更多的体力活动，需先回答表19-5中的7个问题，根据结果判断运动前是否需要咨询医生。回答问题时应仔细阅读并诚实回答每一个问题，选择"是"或"否"。

表19-5　运动前健康状况调查表

是	否	具体问题
		医生是否曾经告诉你患有心脏病并且只能参加医生推荐的体力活动
		当你参加体力活动时，是否感觉胸痛
		自上个月以来，你是否在没有参加体力活动时发生过胸痛
		你是否曾因头晕跌倒或曾失去知觉
		你是否有因体力活动变化而加重的骨或关节（如腰背部、膝关节或髋部）疾病
		最近医生是否因为你的血压或心脏问题给你开药（如水剂或片剂）
		你是否知道一些你不能进行体力活动的其他原因

对一个或更多问题，如果被测者回答了"是"，在进行体能训练前应咨询医生，听从医生的建议；如果全部回答"否"，那么被测者可以参加较多的体力活动，但要缓慢开始并循序渐进。

问卷2：运动前健康筛查问卷

请根据表19-6中的描述如实评价自己的健康状况。

表19-6　健康状况评价表

健康状况	建议
病史：一次心脏病发作；心脏手术；心脏导管插入手术；经皮冠状动脉成形手术；起搏器；植入式心脏除颤/复律器；心瓣膜疾病；心力衰竭；心脏移植；先天性心脏病	如果其中有任何一项符合被测者的情况，则被测者可能需要在医务人员的监护下健身，请在运动前咨询医生
症状：在用力时有过胸部不适；有过不明原因的呼吸困难；有过头晕眼花、晕倒或眩晕；有过脚踝肿胀；有过因为快而强的心跳而导致身体不适；正在服用治疗心脏病的药物；有限制体力活动的肌肉和骨骼问题；关心过运动的安全性；正在服用处方药。 其他健康问题：有糖尿病；有哮喘或其他肺部疾病；短距离行走时，小腿有发热或抽筋的感觉	如果其中有两项或两项以上符合被测者的情况，则被测者需要咨询医生，逐步发展适合自己的运动计划
心血管危险因素：血压≥140/90毫米汞柱；正在服用降压药；血浆胆固醇≥200毫克/分升；有一个近亲有心脏病或做过心脏手术，其中父亲或兄弟≤55岁，母亲或姐妹≤65岁；很少进行体力活动（如每周运动<3天，每天<30分钟）；体重指数≥30千克/米^2；糖尿病前期	如果其中有两项或两项以上符合被测者的情况，则被测者需要在专业人员指导下进行健身运动，请在运动前咨询医生

如果以上描述均不符合被测者的情况，那么可以安全地开始自我指导的运动计划，不用咨询医生，被测者可以在几乎所有能满足自己运动计划需要的场所运动。

19.4　运动风险的评估

本节将介绍运动风险评估的相关知识，具体包括4个方面的内容：一是与运动相关的心血管、肺部或代谢性疾病的风险评估；二是血压的风险评估；三是静息心率的风险评估；四是身体成分的风险评估。

19.4.1　与运动相关的心血管、肺部或代谢性疾病的风险评估

存在心血管、肺部或代谢性疾病的个体，低到中等强度的体育活动产生运动风险的可能性与安静时差不多，在身体锻炼的初期应以低强度和中等强度的运动改善身体基本运动能力。有确诊的疾病、症状不稳定或有极高的可能性患有隐匿性疾病的个体应进行风险评估，应在运动前咨询内科医生。

19.4.2　血压的风险评估

血压测量是运动前健康筛查的一个重要部分。测量结果应该取两次或两次以上正确测量结果的平均值。在检查血压之前，务必排空膀胱，身体舒适且放松。将袖子比较紧的衣服脱掉，并休息2~10分钟。测量时胳膊应置于与心脏齐平的高度，且双脚平放于地面，将袖口挽到肘关节上方的位置，然后按照血压测量计的说明书开始测量。将血压读数与表19-7对比。

表19-7　成年人的血压分类

血压分类	收缩压/毫米汞柱	舒张压/毫米汞柱	生活方式调整
正常	<120	<80	鼓励
高血压前期	120~139	80~89	调整
高血压一期	140~159	90~99	调整
高血压二期	≥160	≥100	调整

19.4.3　静息心率的风险评估

静息心率又称为安静心率，指在清醒、不活动的安静状态下，每分钟心跳的次数。心血管功能越强，静息心率就越低。测量静息心率的最佳时间是在早上起床之前。成年人的正常静息心率为60~100次/分钟，超出这个范围则属于异常情况。

19.4.4　身体成分的风险评估

身体由脂肪和非脂肪（肌肉、骨骼、器官和血液）组成。脂肪可以使身体分泌出恰当的荷尔蒙、维护神经系统正常工作、保护器官、保持体温。如果男性的体脂率低于5%，女性的体脂率低于8%，那么身体功能就会出现异常。身体成分的评估方法主要有生物电阻抗测量评估和身体质量指数评估两种。

思考与练习

1. 大学生体质健康测试的测试指标有哪些？各项指标的权重是多少？
2. 可以从哪些方面来评价大学生的身体素质？
3. 运动风险评估包括哪几个方面？